女たちが語る歴史

農漁村女性の記録

上

北海道・東北・
上信越他篇

川田文子

「戦争と性」編集室

本書は、川田文子著『つい昨日の女たち』（一九七九年・冬樹社）、『女たちの子守唄』（一九八二年・第三文明社）、『琉球弧の女たち』（一九八三年・冬樹社）の三冊を再編集し、上下二分冊にしたものです。

女たちが語る歴史

上＝北海道・東北・上信越他篇

――農漁村女性の記録

目次

つい昨日の女たち

女たちの子守唄

下巻＝沖縄篇　目次

琉球弧の女たち

※「臍阿母《フスチアボ》」「辻の女　その1」「辻の女　その2」は
『女たちの子守唄』から収録しました。

装幀　高麗隆彦

女たちが語る歴史

上＝北海道・東北・上信越他篇

——農漁村女性の記録

つい昨日の女たち

I　子やらいの唄

子産みの話

なおさんの子産み

「昔の人はしゃりむり膝《ひざ》ついてばかしなした（産んだ）んだもの、膝のばせば頭あがらなくなるってな。病みはなのあたり（陣痛のはじめ）はちょっと膝ついていたったども、とってもそれ、きばりくるようになったれば、膝ついてられねぇから立て膝になったったのな。そしてきばったれば、子どもはまず、ヒョーッと三尺向こうさ行ったたった」

ヒョーッと三尺ばかり飛ぶようにしてこの世に生まれてきたのは藤枝《ふじえだ》なおさん（八二歳）の最初の子どもだ。なおさんは一二回懐妊し、七人のうち五人は自分で自分の子の臍《へそ》の緒を結んで産み、四回流産し、最後、四二歳で産む時は大事をとって人に手伝ってもらった。

凄絶な子産みの話をなおさんに聞くのは二回目である。田植えが終わって稲がすくすくと育ち始めた田の中の道を、小さな杜《もり》を目印に左に曲がってしばらく行くとなおさんの家がある。岩手県の和賀町藤根という村だ。なおさんの家の前は青々と田が展《ひら》けており、右手に奥羽山脈が消炭色《けしずみいろ》にかすんでいる。なおさんは、庭の草とりをしていたといって、姉さんかぶりした手拭いをとりながらあいさつした。細かい絣《かすり》の、よく身体になじんだ上着ともんぺは、まだまだ働いているといった身仕度だ。だが、「なーに、庭の草とりばり（くらい）だ」といって家の中に入った。やや腰は曲がっているけれども、もんぺの裾からのぞいている足とくるぶしはがっしりと大きい。招き入れられた茶の間で対座すると、大きな乳房がゆっさりと胸を覆っているのが印象的だ。八人の子を育てあげた乳房である。

なおさんの最初の出産に手を貸してくれたのはお父さんである。

「おふくろは寝てて、俺《おら》はそれ、きばりがくるからきばったれば、そったにきばったりして病んだったって、明日の朝まで出はるもんじゃねぇんだ。たおれるんだからあまり病むなって。病むなっていったって、痛ぇし、きばりてぇし、とっても俺、便所さ行きたくなって、便所さ行くって。したれば父親きて、腰抱いてくれて、ここさやっていいから、便所さなんて行かねぇんだって、そわれて（そういわれて）それでなした。おふくろにそれ、あんまりひいきるなって、そわれたから休んだんでやんすべ、きばりたいやつ我慢したんだもの。そしたればなんだかおかしかったものな。それからまたきばったれば、きばる拍子に膝立てたから、子どもはヒョーッと向こうさ行ったんでやんすけ。おふくろはなしてしまってから父親に起こされてきて、そんたに立て膝にしてなして、ケガするんだって、そういったった。初めてなんだもの、何も知らねぇんだものな、俺は」

なおさんは二二歳の初めての出産の時、実家へ帰った。お母さんは、なおさんのおなかがあまり大きいので気味悪がって逃げてしまった。なおさんの初産にお父さんが手を貸してくれたのは、お母さんの産んだ子を六人、すべてとりあげた経験があったからだ。

もう四、五年前になるが、信州の姥捨《おばすて》に棄老伝説《きろうでんせつ》をたずね歩いた折、棄老伝説よりは妻の分娩の際、夫がとりあげて九人の子を産んだ話を聞いて心おののいたことがある。麻糸で臍の緒を縛り、はさみで切れば造作なく切れるものだとこともなげに語っていた老夫婦を、話を聞き終わって、初冬の早い日が暮れてしまった薄暗い部屋の中で、できる限りのスローシャッターで記念写真をとったのだが、手ぶれのひどいボケボケの写真に私は秘かに〝聖家族〟と題名をつけた。泰然と並んで写っているボケボケの老夫婦の像の向こうに、夫が妻の産む子をとりあげている姿が見えるような気がしたからである。そして、その姿が、厳粛な家族像に思えたからである。

なおさんの両親も姥捨の老夫婦と同じように〝聖家族〟であったわけだ。いや、〝聖家族〟はなおさんの両親や姥捨の老夫婦以外にも信州や東北、あるいは他の地方にもたくさんいたのかもしれない。なおさんのように凄絶な子産みの体験も、多くの女たちが、つい三、四〇年前までは持っていたのかもしれない。

この辺では古くは床に藁《わら》を敷いて寝ていたから、〝産人《さんと》の寝床〟も下に灰を敷いて、その上に藁を敷いて、さらにその上に藁のフク（はかま）を敷いた。藁のフクは柔らかかったし、灰は下まで水分を通さなかったから、藁のフクも灰も汚れた部分だけをそっととりかえればよかった。産婦はその上に膝をついて坐り、かかとで会陰をしっかりと押さえていなければならない。赤ん坊がでてくる時、会陰が裂けてしまうのを防ぐためだ。両脇と後には米を入れた叺《かます》を置いた。坐っている産婦の身体を支えるためである。叺には縄を縛りつけて力綱にする。叺のかわりに藁束や米俵を置く場合もあり、また力綱も梁に帯を結びつけて、それを手繰る人もいる。米を入れた叺は、力むと〝ズスズス、ズスズス〟と重い音がした。なおさんの初めての出産は冬だったから、暖房具らしいものは何もない、雪に閉ざされた夜、膝頭が冷えてしようがなかった。

「なしてからも一週間、膝ついてねぇばなんねかった。膝ついてて、あんまり膝カブ（膝頭）痛いと思っていたら、隣のおばさんきて、膝伸ばして、しばらくしたらまた膝つけばいいんだって、そういって聞かせられたから、よいこと聞いたって思って、膝伸ばしたずもの。そしたら膝ついて痛いと思ってらったの伸ばしたから、寝入ってしまったもの。なんぼ寝てたんだがな、前《めえ》（頭を）下げたれば膝曲げられなくなっちゃったっけ。だから足伸ばして寝たりしたらねぇって（だめだ）そわれていたんだ。昔の人たちは膝ついていれば、胞衣《えな》おりやすくなるって、身体あとでいいってなス、そういってしゃりむりそうしていたった」

膝を伸ばし、頭を前へ下げて背を丸めれば腹部を圧迫する。だから、膝をついて正座するように坐り、かかとはしっかりと会陰を押さえる。なおさんのお父さんが背後から腕をまわし、腰に自分の膝をあててグッと腹をつき出すようにしてくれたのは、そうすれば赤ん坊が出やすくなるからだ。産婦は産んだ後もかますや米俵にもたれて〝産人の寝床〟で眠り一、二週間は横臥して休むことはできなかった。

雑誌『どるめん』創刊号に、藤森栄一著の「縄文人のお産」が載っていた。その中に妊婦の土偶が紹介されている。土偶は中腰でかがんでおり、両脇の下が丸くあけられていることから、屋内に横棒か綱を張り、それに両手でつかまってふんばって出産した姿だ、と著者はみている。なおさんの教わった奥羽山脈の麓の村々で行なわれていた出産の方法は、現代よりも、はるか縄文の時代のお産に近い。もっとも、「縄文人のお産」はいくつかの材料をもとにして、縄文の村のはずれに呪者を兼ねた助産婦の住む家があった、と推定することが主要な目的だ。「村の月満ちた女はそこで異様な呪術と奇怪な呪文を受け、横木にぶら下がって、苦痛にたえたものに違いない」というのだ。縄文の時代にすでに助産婦という職業を持つ女がいたと考えることは感動的だが、それ以上に、はるか四五〇〇年の年月を超えて、なおさんのお産が縄文の女たちにつながっていることを思うと、深い感慨をおぼえる。

なおさんは二度目のお産を自分一人でしてみよう、と思った。はじめてのお産の前にいとこから聞いていたし、また、お父さんも臍の緒の切り方を教えてくれた。

「胞衣《えな》は童《わらし》さついてくるもんだから（臍の緒を）切ってしまわねば降りるって、童は臍の緒切らねぇうちは風邪ひかねぇんだから胞衣降りねぇうちは切らねぇんだって」

胞衣が母胎に残るとそれが腐って熱が出、命を奪われることがある。胞衣が完全に降りたら、臍の緒は子どもの方から六寸から六寸五分のところで麻糸で結び、そこから掌ぐらいはなして、もう一ヵ所結ぶ。その真ん中をはさみで切るのだ。

「そして、結《ゆ》う時なス、子どもの方さ臍の緒こきあげてやれば子どもは丈夫だとかって、臍の緒短く切ってしまえば小便近いんだってなス、それ（臍の緒）、ギチッと結ばねば血い出たりするから、ギチッと締めて結ぶ、そして、はさみで切ればパチッとそのまま切れてしまうんだ」

はじめての出産の時はたいした陣痛ではなかったのに、二度目の時には〝ミリミリッ〟と腹が痛んだ。だが、少し横になると痛みはとれた。膝頭をついていれば膝頭が冷えて感覚がなくなってしまうほどだったのに、寝ていれば冷えるということもない。膝をついて上体を起こしているより、長くなって寝ていた方が血のめぐりがいいんだな、となおさんは気づく。それで二度目からは寝て産むことにした。古くは産婆にかかることもなかった藤根の女たちも、近くの横川目に折居律さんが開業すると、次第に産婆に頼むようになり、寝て出産してもいいんだという新知識をなおさんも得ていたのかもしれない。村の女たちは「近所の婆さんたち頼んでやってた頃は、米俵置いて、そこさ縄結《ゆ》つけてそれ手繰《たご》ってそいつ力にしてやったもんだから、寝ててやるようになったら力になるものなくてわかんね（仕方ない）かんべ」などと産婆が指導する新式の方法についていいあったりしていたのである。

姑は長男が生まれる一年前にすでに亡くなっていた。女手はまったくない。陣痛が始まると同時に麻糸とはさみを用意しておき、米俵に縄を結びつけておいた。腹はミリミリと四、五時間も痛んだ。腹は痛んだが、ポロッと子どもは楽にでてきた。なおさんは、子どもが生まれてから胞衣が降りてくるまで坐ってじっと待った。三、四〇分か一時間ぐらいで出てくるはずである。赤児にはボロをかぶせ、側に桶に入れた湯を持ってきてもらった。そして胞衣が降りたのを確かめて臍の緒を切り、赤児を湯につけたのである。

「楽に産めたからできたんだ。三人、隣の人にすけられてやったスとも、五人は俺一人してやったからな、そのくらい楽にやったもんだべ」

なおさんは、腹は痛い方がいい、という。一度たいした陣痛もなくおまるに産み落としてしまったことがある。

「夜、夕飯食べる時、食べたくねぇと思ってそのまま寝て、寝たればいっこう腹痛いってこともねかったし、眠れねぇんだな。はあ、それから起きて童《わらし》の股引き縫って、米入れる袋、一升入れる袋縫って、夜間のうちに縫ったっけ。朝になって、飯炊きに起きねぇばねぇと思ったれば、おやじは俺起きて炊くからいいって、そういうからまず寝てた。そして、朝飯もくいたくねぇ、で、一〇時頃まで出はらねかったども、腹痛ぇってこともねぇ。ただあわいにきばりがきて眠くなりなりしてた。腹痛くなれば頼んでけれっていうんだどもや、腹も痛くねぇから頼みもしねぇでいたった。そしたれば、おやじは盆だからもち米こさえるしるしたっけや。小便出たいようだなぁ、と思ってまるコそばさ置いててそのまるコさなにしたもんや。そしたれば小便じゃなく童出はったもの。俺いた所から間にひとつ部屋あって、次の部屋にいた人は、ゆぶくろ（胎胞）裂けたの聞けたってや。ドンヅラって音したったって、何も俺、そいついっこう聞きつけねぇからなス、あーや、まるコさ落ちた、とそう思って見てれば、なーんたら、童早くとったらよかんべやって、そういわれてとったった。まるコさ落ちれば口曲がったのなんだのって、そういわれるんだけれども、そういうこともねかったしな。それ、ゆぶくろと一時に出はったようなもんだから、ゆぶくろ裂けてすぐ出はったから、それ、そのくらいになす（産む）から楽だったなス。ゆ（羊水）降りてからなんぼか待ってなしたのはただ一人だからな。ゆ降りたなんてことは知らねぇからなス、だからそれ、一緒に出はったようなもんだった」

なおさんは、産む時は楽に産んだが、隣の梅毒で死んで生まれる子を何度もとりあげた。身体中に紫色の水ぶくれがあり、鼻がペチャッとつぶれて生まれてくる。その人は、三人目まで健康な子を産んでいたのに、請負い仕事をして渡り歩く夫から梅毒をうつされたのだ。夫は、自分が梅毒だということを承知しており、稼ぎに出かけて行く時、治療代も含めて生活費を多めにおいていった。梅毒におかされた赤児は、生まれる一〇日ぐらい前まではおなかの中で動いていた。だが、突然動くのを止め、身体中風邪ひいたように悪寒がする。そして、子は死んで生まれるのである。一人は六〇日生きて死んだ。一人は二三日生きて死んだ。最後の子は片目がつぶれて生まれた。一一人のうち、健康に生まれた三人と、最後の片目の子だけが生き残った。その人は、「どうせ死んでくるんだもの、むだ骨おわせられね」と手伝いにいくなおさんにいいながら子を産んだ。そして晩年、口がきけなくなって亡くなった。

なおさんが結婚したのは一七歳の時だ。隣の集落、北藤根で生まれ、田一町六反に山も畑もある、この辺では比較的恵まれた家で育った。父は酒も飲まず、たばこも喫わず、倹約一方で暮らして親からついだ田畑を守っていた。母も身体が丈夫でよく働いた。なおさんは三人兄妹の末子だ。なおさんが生まれる前に二人の姉妹がいたが、一人は四つの時に、もう一人は二つの時に次々に他界。なおさんはその後に生まれた女の子だったからとても大事に育てられた。一七歳の時嫁いだのは、馬が三頭もおり、毎日他人を頼んで稼ぐような大きな農家だった。なおさんはその家に半年もいられない。夜中に起き出して草を刈り、畑仕事をひと通り済ませてきてもまだ夜が明けない。畑から帰って馬三頭に飼料をやる頃ようやく空が白んできて朝飯になるが、九人家族の飯を盛りつけているると自分が食べる暇もない。大事に、そして気ままますぎるぐらいおおらかに育てられていたなおさんには、きつい労働の重圧と、大家族の舅姑、小舅小姑の中で暮らす息苦しさは耐えがたいものであった。

「お舅姑さんたちには、昔はまずいびられたようなものだものな。年もとらねぇでいくし、欲もなにもない、舅姑さんたちは稼がせたいべかんべし、稼ぎ手が足りないと思ったりするから別にいびるってこたあなくたって、(嫁の方は)ひでえと思ったりしたんだ。稼げなかったりすればあんまりいい面《つら》もされねかったり、もの聞いても返事もされねかったりするようになれば、はあ、やんか(いや)になるんだもの」

半年で別れた夫の印象はもう今では淡いものだ。

「なーに、(夫は)いいの、悪いのってこたぁねぇ、一七になったたって、満で数えれば一六だからな、童《わらし》だったんだな、童心《わらしごころ》でいたくねかったんだな」

顔も見ず知らずの人のところに嫁ぎ、夫婦としての単位よりは、大家族の中の一員として、家の中に入っていかなければならなかった年満たない女たちは、婚家をしばしば逃げ出した。五度も六度も逃げ出してまたいく者もあり、五回も六回も嫁を追い出して、またもらい直す家もあった。女たちはそうした試行錯誤の中で自分が居つける家を探す。嫁いでは逃げ、また他へ嫁いでは逃げ出す女たちに、村は存外に寛大だったのかもしれない。村の人々が出もどりの女たちに寛大だったのは、〝嫁〟が夫の配偶者であるだけではなく、重要な労働力だったからだ。だから、嫁ぐことは当時の年満たない女たちにとって必ずしも心ときめくことではなかった。

「それでもまた、友だちだの近所のやついけば、あんまり年とってから（家に）いるのもしょうし（恥ずかしい）と思ったり、いかねぇばねぇもんだと思ったんだもの、昔も恋愛だなんてこともあったんだからな、でも、まずいねかったんだ。ここでだれば（ここならば）恋愛でいったりするのを〝世間ずれ〟だっていったもんだ。〝世間ずれ泣きんずれ〟って、そういう女は泣かねぇばなんねんだって、昔はそったなこといって、やんか（いやだ）たってなんたって、親たち決めてやったりしたんだもの」

一五ぐらいでまだ嫁ぐ前に子を産む娘もいた。生まれた子はたいがいは娘の両親がめんどうをみることになったが、そうした娘に対して周囲の者は「まーずな」などと眉をひそめる者もいる反面、「かわいそうだ」とやさしさで包む者もいる。性は村の大人たちにとって忌むべきものではなく、身近な感触だったのだろう。

なおさんは一八（満一七歳）の時、二度目の結婚をする。

「仲人にだまされてきたのさ。なんぼか家も土地もあるような話されてス、そしたらなに、家屋敷もねかった。もとは大きい家だったども、焼けてなス、四年目の春来たな。秋焼けて、間二年あるばりで来たから借金ばりのとこさ来たった」

なおさんは、「とってもやっていけない」と思って、また実家に帰ってしまう。すると夫は間もなく美しいあとさん（後妻）をもらった。夫とその人は仲睦まじい様子だったが、舅姑の気にあわないで三月ほどで出されてしまった。その後親戚の人が毎日来て復縁を迫った。なおさんはもう、木屋の隅っこで暮らしてもいいから決して嫁にはいくまいと思っていた。だが、おどされるようにして無理矢理連れもどされたのである。

「俺はそれ、なんにもねぇ、借金ばかりのとこさ来て子どもいっぺぇもったから育てるのがしんどかったども、なんじょったって俺がなしたんだものな、実家の世話になって、部落の人の世話にもなって育ててきた」

なおさんは、青々と広がる家の前の田を見ながら、「昔は今のように米とれねぇんだものな」という。米の反当たりの収穫は、現在の半分もあったろうか。雪がとけるのを待って苗代をつくり、五月に田ごしらえ、田植えが始まるのはようやく六月に入ってからだ。現在の田植えに比べればほぼ一ヵ月も遅れている。したがって収穫も遅くなり、稲は実を結ばずに早い冬を迎えてしまうことがあるのだ。また村の六割以上の人が小作農で、平年作でも収穫の半分は小作料としてとられてしまう。『藤根郷土史』（高橋峯次郎著）に昭和一一年の村の人びとの借金調べが記されている。当時の藤根村の戸数は四九一戸、そのうち農業が四四〇戸だ。そして全体の三六四戸が産業組合や銀行、無尽講、個人などに借金を負っている。その額は三〇〇円まで一二二戸、五〇〇円まで五三戸、八〇〇円まで四六戸、一〇〇〇円まで二八戸、一五〇〇円まで七四戸、不明四一戸、米一升が三五銭（昭和一〇年調べ）の時である。

火事の時に背負った借金を、小作だけでは返し切れず、なおさんの夫は若いうちから県内や宮城県へ出稼ぎにでていた。鉱山へも行った。明治末から大正にかけて借金に追われて農民が手離した田畑は村内の一部の地主、あるいは、近くの町、黒沢尻の金融業者や商人の所に集中した。小作人は貧窮化する一方で、藤根の働きざかりの男たちは、〝仙台テマトリ〟といって、仙台方面の開田工事や、後に西和賀で鉱山が盛んになると鉱山掘りに出かけたのである。なおさんは夫の留守の田畑を一人で耕作した。舅は連れあいに先立たれて以来、腑抜けたように毎日をブラブラと過ごしていた。小作の合間に、大きな農家に雇われて賃稼ぎにもいく。だが小さな子どもを五、六人抱えていた頃はわずかばかりの小作地を耕すのもままならない。

この辺では〝貧乏人に子宝〟といい、女たちは一〇人も一二人も子を産んで生活に喘いでいた。なおさんは、近所で子が死んで生まれた、という話を聞けば、自分の腹の中の子も「死んでければいいい」と思った。けれど、月満ちて、生まれ出た子が、まだ臍の緒もつながって、藁の上にコロッところがっているのを見ているうち、声を出せば、乳飲みたいか、と思ったり、寒くないかと思ったり、「死んでければいい」と思われた子がいっそういとおしくなってしまうのである。

七人産んだ後、四回続けて流産し、二度も死に損った時には、腹の中の子が「死んでければいい」と思ったそのバチがあたったのだと思った。

「われ身体悪くないうちは（流産を）なんとも思わなかったんス。七人もなしてからだからな。別にいたましいとも思わなかったしな。ただワチャヮワチャと動いたりすれば、ああ、人コなんだな、とそう思ったった。三月となればやっぱし人の形なもんだな。セルロイドの人形コのようなもんだっけ。それでもやっぱし、手の指だったって本当に現身《うつせみ》てえのもんだもの、それで動くんだっけ」

七人の子どもたちはまだ小さくて、一番上の子がようやく下の子の守りをしたり、近所の農家に頼まれれば馬のさせとり（牛馬の鼻についた「させ」を引いて誘導すること）などをしてわずかな小遣銭をもらってくるようになり始めたばかりである。夫は出稼ぎにでていても、次第に酒におぼれるようになり、家に持ち帰る生活費はごく少額だ。実質的にはなおさんが一家の生活を支えていたのである。なおさんは疲れていた。石につまずいて転んで、そして流産した。なおさんはボーッとしてセルロイドの人形コのような生き物の、マッチ棒ぐらいの細い小さな、だが確かに人間のものに違いない手がワチャヮワチャと動くのを見ていた。

なおさんは流産してはじめて産婆を呼んだ。

「子どもは早く出はって死ぬんだものなス。胞衣コ降りねェで熱でてきて悪くなるんだっけ。はじめの時は五ヵ月、あとは三ヵ月。無理に出はってしまうんだから、臍の緒だって細えんだし、切れてしまうんだ。臍の緒も何もみな切れて童っコばかりコロッと出はるもんだから、胞衣があとさ残って、とっても身体に熱でてきて、俺、風邪ひいたもんだな、とそう思っていたったども、胞衣コ降りねぇでいたから、産婆呼んだ。薬飲めばおりものするから、そいつさまざって胞衣も降りてくるんだからって、そわれて、（そういわれて）それ、薬飲んだもの。おりものみたいの降りるんどもさっぱり胞衣コみたいの降りないで、そのうち、ワヤワヤと気が遠くなるようだった。また、その産婆さん頼んできてもらったれば、ああ、胞衣あるあるって、降りねぇでらって、その時は手ぇつっ込んでとってもらった。それ、うんと熱したやつ、胞衣四回にとってもらった。一回とれば一回ぎりに熱ひくからなㇲ、とっても気持いいんだ。四回流産して、二回とても死ぬおもいしたんだものな。一番先にやった時なんか、産婆さんきて、よく死ななかったなあ、手首のあたりの脈は止まったっけって、あとからそわれたった。誰もかまう者がいねかったら死んだんべ、とそう思う。隣のおばさんいて、〝あげてぇか、あげてぇか〟って、その声聞けて、目ぇ覚めて、あや、いまどっそりねた風だったっていったれば、あとで、ねるもなにもしねかっけって、ただ、ゲェゲェって、からいずき（吐く）なんだっけってなㇲ、脈止まってしまったんだっけつうもの、だども、西のおばさんに叫ばれてだんだんに気ぃついたんだ。八人なすったって産婆もなにも頼まねぇでなして、自分一人で片づけながら流産してそったな目にあったんだもの」

貧しい村の人びとにとってはたして子は宝であったかどうか。〝北上川の向こう〟の村の子殺しの噂を聞いた。明治憲法で定められた堕胎罪は、昭和九年、東北一帯を襲った凶作と、と同時に世界的な経済恐慌と、戦時体制に向かう暗い気運の中で、急速に浮かびあがってきた。流産すると巡査が来て「薬飲んで流産したんでねか」と厳しく詰問されるようになったのはこの頃である。

「流産すればやかましくするようになったれば、あたり前で産んで、そして出はればすぐにボロッコさくるんで膝カブの下さつっ込んだりするんだっけスや。声たてらへねばいいってなス」

また、こんな話もあった。小さな子どもを何人抱えていても、いやそれだからこそ、女たちは田畑に出て働かなければならず、乳呑児は藁でつくったえじこ（乳児を入れる育児用具。ツブラ、イズミなどとも言う）に入れ、少し大きくなって這い出すようになれば細帯でえじこにくくりつけて家に置いて出かけた。そのくくりつけておいた細帯が子の首にかかって窒息死したのである。母親は、殺児を疑われ、二〇日間も拘留されて厳しくとり調べられた。

なぜ、流産が警察の取調べの対象になり、えじこの中で死んだ子の母親が殺児を疑われたのか。堕胎罪の成立前後から昭和一〇年頃までの経過を少し辿ってみよう。

もしもこの子が女子《にょし》なれば
薦《こも》に包みて縄をかけ
前の小川へつっぽんぽん
下から雑魚がつつくやら
上から烏がつつくやら

こんな唄が『捨子教誡の謡』(橘義天著)に載っていた。手鞠唄だという。これによく似た唄が『日本の子守唄』(松永伍一著)に〝子守唄〟として紹介されている。もっと湿った印象の歌詞だった。子とともに生きられなかった時代の人びとの暗い諧謔の心のありようが透いて見えるような気がするこの手鞠唄をうたいながら、子らは、綿を糸でくくりつけてつくった、力を入れなければ、はずまない手鞠を膝の下にくぐらせたり、足でついたりして遊んだのだろう。『捨子教誡の謡』は堕胎や間引きをいましめるために江戸時代末期に書かれたものだが、この頃の子育て書が、堕胎・間引きをいましめることから始まっているのは、子を産むことが同時に子殺しを含んでいた時代の証左なのだろう。江戸時代の人口が長い間三〇〇〇万弱を維持していたのは、人びとの間で行なわれていた堕胎や間引きが人口増加をおさえていたためだといわれている。

フランスの刑法を土台にして堕胎罪が制定されたのは明治一三年である。近代の進歩は西欧文明をとり入れることと考えられていた当時、キリスト教的な罪悪感が堕胎罪制定の背景となっていた。だが、堕胎罪が制定されても、江戸期の風習は残った。

例えば、「毎月丸」、「朔日丸」、「順血丸」、「蘆薈丸」などの通経剤の広告が雑誌に掲載されている。通経剤は、多く堕胎薬として服用された。そして時に、これらに含まれている蘆薈や硫酸銅で中毒死した者もでている。だが、こうした危険をおかして堕胎を試みたにもかかわらず、効果のあるものではなかったといわれる(『堕胎禁止と優生保護法』太田典礼著)。

明治末から大正、昭和はじめ頃までの死産率をみると、出産一〇〇〇に対して明治三八年には八九・一、大正四年には七二・八、大正一〇年には六五・〇、昭和一年には五五・七、昭和一〇年には五〇・一となっている。死産率は次第に減少するのだが、これは、明治以降の出産がとりあげ婆さんから産婆学校で学んだ産婆の手に移っていく、大きな意味では産科医学の進歩を示しているには違いない。堕胎罪が人びとの間に浸透したのは、西欧文明をとり入れる過程でキリスト教など宗教的罪悪感の影響もあっただろうが、それ以上に、為政者が堕胎罪を、富国強兵策を支える重要な人口政策として、利用した結果だろう。生めよ増やせよのスローガンは、労働力確保のため、そして人的戦力確保のため、上意下達の形で人びとの間に浸透していったのである。そして日本帝国の軍国主義的野心が広大な中国大陸へその手を伸ばしはじめる頃、村々では、「流産すれば薬飲んだんでねか」と厳しく詰問されるようになっていたのである。太田典礼によれば、江戸時代に堕胎より間引きをした形跡が多かったのは、不確実で、失敗すれば母子ともに死ぬこともありうる堕胎より確実で母胎の健康に影響のない間引きを選んだためだという。この江戸時代の人びとの知恵が軍国主義の頂点で堕胎罪の取締りが強化された昭和初期、人びとに滲透していった。

藤根では、子を産むことを「なす」といい、とりあげ婆さんのことを「こなさせ」と呼んだ。なおさんは楽に産んだからこなさせにも頼まず、二、三回、隣のおばさんに世話になっただけである。なおさんも、隣のおばさんの子をとりあげたのだからおたがいさまだ。隣のおばさんもなおさんも子をなさせたけれど「こなさせ」とは呼ばれない。こなさせはもっと経験をつんだ人のことだ。トリアゲババ、コトリババ、コナサセガカ、コゼンボウ、コズエババ等々、柳田国男の「産婆を意味する方言」には紹介されている。産婆学校を出て資格をとった産婆だけではなく、隣近所の子をとりあげているうちに経験をつんで人びとからあてにされるようになった産婆だ。〝産婆〟が、子を産ませることが専門のような明朗な語の響きなのに比べて、地方によって語感は違うだろうが、とりあげ婆さんの方に子の生死にかかわる深淵な響きがあるように感じられるのは、子をとりあげることが、場合によってはとりあげると同時に膝カブの下につっ込むことでもあった、そうした時代の〝産婆さん〟だったからではないだろうか。「産婆」を意味する方言が数えきれないほど通用していた時代、なおさんは一人で「死んでければいい」と念じながら子を産み、そして臍の緒をつんだ。楽に産めたというが、子を産む苦しみの中でたった一人、子の誕生にたち向かうなおさんの姿を想像するとその原初的な生命の輝きに眩むおもいがする。そして、なおさんの子産みが子の死の深淵をのぞきながらのそれであったことを思うと、さらにいっそう眩暈《げんうん》する。

えじこの構造

「俺の義母《はは》は、はじめてなす前の年亡くなったもんだからなス、だからはじめての時は実家さ行って産んだったって、その次からここでなしたから男たちばりなんだもの。一週間はおしめ洗ってもらうけんどもなㇲ、男に洗わせられねぇから一週間たてば起きて、湯わかしてて、子どもも湯させたり、われも湯つかったりするから、そいつの後で（おしめを）洗ってて、でもお湯で洗ってばりではわかんねぇ（仕様がない）からしゃりむり水さ持ってって、おしめの端っこの方を持って手がぬれないようにするけんど、そのうちめんどうだから手は水さ入るんだもの。昔は、二一日水飲むな、水を使ってもなんねぇってばりいったんだからな。大きいのは四つになってから二番目のができたけど、四つたって二月生まれだからな、満足に三つになんねかったんだ。二つと何ヵ月という時だから……。次にはまる一つで、できたからな。だから畑さ歩くのは箱さ二人入れてしょって歩ったもの。昼（昼飯）しょって水持って鍬《くわ》しょって、大きい子に一人しょわせてな、歩いて四〇分も五〇分もかかるところに行くのだからなㇲ、そったのみんなひっぱって歩くのだから家さ昼帰りしたりすればとても歩いてばりいねばなんねぇから昼しょっていって、そうすれば歩きながらハァ飯《まま》食いてぇなんてやつもある、それしゃりむり畑までひっぱって行った。箱さ入れて行かねぇ時は三つぐらいになるまでえじこに入れて、足の立つようになれば帯かけておっつけておいたもんだもの。家の近くで仕事する時だれば一人中に置いて出はったんだもの。戸閉めて出はる時は泣くんだっけ。出はってしまえば毎日そうしておくもんだからあきらめてだまって遊んでるんだっけ。それでもまた人来れば泣くんだ。しゃりむり稼がねばわかんねぇから子どもなげて（放っておいて）……。だんだんに子ども大きくなればそいつさあずけてな、だから先さ生まれたのは小さい子をしょわせられたからおがれねぇで（背が伸びないで）あとの奴はみんな大きいのす。一番先さ生まれたのは一番小さい」

保健婦さんと一緒に村々をまわって話を聞いたという大牟羅良《おおむら》は『ものいわぬ農民』（岩波新書）の中で、暇もない金もない農家の女たちにとって、えじこが〝これ以上の優れた考案がむずかしいのではないか〟と思われるほど合理的な子育て具であることに認識を新たにし、驚嘆している。

激しい労働に追われていた女たちが、かつてどのように子を育てたのか知りたくて村々をまわる度、おばあさんたちに聞くと、多くの村々でえじこの話を耳にし、その度に大牟羅良のいう〝えじこの合理性〟が頭をかすめた。

信州の木曽福島ではえじこを〝イズミ〟といっていた。越後の塩沢では〝チグラ〟といっていた。石川県輪島の海士町《あままち》では〝ツブラ〟といっていた。

秋田の八郎潟でこんな話を聞いたことがある。

一日中働きづめに働いている農婦たちの間で乳呑児を持った女は、周囲の女たちに羨ましがられた。「乳呑ませて休んでられる」というのである。乳呑児を持った女は野良で子に乳を呑ませる間だけ腰を下ろして身体を休められたが、その時間を羨むほどに人びとは仕事に追われたのである。だから必要以上に子にかかずらえば、「俺らの嫁は童《わらし》ばかりかわいがって、なんも仕事しねぇ」とすぐさま舅姑にいわれた。この地方ではエジコともイジコとも聞こえる呼び方をしていて、楕円形の桶に八郎潟でとれるモクという水草を干して、灰や藁のシビ（はかま）を敷いた上に入れた。モクは水で洗えば汚れはとれたから何度も洗って干しては使った。古くなって少し固まってくればていねいにほぐし、ほぐし使ったのである。

越後の塩沢では、チグラの中に藁のシビを敷いてその上に粟《あわ》の糠《ぬか》を袋に入れたのを置いた。それを置けば赤ん坊のお尻がすれなかったのである。藁のシビが直接赤ん坊のお尻にあたるとすれてしまう。朝入れれば夜まで出さずに一日中入れておくのだから背中までぬれてグシャグシャになって、かぶれたり、すれたりするのだ。それでも「薬なんてことはねぇし、乳でもつけとけば治らって、そのせいかどうか、治ることは治りました」と機の上手なおばあさんがいっていた。

半年近くを雪に埋もれて暮らす塩沢では冬の間の女たちの機織り仕事が重要な現金収入だった。その間、子どもは「こたつさ入れるのは毒だ」といわれてチグラにばかり入れられたのである。チグラの足の方の部分だけこたつに入れておけば背中の方までポッポと暖かくて、チグラの好きな子は、歩くようになっても眠くなると自分で小さな布団を持ってきて、入れてくれといって、チグラの中で寝た。

夏、イズミに入れられた子の乳臭い口のまわりに蝿が真っ黒くたかっていた、という信州木曽福島で聞いた話も印象深いものだった。暑い時にはかいもの（布団やボロなど赤ん坊をイズミに入れる時包むもの）はせず、ただ入れておくけれど昼に野良仕事から帰ってみると、汗がしぼれるくらいにびっしょりになって眠っていた。

輪島の海士町ではかつて女のはたらきが一家の生活を支えていた。稲をつくらなかった海女たちは藁製のツブラを市で買って使っていた。また、農家の秋の収穫を待って、春から夏にかけて稼ったわかめやいわしの小糠漬やさざえの塩漬などを持って村々へ物交（物々交換）に出かけたが、そんな折、必要があれば農家の人に頼んでツブラをつくってもらったのかもしれない。現在でも海士町に生まれた女の多くが海女になり、小さな子がいれば守りの役目は海をあがってしまった老海女だ。ある老海女はかつて自分が子を育てた時代のツブラを思い出したのか、ダンボール箱に赤ん坊を入れて守りをしていた。ぐずっていた赤ん坊はダンボール箱をゆるやかにゆすってやるとそのうちスヤスヤと眠りについた。箱の下に二、三本の丸棒を置いて箱はゆすれば動くようになっていたのである。

女たちは激しい労働の中で子どもを育てるための実に多様な知恵を出しあっていた。

なおさんの村ではえじこの底に灰を入れて次に藁のクタダ（はかま）を敷き、その上におしめを一枚ぐらいあてて赤ん坊のお尻をピタッとつけて入れておく。赤ん坊のきものは腰から下の部分はまくりあげてボロを巻いてぬれないようにした。おしめは麻でつくったから、水分は下の方にとおる。また、しっちきという葦草を扇形に編んだものをえじこに入れることもあった。扇形の要の部分だけを編んであり、サクサクとしているところに坐らせておけば水分は下の灰が吸いとる仕組である。このしっちきを二つ、三つ交替に使えば一年ぐらいはもった。しっちきは水ですすぐだけで汚れが落ちた。

えじこの中に灰を敷くのは、水分を灰が吸ってえじこにまで透さないためだ。藁のクタダは柔らかくて、汚れたらその部分だけを捨てて替えればよい。灰もクタダもしっちきも、えじこの中の箇便な便器だ。この簡便な便器を中に仕組んであるえじこは、忙しい女たちのおしめを洗う手間をはぶき、そして、女たちが働いている間の保育器となったのである。

「昔は娘三人持てばしびと（かまど）の灰までみなもっていかれる、といったんだ。はじめての子ども産む時は実家でなすから娘がえじこさ入れる灰持ってく。昔はそれ、肥料まくったって、ごんどう（木の葉）焼いて灰つくったりしたからなス。灰にリン酸を少し混ぜて肥《こえ》だなんていってまいたんだ。人糞でも足りねぇんだからな」

実家へ出産のために帰った娘が子が産まれるとえじこに入れるため、かまどの灰をきれいに払うようにして持っていってしまう、といういい方は、なおさんにいわせれば少し大げさだそうだ。だが、嫁にいった娘が嫁ぎ先での生活の様々な遠慮を実家ではせずに使う、貴重な肥料であった灰を実家では気兼ねなく使えたのだ。

「ごはん食べるったって、えじこさ入れてればえじこさおっかかって（寄りかかって）乳やりながらごはん食べるなス。えじこ入れてるよりも、ごはん食べるうちばりもあげておくべぇと思って抱いて、前さ帯で結つけて乳つけながらごはん食べれば、ごはんの茶碗さ手ぇかけるんだっけ。手ぇかけられたと思って手ぇ押さえれば今度は足ふりまわしておつゆまける……」

午前中いっぱいえじこの中に入れておいた赤ん坊を昼食の時ばかりはせめて抱いてやろうと、けれど一時《いっとき》でも時間の余裕はないから、抱いた子を帯で自分の身体に結びつけて食事を始める。するとえじこの中で窮屈にしていた赤ん坊は手足をいっぱい拡げ、動かしてごはんやおつゆをかきまわした。そしてまた午後の仕事に出かけようとえじこに入れて戸を閉めて出ると、閉めた戸の向こうで赤ん坊はあらん限りの声をあげてなおさんを呼びもどそうとした。その泣き声は家から離れるにしたがって遠くなり、いつしか聞こえなくなる。なおさんの耳には、家から遠くなったからとどかなくなったのだが、一人残された赤ん坊はそのうち泣き疲れ、諦めて泣き止んだ。

なおさんが子どもを育てる頃は藁でそれぞれの家でえじこをつくっていたが、だんだんに木えじこが出てきて桶屋から買うようになった。無器用な人はつくりきれずに人に頼んでつくってもらったりしていたから、桶屋で木えじこを売るようになった時、自然に木えじこを買うようになったのである。冬は藁製の方が暖かくてよかったが、木えじこの方が見かけがよく、つくる手間もかからないので後にはみな木えじこを使うようになったのである。

なおさんの子育て

「俺《おら》はその頃厳しく育てたつもりはなかったども、子どもたちなら、おばあさん厳しかったものなぁっていう。他所の子どもより悪く育てたくねぇと思って、一人前の人に育てたいと思ってやかましくしてやってきた。おやじは一年に三ヵ月ぐれぇっきり（家に）いねぇんだもの。たまにおやじはくるから、子どもたちはおやじにおこられることはねぇんだな。おやじがいなければ、よけい厳しくしなければねぇんだもの」

なおさんは子どもたちにとってはとても厳しい母親であったが、人間としてはやさしい教育観を持っている。なおさんが子どもを育てる時いつも心に念じていたことはこうだ。

「子ども同士で喧嘩して傷つけられてくることもあるな。(自分の子も) 石投げたりするから、傷つけられたのだればいいから、人に傷つけないようにせぇって、人にゃ負けてもいいからあまり人さ傷つけないようにせぇって、そうばかりやかましくしてきた。喧嘩するのはどっちも悪いから喧嘩するんだからな、悪いからそしられるんだから、そしられねぇようにしなければねぇんだって」

人に負けてもいいから人を傷つけない人間、それは人がよすぎるくらいに平和な人間像だ。

口やかましい姑のいる人は、早く姑に亡くなられたなおさんを羨ましがったが、なおさんは姑がいればどれほど助かるか、と何度も思った。弁当を持って畑に小さい子どもを四人も五人も連れて行って、雲行が悪くなってきたりすれば、雨が降り出さないうちに仕事を止めて帰途につくが、もう途中で雨は降り出し、ずぶ濡れになったりする。そんな時、姑がいれば、子どもを連れて歩かなくもすむんだがな、と思って暮らした。

「子ども小せぇ時は朝間《あさま》二時頃起きたんだもの。田植え行く人たちはそこで (雇われた家で) ごはんもらって食べるども、子ども家にいるから童さごはん炊いて、おにぎりこさえて、そうして出歩いたから、朝間二時に起きねばならねかった。昼休みはごはん食べるから一時間半ぐらいあったって、小さい子どもあれば昼休みしてられねぇんだ。水さ入ってきものぬらしている奴もある。乳もかまさねばねぇ。夜も夕飯 (雇われた家で) 食べてから家さきてみれば、みんな炉端さ寝てるから、そいつ足洗ってやると一一時も過ぎるようになるんだっけや。田植えっつうものは」

暑くなって、畑に連れて行く時にと麦わら帽子を買ってやれば、子どもたちは、それをかぶらずに小川で雑魚とりを始める。「雑魚もとれべぇな」とあきれて、仕事の手を休めるわけにもいかず、なおさんは麦わら帽子で雑魚とりをするわんぱく坊主たちを放っておいた。

だが、子どもたちが八つか九つになればできる仕事はなんでもさせる。男の子でも食事の仕度をさせればやるし、また一〇歳ぐらいになれば馬のさせとりに行った。前の晩「助《す》けてくれないか」と近所から声がかかり、頼まれるのである。させとりというのは田を耕す時、馬の口に棹を結びつけて、子どもが持って馬をひくのだ。馬は子どもと並んで、子どもが歩くように歩き、田の端へ行って子どもが棹を立てれば馬はグルッと向きをかえた。けれど、子どもだから一日の仕事が終わらないうちに疲れてしまう。それでも、五〇銭ぐらいの手間賃をもらってくる。五〇銭では、その当時は、米二升ぐらいしか買えなかった。女の子も一二の時にはもう、近くの農家の仕事を手伝いに出て稼いだ。家の仕事も、田植えの時などには、「あまた（たくさん）いるのだから小せぇ奴らに苗コとらせて、苗コ運ぶ奴は運ぶ、そして俺一人で植えて田植えやったたった」。また、田の草とりの時には、「(田に）入って歩いたばりもいい」といって手伝わせた。だが、「それぐらい稼いだたっても、秋さなって米とってみれば他の人たちみたいにとれないんだし、小作料払うべし、年とる（正月を迎える）米も足りねぇようなんだものな」。他の人たちのように米がとれなかったのは、馬がいる家であれば、草を刈ってきて馬小屋に入れ、馬糞と一緒に馬に踏ませてたい肥をつくり、それを田の肥料にすることもできたが、日雇いで稼ぐ者には草刈りをする暇もない、馬もいない。だからたい肥もろくに田に入れることもできなかったし、また、冬の間、現金稼ぎに縄をなったりわらじをつくったりして藁を使ってしまえば、藁のフク（はかま）しか残らなくて、藁でつくるたい肥もできなかったからだ。「日雇いで他さ歩って稼いで、その後で家の（田畑）はやりやりしたのだから、草だって二日でも遅れれば大きくなるし、一人でとってもやってられねぇから童《わらへ》んどいじめて……。童《わらへ》んど遊んでれば遊びてぇんだもの。だども、ここまでやればあとは遊んでいいなんてことといってやらせたんだもの。遊んでれば叫ばれる（叱られる）んだもの、（子どもたちは）厳しかったとそう思うんだべな」

八人の子を引き連れて野良に出、それぞれの力に応じて仕事をさせ、そして自らは懸命になって働く。自分が生きるということをいつも子どもたちの目の前につきつけていた、そうした日々のなおさんの叱声や笑顔や怒りや子へのいつくしみや、あるいは涙が子どもたちにとっては大きな啓示になったに違いない。

なおさんは男の子を六人も持ったから、長男はともかく、他の五人の子の将来を考えて、小作田を借りられるだけ借りて耕した。普通に考えれば高い小作料を払うのだから耕作可能な面積を肥料を入れてていねいに耕作するのが常道である。だがなおさんは田を多少荒しても広く、広くと増やしていった。田があれば、なんとか子どもたちが将来暮らしていけるだろうと考えていたのである。その借りていた田が、戦後の土地改革で、そのまま払い下げられて幸運だったとなおさんはいう。

だがその前に、ようやく一人前になったと思った息子たちは次々に戦場へ行ってしまう。

「次々と兵隊さ連れて行かれて、終戦の年は四人《よったり》になったったなス。五男は海軍さ志願させろっていわれて検査したれば色盲で、それ海軍さとられねぇで、飛行場さ整備に行って、一番小せぇのはそいつがまだ学校さ行ってる間に満州さ、義勇軍さ出せっていわれて、出して、男たち全部六人出して、出せば、出はってるから喰わせることはねぇからその分米出させられてなス、そいつ（息子ら）の喰う分出させられてなス、今映画みたいなので見てれば兵隊さにやるので船さ積んでったって、向こう（戦地）さ届かねぇで船沈められてしまって、海さ米入ってしまったんだもの。その頃、何も他に食べるものなかったから、四、五合米を食べていたが、（一人一日）二合五勺につめられて他はみな出させられたのだからな。それでもなんじょかして（なんとかして）向こうさやりてぇと思ってしゃりむりつめてやったった。今度はそいつ、しゃりむりつめて残した米、一月《ひとつき》分出せ、二《ふた》月《つき》分出せっていわれて、また出させられたんだもの。そして戦争終わったらそれ、八月のうち、九月になって帰ってきたった奴もあったな、米まだ稲花咲かんでいた時なんだもの。食わせるものなくて、まあず。米、ここでは稲つくれば小せぇ束十把で一束《いっそく》ってそういうんだ。そいつから米一升六合か七合とれるのを（まだ実が入らないで）八合ぐらいとれるから、稲刈ってそして喰わせたった。喰うのが三年ばりひどかったな」

　四人兵隊にとられ、一人熊谷の飛行場へ徴用され、一人は義勇軍として満州へ行く予定であったがその訓練期間中に戦争は終わった。息子六人みながみな、戦争のためにかり出されて、なお、残ったなおさんに供出米が課された。手薄になって次第に荒れる田を必死に耕し、そしてつくった米を供出したが、米は息子たちの戦っている戦場へ届いたのかどうか。戦争が終わって帰ってきたのは五人、一人はフィリピンで死んだ。

「まず、四人《よったり》行って、一人死んだばりで帰ってきたからなス。一番大きいのは支那さ行って、まる四年でやっぱし弾の傷も一所《ひとところ》ばかりでねぇ、あるからなス。それでまずよく生きてきたし、二番目は死んだし、三番目は満州まで行って、そったな戦争さあわねぇできたから、四番目は兵隊になってからそったに戦争みたいなとこさも行かねぇで、東京さ徴用で行った時、空襲でみんな焼けてしまって帰ってきたから、五番目の整備工で入った奴もやっぱし熊谷飛行場で弾落とされたりする時もあったたったていうしな、一番小せぇ男は、四月か、学校の先生に義勇軍さ出せっていわれて行って、茨城県の河和田《かわだ》っていうとこさ行って、六月、満州さ肥えた奴ばり行って、俺なのはあとさ残って、そして八月だか九月、満州さ越えることになっていたども、そのうち終戦になったから河和田にいたばりできた。あとの者は弾のあるとこさばり行ってきたんだから……」

だが、なおさんは、戦争で失った息子はたった一人だから村の女の中では運がいい方なのだと自分に自分でいい聞かせている。近所には一人息子をなくした人もいるし、三人の息子を兵隊にとられ、三人ともになくした家もある。また、結婚して出征した後、赤ん坊が生まれ、その赤ん坊の顔さえ見ずに死んだ者もいる。村中が、そうした戦争にギリギリと耐えていたのだ。

なおさんは、息子たちが出征する時、もうすでに諦めていた。

「(戦争へ)やる時は帰ってくるもんだとも思わねぇもんだからな」

戦争へ征くことは死ぬことだという黒々とした観念を、なおさんは小さな時から身体にたたき込まれていた、というのだ。

「俺《おら》、明治三〇年に生まれたもんだから二八年には日清戦争は終わっていたども、三七、八年は日露戦争だべかな。子どもの頃から戦争あったもんだからなス。俺、それ、日本の国は狭いから人あまたになればわきの国さ行って借りてやらねばねぇ、それ借りられなかったりすれば話し合いできなくなって戦争やるんだなんて聞かせられて、兵隊さ検査受けて合格していく人は立派な人だなんていっそそういうような教育受けてきたからな。なんじょなことあったたって天皇陛下の命令は守らねばねぇもんだと思っていたからなス。志願だったたって、それ、われ好きで行くようなものだども、そういうようにしゃりむり教育されてるからなス。だからわれ(自分の)ためでねぇ、国のためでやらねばねぇってことだったんだもの。だからなんじょったって生きてくるんだとは思わねぇ、行けば死なねばねぇもんだと思ったたった。だども、兵隊だっても行きたくなくて、指もいだとか、かくれたとかって、そういう人もあったんだども、そういう人たちは見つけられれば、ただはおかれねぇんだものな」

『藤根郷土史』に明治二三年から昭和一一年まで四六年間の藤根村の犯罪件数があげられている。その中に「徴兵令違反　八」とある。まだ日中戦争も太平洋戦争も始まっていない頃だ。なおさんがいう指をもいだり、かくれたり、といった哀しい小さな、だが必死な抵抗は「徴兵令違反　八」

という数字の中に含まれていたのか、それとも、日中戦争から太平洋戦争へかけての抵抗者であったのだろうか。

日中戦争から太平洋戦争にかけての藤根村の応召者は七二八名、戦死者は八二名。この応召者および戦死者の個々の胸のうちにも徴兵令違反者と同様の想いが皆無であったとはいいきれないだろう。

他界したなおさんの息子は小さな時には、

「徴兵さなんて行かね」

というような子だった。周囲の者に、

「行かねったってわかんねぇんだ（ダメなんだ）、身体いいば検査して連れていかれるんだから」

といわれても、

「俺はそれでも行かね」

とかたくなに徴兵を怖れていた。だが、成人して徴兵検査に受かった時には、

「支那人の頭、俺はポケットさ入れて持ってくるから」

といって出かける青年に変わっていた。

戦場へ行けば「帰ってくるもんだとは思わねぇ」と必死にこらえていたなおさんは、けれど、「俺は気の強い方だからなス、若い時は、他人に涙を見せたこともねぇども、やっぱり夜寝れば、寝て涙も出」て、息子の安否を気づかっていたのだ。

戦争が終わった時、村の女たちは、帰って来ない息子や夫の生死をあらゆる方法で確かめようとした。なおさんはいたこに聞きに行った。いたこは、息子は遠い国へ行ったという。なおさんは、戦争が終わる前に、息子の死を予感させる夢を見ていたから、「遠くの国さ行ったっていえばもとより遠くさ行ったんだもの、死んだことなんだ」と、そう思った。

戦争が始まったばかりの頃は出征兵士は村中の人から賑々《にぎ》しい見送りを受け、また、戦没者が出れば、学校等で、村が葬式を出し、鄭重に弔《とむら》われた。だが、戦争が激しくなるにつれ、寂しい出征となり、敗戦後、なおさんは息子の位牌をかくれるように受けてきた。

「俺なのは終戦になるあたり死んだんだで葬式金ももらわなかったし、もらう気もなかったし、もらえないもんだと思っていたんだ。骨もらってくるにも戦争敗けたんでアメリカの人おっかねぇってんで、かくすようにもらってきてやったたった。二〇年の正月死んで、二二年の三月、公報きてなス、骨とりに来《こ》おっていわれて骨とりさ行って、箱コもらってきたった。なーに、骨も何も入ってねぇ、木ッコでこさえた位牌コ、そいつさ入ってきたったっす。フィリピンの方さ行ってアメリカの兵隊真正面に受けて死んだって、そういう手紙、部隊長だか、中隊長だかからもらっていたからなス、だから骨も何もねかったんだ。やる時はあったな（あんなに）小さいもんでやったんだねかったと思って涙出てきたったども、あー、馬鹿だ、兵隊に行けば殺されるもんだと思ってやったもんだから、涙なんぞ流されねぇ、そう思った」

なおさんが、息子の死をしみじみと悼むようになったのは、日本が戦争に敗けて、しばらく経ってからだ。

最近、なおさんは、自分の身にしみついて離れない明治の教育を、そして、太平洋戦争に至る時代の大きな影響を可笑しいと思う。

「プロレスみても、日本の人だれば敗けねばいい、勝ってければいいって……。なに、日本の人だったってどこの人だがな、知らねぇ人なんだ。いっこう見ることもねぇ、テレビなればこそ見るし、それでも日本の人勝てばいいと思って見てる。俺、小さい時からそういう教育受けてきたからそれでこうなんだなって、いまおかしいと思って見てら。日本だって外国だって話しあいでできればいいものを、できねぇで、どっちも人を死なせたり、殺したりして、考えてみればそんなに馬鹿なことはねぇようなもんだものな。支那だって死んだ人いっぱいあるんだべし、アメリカだって死んだ人あるんだべし、日本の人ばり死んだんでねぇんだからな、どっちも死んでるんだども……」

戦後、藤根からブラジルやパラグアイへ移民した人たちに、なおさんは想いを馳せる。「日本の国は狭いから、人あまたになればわきの国さ行って借りてやらねばねぇ」という戦前の実態は、武力による台湾、朝鮮の植民地化であり、中国侵略であった。藤根からも多くの開拓農民や義勇軍を満州へ送り、そして、敗戦間際、ソ連参戦と同時に開拓農民や義勇軍の少年たちがいかに無惨に満州を追われたかを村の人々は聞いた。堕胎罪は、明治以降の帝国主義下で、一方で戦場へ送り出す兵士を確保するため、そしてもう一方で植民地支配、中国侵略のための労働力として機能したのである。

子をたくさん産んだ、そして、自分の土地を持たずに小作でたくさんの子を育てたなおさんは、やはり、土地がなく、移民せざるを得なかった人々に思いを馳せるのである。

戦争と、その後の高度経済成長が人びとの生活を激変させたためか、あるいは出産を含めて性にまつわることがらが語りつがれることがなかったためか、女たちの子産みの歴史は明確には伝えられていない。私たちの母の世代、祖母の世代、曽祖母の世代、つまり、辿れる限りの世代の女たちに子産みの、そして子育ての話を聞きたいと思った。その最初の試みがなおさんの話である。

堕胎禁止が、実は戦争という大量虐殺に備えての人員確保であったという大逆説の時代の重圧の中でなおさんは、近所で子が死んで生まれたなどという話を聞くと、自分の腹の中の子も「死んでければいい」と念じながら子を産んだ。だが、意識が遠のきそうな疲労の中で、胞衣のおりるのを待つ間、まだ、臍の緒がつながっている、この世に生まれ出たばかりの小さな命が、藁の上で動き、声をたてるのを見ると、「死んでければいい」と思われたその子が、いっそういとおしくなった。堕胎を禁じられ、貧しさの中で育てた子を次々に戦場へかり出され、弾よけにされるという悪政にもかかわらず、女たちが耐え持っていた、自らの手で子を産むという本性的な力を、なおさんは、激しい労働の中の子育てとともに示してくれた。

お産婆さんの話

ここに一冊の往診日誌がある。和綴の黒い表紙だ。その黒さは白紙を墨で塗りつぶしたような、触れたら墨で手が染りそうな表紙である。裏表紙にはその黒さの上にさらに墨書された文字が光線の加減で見える。表表紙の左上には白い別紙が貼られ、その枠囲いの中に「往診日誌　明治四十一年度」と記されている。産婆・折居律さんが二八歳、岩手県和賀町の横川目で開業し始めた頃の日誌である。往診した時の様子が墨で詳細に記されている。少し引用してみよう。

一ページ目の初診月日は「一月一日」だ。

病名　第三回妊婦　第一頭蓋位

女性

初診　四十一年一月一日

1/1　異常ナシ

1/5　午前七時分娩

産褥異常ナス《ママ》

摘要　金壱円五拾銭　焼酎一本　経過良

黒沢尻新穀町に住む三一歳の二回出産経験がある産婦だ。三人目も正常分娩で子どもは無事に生まれている。

二ページ目。

病名　第一頭蓋位　第五ヶ月妊娠

発育良ナル男児

初診　四十一年一月一日

1/1　異常ナシ

1/16　少シク腰痛アル故ヲ以テ往診シタルニ異常ナシ　心音百三十至ヲ……（不明）……セリ

是ヨリ陣痛様ノ疼痛発作シ居レリ

1/17　普通ノ陣痛ヲ以テ午后十時二十分正規分娩セリ　児供異常ナシ

妊娠后二百七十五日ニテ分娩セリ（大約）

1/24　異常ナシ

2/1　異常ナシ

7/12　脳膜炎ヲ以テ死亡

摘要　金弐円　オナンド一反　タビ一足　経過良

正規分娩で生まれた「発育良ナル男児」は生後の経過もよかったのに、七ヵ月目にこの世を去っている。産んだのは本町の一九歳の母親だ。初診月日が一月一日で、一月一七日に分娩しているのに、病名の項に「第五ヶ月妊娠」と記されているのは、おそらく、前年に初診を受けているのだろう。往診日誌を一月一日で改め、前年初診の分もひきついで記入されたものに違いない。そうおもわれるのは一月一日初診のものが一人一ページずつで八ページまで続いているのに、それ以降の初診月日はまばらになるからだ。一月は一四人、二月は八人、三月は五人、四月は四人、五月は五人、以下、ひと月に四人〜九人となっている。

まず最初に目につくのは摘要の項だ。「オナンド」とはどんなものかわからないのだが、一反とあるから布地なのだろう。布地や足袋が金銭とともに診察の謝礼となっている。ソメガスリ一反、木綿一反、ネール切四尺、ハンケチ一枚、はんゑり一掛、白フラン四尺、下駄一足、ウラモノ一反、ユーゼンモシリン《ママ》大巾四尺、洗濯石鹸二本、手拭一本等々。布地や足袋等の衣料品が多く、飲食物は焼酎一本をみるぐらいだ。木綿一反やネール切四尺やはんゑり一掛は金銭を支払って手に入れたものだ。明治末期の、金銭を得る機会がまれで、自給自足的な生活が日常であった村の人びとにとってはおもいのたけを込めた贈り物だったに違いない。

摘要の項の診察料の金額はまちまちだ。多く払う者もあり、少額しか払えない者もある。

三ページ目は初診は「四十一年一月」とあるだけだ。

病名　第一頭位　第七ヶ月妊娠　終末月経四十年七月初日

女性

1/1 異常ナシ

2/1 異常ナシ

3/3 異常ナシ　心音百四十八至

3/17 下肢中等度ノ浮腫アリテ顔面ニモ亦少シク浮腫アリタルニ依リ医ノ診ヲ要スルコトヲ諭シ　腎臓炎ノ恐ルベキ者ナルヲ示セリ　胎児異常ナシ

3/19 陣痛発作ノ故ヲ以テ往テ診スルニ外検上児頭骨盤内ニ下降シ子宮口二仙迷《センチメートル》斗《ばか》リニ開大シ一時間ニ五六回ノ陣痛アル毎ニ少シク子癇初徴ノ如キ症候アリタリ

3/22 正規ノ陣痛ヲ以テ発育良ナル女児分娩セリ（午前四時）

3/23 母体脈搏百廿至ニ到リ浮腫少シク減退セルモ諸症ヨカラス　三七・六

3/24 浮腫高度ニ達シタルモ諸症軽快セリ　三七・三

3/25 初生児異常ナシ　母体浮腫減退セリ

摘要　金二円　木綿一反

金壱円　ソメガスリ一反入ル

経過良

産婦は二ページ目と同じく一九歳である。三七・六、三七・三とあるのは体温だろう。初診月日一月一日の八人は無事に子を産んでいる。だが、それ以降になると急に様々な分娩の様相が記され始める。これは、多くの産婦が出産日間近、あるいは陣痛をおぼえてはじめて往診を乞うているのに対し、初診月日一月一日記載の八人はそれ以前から診察を受けていた恵まれた産婦であることを示している。九ページ目は一月一七日正規分娩、一〇ページ目は一月一九日初診で二月一日に双児を産んでいる。一児は「軽度ノ仮死ニ陥リシヲ以テソセイ法ヲ施シタレハ活潑ナル啼吸ヲナシ得ルニ至」っている。この年の最初の不幸は一四ページ目、「一月三十一日」である。

病名　第五回経妊婦　第八ヵ月第一頭蓋位

男性

初診四十一年一月卅一日

1/31 午后六時突然破水シタルモ少シノ陣痛モ発作セズ　只時時腰痛及頭痛ヲ自覚シ胖水ハ破膜后絶ヘス露出シツヽアリ　発熱ナシ　便通ナシ　食慾稍々不良　陣痛摧進法ヲ施シ居レリ

2/1 午前八時往診スルニ変ナシ　胎動アリ　微々タル陣痛様発アリ

2/2　午前十一時発育不全ナル男児分娩
2/3　小児哺乳不随意　母体異常ナシ
2/9　小児ハ哺乳不完全ノ為メ午前三時死亡
摘要　参円入ル　白フラン四尺　吉庄ヨリハ下駄一足入ル
母経過良

発育不全で生まれた男の子は乳が飲めないため七日目に生命尽きた。

一五ページ目は第一顔面位、つまり、頭からではなく、顔から生まれてきて、そのために「初生児ノ見ニクキコト驚クノ外ナク来合セル人々打恐レ甚シキニ至テハコンナモノ死ネバヨカッタ等ト云フ」もいたが、「翌日ヨリハ通常ニ復」した。

頭蓋位で頭から生まれてくるのは全体の九割、一割は顔面位や足位、横位で手から生まれることもある。

一八ページ目。「第十ヶ月妊娠、第二顔面位で窒息」。「小児ニモ人工呼吸法ヲ施シタルモ其効ナク悲サニ陥イレリ」。この時は産科医の来診を乞うているが間に合わない。二二ページ目は五月三日に正規分娩したが、六月一日「小児ハ先天ヂヒリスヲ以テ死亡セリ」。二六ページ目は「胖水過多兼葡萄状胎アリテキケイ児」「児ハ生后十五分ノ後死亡」。二七ページ目は双児だが、第一児は「中等度ノ仮死ニ陥リタルモソセイ術ニ依リ回復セシメタリ」。第二児は「重度ノ仮死ニ陥リ如何ナル方法ヲ施シモ効ナク遂ニ真死セリ」「第一児男第二児女何レモ発育不全ナリ」。二九ページ目は四月一九日初診、「第一頭蓋ニシテ前額位ヲ取リ分娩稍々困難ニシテ産出期延長シ為メニ胎児ハ仮死ニ陥リ如何ナル法方《ママ》ニ依ルモ弱キ呼吸ヲ発スルノミナリ」。そして四月二一日「午前十時使者来リシニ昨夜十二時死去シタリト云フ」。三〇ページ目は四月二六日、「横位ノ男性ニシテ内回転術ニ依リ分娩セシメタルモ頭部産出ニ時間ヲ費シタル為メ胎児ハ既ニ死亡スタリキ。四月二十九日爾後発熱モナク良経過ヲ取下労働シ居レリ」。

まだまだある。流産、早産、死産、一月一日正常分娩の記録で始まった黒い表紙の往診日誌には、少なくはない異常分娩の記録が残されている。祝うべき子の誕生の記録と思い、開いたページには、想像の他多くの不幸がつまっていたのである。そのパーセンテージはこの往診日誌がつけられた頃の死産率（出産一〇〇〇対）八九・一、新生児死亡率七四・五、（明治四一年調べ）に比べてもかなり高い割合を示している。それは、経済的に余裕のあった者は別として、貧しい人びとにとって産婆にかかることは難産が予想される時であったという村の事情によるものではないだろうか。死産率八九・一も新生児死亡率七四・五も現代の自然死産率三三・一（人工死産率を含めた全体の死産率は五二・七）、新生児死亡率六・四（昭和五一年調べ）の中で生きている者の目からみれば驚くほど高い数値を示しているのだが、さらにそれ以上の数値の胎児や新生児の死に記録者はたち向かっていたのである。

折居チトミさんはこの日誌の記録者、律さんに実習を受けて産婆としての第一歩を歩み始めた。

「長靴はいて、モンぺつくってもらって、それはいて、横須田さ一番最初に行ったの。さあ、行けども行けども雪だしね、あやあ、シベリアさ来たべかと思った。林の中なんだもの。ちょうちんコつけてス、おばあさんジャッジャジャと歩いていく。そしたらそこは難産だったもの」

律さんに連れられて最初に行った家では難産だった。雪の夜更け、律さんはものもいわずに早足で歩いて行く。チトミさんは産婆としてのはじめての実地訓練に身を固くしながら慣れない夜の雪道を必死について行った。

「雪の中から行くとね、産人《さんと》さんは納戸の奥にいるの。せば、見えないのス、藁の上さごっそり坐ってるベス、いっこうにお産の人の顔見えないの。明かりもなくて……」

暗がりの中から産人さん(産婦)の呻き声が聞こえる。その異様な声が厳かにあわただしい家の中をつきぬける。律さんは臆面もなく、産人さんの声のする方に入っていく。藁の上に坐っている産人はいまにも死にそうにひきつった呻き声をあげる。長い時間苦しんで、その頂点で、産人の股間に現れたのは小さな赤紫色の手だった。足ならまだよい。最初に手がでてくるのは危険だ。律さんは慎重に出ようとする手を押し入れて、胎児を内廻転させた。そして、頭から出すようにするのである。チトミさんは肝が消え入りそうになりながら律さんの指図に従った。難産であったが、親子ともにどうやら無事であった。

岩手医大の産婆養成所に一年間通い、検定試験に合格して、チトミさんが律さんのところへ実習を受けにきたのは昭和七年のことである。同じ岩手県でも海に近い大船渡に育ったチトミさんには純然たる農村地帯の生活習慣のひとつひとつが珍しく、しばしば驚かされた。大船渡ではたいして雪は降らなかったし、もう少し暖かい。人びとが、板囲いをした床に藁を敷いて寝ているのも大船渡ではもうすでに消えつつあった習慣だ。お産の仕方も養成所で習った方法とはだいぶ違う。脱脂綿やガーゼや新聞紙さえもなくて、それらのかわりに藁のクタダ（はかま）を使う。律さんはよく、汚物を処理するのに「ボロではだめだ、クタダッコ持ってきてくれや」といっていた。ボロ切れは雑菌で不潔になっているが、人の手に触れることの少ないクタダの方がまだしも清潔だったからである。そして女たちは顔も見えないほどのランプの薄明かりの中で藁の上に坐って出産の時を待っていた。

チトミさんは藁の上に坐ってお産し、その汚物をクタダで処理するのを見て、「あやぁ、これで産褥熱にならねんだか」と思った。だが、意外に村の女たちは産褥熱にもならずにポロッ、ポロッと子を産み落とした。

チトミさんは産婆の実習生としてきていたのだが、律さんに見込まれて長男との結婚を承諾させられてしまう。それで、実習期間が終わった後も横川目に居つくことになった。

「私みたいに見たくねぇもの、まず一生くわねばねぇもんだんべ、仕事見つけねばねぇと思って産婆になりやんした」

という。実家は農業をしていたが、少女時代、させとりなど手伝わされても、田の中で馬を扱いきれず、泥んこになってしまった。そんな経験から、農業には向かないと感じていた。農家が八〜九割程も占めていた農村地帯で、結婚することは、夫とともに、農家運営の主要なにない手となることであったから、農業を拒否することは、場合によっては一人で生きていかなければならないことでもあった。親しい友達は東京の女学校へ行き、逃げてでも東京へ来い、と何度も手紙をよこした。度胸はないし、金はないし、ひどく友達が羨ましかった。それで、「私も何にかなりょうかな」と思って、産婆を選んだのである。お祖母さんも免状は持っていなかったが現地産婆で、それを見ていたことがかすかに、産婆を選ぶきっかけになっていたかもしれない。

「女がそんなに出て歩いて、父《てて》なし子でもなしたらたいへんだ」

と、周囲の者は反対した。まだ、「職業婦人」という存在が珍しい時代であった。チトミさんは義務教育を終えると産婦人科の病院で見習いとして働き、その間の貯金を産婆養成所の学費にあてた。養成所には若い者もいる。すでに結婚して未亡人となった者もいる。年齢は様々だったが、独立心が旺盛で、勝気な気性の者が多かった。チトミさんの同窓生は全員が産婆資格を得て開業した。

チトミさんの恩師で姑ともなった律さんは、横川目周辺の村々では〝医者〟と呼ばれて畏敬の念でみられていた。律さんは医者も産婆もいなかった横川目に明治四一年に来て以来、出産はもちろん、時には風邪や腹痛やケガをした時なども人々の求めに応じて診察していた。横川目にくる前、和賀病院で看護婦長を務めた経験が役立っていたのだろう。

横川目は、産婆も、近所の人の手さえも借りずに一人で子を産んだ藤枝なおさんの住む藤根からさして遠くはない。なおさんが子を一人で産んだのは大正末から昭和初期にかけてだ。律さんが横川目に来た明治の末頃は周辺の村々では、なおさんのように一人で産むのは数少ないとしても、女たちは夫や近所の経験ある人たちに助けてもらって子を産んでいたのである。医者も産婆もいない村の中で、律さんの存在は、人びとにとってどれほど心強かったかしれない。

無医村であった横川目に二八歳の律さんがただ一人で挑んだ明治末期は、産婆養成所で産婆学を修得し、検定試験に合格した産婆が全国の村々でそろそろ活躍し始める頃だ。この辺ではコナサセと呼ばれた現地産婆に対し、律さんらは西洋産婆と呼ばれたが、その呼称が端的に示すように新しい産婆は西洋の産婆学によって養成されている。江戸時代までは産婆に関する特別な規定はなく、「産婆取締規則」が太政官布達をもって布告されたのは明治元年のことである。明治新政府は全国のコナサセやトラゲバサやコトリやコゼンボウ（いずれもとりあげ婆さんを意味する方言）に次のように警告している。

「近来産婆の者共、売女の世話又は堕胎之取扱等を致す者有之由相聞へ、以之外の事に候、元来産婆は人の生命にも相拘はる容易ならざる職業に付き仮令衆人の頼みを受け、余儀なき次第有之候共、決して右等の取扱を致す間敷筈に候、以来万一右様の所業有之ときは取糺の上吃度御咎有之可心得候間為心得兼て相達候事」

そして、産婆の教養と技術を高める旨の指示がなされた。

法律上、産婆資格が明確になるのは明治七年、はじめての近代的医療法規である「医制」五七条が布達されて以来である。これは翌八年に改正されており、産婆免許規則が次のように規定された。

「医制」

第二十九条　産婆は四十歳以上にして婦人小児の解剖生理及病理の大意に通じ所就の産科医より出す処の実験証書（産科医の眼前にて平産十人難産二人を取扱ひたるもの）を所持する旨を検し免状を与ふ。

（当分）従来営業の産婆は其履歴を質し仮免状を授く、但し産婆の謝料も第二十一条に同じ医制発行後凡そ十年の間に産婆営業を請ふ者は産科医或は内外科医より出す所の実験証書を検して免状を授くることあるべし。

第三十条　産婆は産科医或は内外科医の差図を受くるにあらざれば妄に手を下すべからず、然れども事実、急迫にして医を請ふの暇なきときは躬ら之を行ふことあるべし、但し産科器械を用ふるを禁ず、且つ此時は第二十九条の規則に従ひ其産婆より医務取締に届くべし。

第三十一条　産婆は方薬を与ふるを許さず

これがその後の産婆に対する行政布達の基本となったが、まだ産婆養成所もなく、したがって西洋産婆はまだ存在していなかった時代だから、〝旧産婆〟、つまり、とりあげ婆さんを対象として、現実にあわせてつくった法だといわれている。人口の少ない村々ではとりあげ婆さんらは経験豊かな者が近所に産婦がいれば頼まれて駆けつける、といった程度だったろうが、都市部では専門に営業していた者もあり、こうした専業の〝旧産婆〟は補習講義で西洋産婆学を学んで仮免状を受け、さらに産科医、あるいは内外科医より実験証書を受ければ正式に免状が取得できたのである。

産婆学の講義が開始されたのは明治九年、大阪医学病院が最初だ。そして明治一〇年、最初の産婆教科書である朱氏産婆論が翻訳されて出版された。朱氏とはシュルツェ氏のこと、ドイツの産婦人科医である。日本の産婆学はしばらくドイツの影響のもとにおかれることになる。東京で私立の産婆養成所が設立されるのが明治一四年、ついで明治二三年、東京医科大学内に助産婦養成所が設立された。こうして次第に産婆養成所が各地に設立される。さらに明治三二年には「産婆取締規則」が公布され、ついで「産婆名簿登録」「産婆試験委員設置規程」が定められて、産婆に関する法制上の規定がほぼ整う。

「産婆取締規則」は二〇条からなるが、主な箇条を拾うと、

第一条　産婆試験に合格し年齢二十歳以上の女子にして産婆名簿に登録を受けたる者に非れば産婆の業を営むことを得ず

第三条　一箇年以上産婆の学術を修業したるものに非れば産婆の試験を受くることを得ず

第七条　産婆は妊婦、産婦、褥婦又は胎児に異常ありと認むる時は医師の診察を乞はしむべ

し自ら其所置をなすことを得ず、但臨時応急の手当は此限にあらず

第八条　産婆は妊産婦、褥婦、又は胎児に対し外科手術を行ひ産科器械を用ひ薬品を投与し又は之が指示をなすことを得ず、但し消毒を行ひ臍帯を切り灌腸を施すの類は此限に在らず

等である。第三条は明治四三年に、内務大臣の指定した学校や講習所を卒業すれば無試験で産婆の資格が得られるようになった。

律さんが横川目で産婆を開業した明治四一年の全国の産婆数は約二万七〇〇〇人、その数は次第に増えて昭和一五年には約六万二〇〇〇人となっている。

明治以来の産婆養成は、前章でふれた堕胎罪の制定とともに富国強兵策の一環としてなされた人口政策によるものである。チトミさんが産婆養成所で使った教科書「新撰助産婦学」（緒方正清著）は先にあげた「朱子産婆学」を、他の教科書と同様基本にしているが、注意して読んでいくと軍国主義的な粉飾が所々なされていることが目につく。まず冒頭、助産婦の任務として次のように強調されている。

「国家の盛衰は国民の強弱に関し、国民の強弱は生児の健否如何に由る。生児の健否は已に母の胎内に胚胎すれば、母児を保護するの任ある助産婦の技術如何は、其の影響する所大なりと謂ふべし」

また、職務上の要件第四として、

「学術は勿論能く実地に熟達し、誠実なる処置を施さゞる可からず。斯くてこそ其の天職を完うし、健児を得るの媒介者となり、富国強兵の基をもなすべけれ」

〝富国強兵の基〟をもなす産婆の仕事は、社会奉仕であるとチトミさんは教えられた。

律さんから折居産院の看板をひき継いだ頃には、横川目周辺の女たちも産婆に診てもらって出産するようになりつつあった。だが、東北の小さな村の農婦たちは、産婆への診察料が払えず、米や野菜をさし出す者もいた。出産の仕度が何ひとつできない家へは産着やさらし布等持参していくこともある。診察料は一定の額が定められていたが、人びとが払えるだけの額を払っていたのである。チトミさんが産婆を始めたのは、ニューヨークの株の暴落に始まった経済恐慌が東北一帯を襲った凶作と相前後して村々を打ちのめす、そんな時代であったから、子を産む女たちが払えるだけの診察料を受けとるということは、自然の営為で〝富国強兵の基〟をなすためではない。ましてや女たちには、産んだ子が〝富国強兵の基〟となるためではなかったはずだ。

チトミさんの妊産婦診察簿は昭和八年八月二五日から始まっている。白い表紙にペンで書かれた文字がそれを表している。律さんの黒い表紙の往診日誌は病名、発病、原因、初診月日、住所、職業、姓名、摘要といった項目が大雑把に分けられ、細い罫で仕切られているだけなのに対し、チトミさんの白い表紙の妊産婦診察簿は、記入すべき項目が細かく設定されている。妊産婦住所、職業氏名、生年月日、初診年月日の他、初診時妊娠月数、初産経産ノ別、分娩予定月日、分娩月日時、順難死産ノ別、生児性別、生児発育ノ状況、生児氏名、処置終了年月日、備考等だ。いずれも手製の用紙ではなく印刷されたものだから当時の一般的な書式と考えてよいのだろう。明治四一年に記し始められた律さんの往診日誌より、チトミさんの昭和八年から書き始められた妊産婦診察簿が細かい項目となっているのは、全国的にみればそれだけ妊産婦が産婆の診察を受ける回数が多くなったことを示しているのだろう。陣痛が始まってから産婆が呼ばれるような律さんの時代には分娩予定月日という項目はもしあっても記入されることは少なかっただろうし、処置終了年月日は分娩月日時とさして間隔がなかった。分娩予定月日の項が設定されているのは、出産前診察を受けることが前提となっていることを示し、また処置終了年月日は出産後の褥婦と生児の健康を見とどけることも産婆の仕事となっている、そうしたことを意味するのだろう。だが、全国的にみれば、妊産婦が産婆の診察を受ける回数が多くなっていたが、横川目周辺では、七、八ヵ月目ぐらいにせいぜい一回診察を受ければそれでよいという習慣だった。

チトミさんの妊産婦診察簿が、律さんの往診日誌より流産や難産、あるいは死産といった記録が少ないのは、難産が予想される場合ばかりでなく、正規分娩でも産婆の診察を受けるようになったその結果であるに違いない。この診察簿の記録は、翌九年六月までの間に正規分娩が三六、流産が三（うち八ヵ月が二、四ヵ月が一）、死産が一、難産が四、医師の来診を頼んでいるのが三となっている。

チトミさんは律さんの長男と結婚し、新生活の最初の日から往診に出た。この辺では初夜の床で酒を交わす習慣があるのだが、その盃を口につける前に「お産だ！」と家の戸を激しく叩く者があって、夫を放って産家に駆けて行った。

お産は正月も盆も、婚礼の夜でさえもかまってはくれない。月満ちて陣痛が始まれば早急に行かなければならない。産婆とは不思議なもので、自分の身体の具合が悪くて寝ていても、お産だ、という声を聞くとポンと起きて飛んで行く。産婆は母と子、二人の生命を同時にあずかる仕事だから、使いの者に起こされて夜の道を産家に向かう時、チトミさんはいつも「金も何もいらない、安全に、どこも異常なく生まれてければいい」と念じて歩いた。遠い雪道を歩いて行って、呼ばれた家に着いてみると、産婦は「ゾゾーッと出血し」貧血を起こして真っ青になっていることがある。もう身体が冷たい、などと聞くと自分まで貧血を起こしてしまいそうになるが、「こっちまでヘナーッとなったらどうしようもねス。この人、殺したらたいへんだ」、「自分が命縮まってもいいから助けたい」と思って産婦に向かったのである。はじめのうちは難産だなと思えば律さんを呼んだ。臍帯《さいたい》ばさみやカテテル（臍の緒を挾む道具）、消毒薬や麻糸など、わずかな道具と自分の身につけた知識と技術だけが頼りである。律さんでも難しいと思う時は産科医を呼んだ。女の生命力というものは強いもので、一五〇〇cc、洗面器一杯の血を出しても死なないという。

正常分娩の時でも産婦は、いまにも息をひきとりそうな激しい呻き声をあげる。チトミさんは産婦の顔をみながら「あんたばりでねぇ、みんなこうして生まれてきたんだよ、みんなこうなんだからがんばって！」と力づける。そして「それ！　それ！」と一緒になって力む。産婦がなにくそ！

と思えばいい。子どもは陣痛の波にあわせて出たり入ったりしながら頭を現すから、頭の直径の一番狭い所で出てくるように回旋を介助し、頭が出きるまでは母体は全身の力を出してしぼり出そうとするから、産婆はそれと対抗する力で会陰を押さえていなければならない。会陰が裂けるのを防ぐためだ。

生まれ出てくる子がこの世で最初に出遇うのは産婆だ。あわただしく緊迫した家の中で、「オギャーッ」と産声が鋭く人びとの耳をつんざくと、その瞬間、ホッと空気はやわらいで、湯だ産着だ、と家の中はうきうきと再びざわめき始める。チトミさんは、「産声は何度聞いてもよいもの」といい、生まれた子は「自分の子と同じでかわいいんですけ」という。そして、「おばさんがとりあげてくれた子がいま大学さ行って、こんたになりやんした」などといわれると、なんだか誇らしいような気がしてくるのだ。

子の誕生に関わるのが産婆の仕事だが、子の誕生は同時に死であることもあって、産婆は子の生死、ひいては母体の生死にも関わる仕事である。チトミさんが「本当にどっちも安全だればいい、と思って歩いた」のは、何度もそうでない場面に出くわしているからだ。頭が大きいと思ってがんばらせれば、頭は二つで、臍帯ひとつで、腰から下はひとつで死んで生まれた子、一人は正常に生まれて、しばらくして後産が出たかと思ったら五ヵ月ぐらいで死んでミイラのようになって出てきた双胎の子、指がなく、手がさけていた子もいた。

「いやーだけれど、しゃべるにしゃべれないし、産婦にも聞かせられないし、家族にだけはいって、産婦には死産のように見せかけて、自分の心におさめてきましたった」

「障害のある子もたくさん生まれましたし、でもそういうのは闇から闇さ……。難産するから死んで生まれるんですけ」

死なずに生まれた、そんな子はどうしたのだろう。

「ある所では二回だか三回、障害のある子が生まれたんだって、生きて生まれたのを乳のませないで、日干しにしたような状態で死なせたから……。今度はみんなに見せて……」

チトミさんはこんな話を聞いたことがある。流産すると、「殺したんでねか」と厳しくとり調べられた時代と同じ頃の話である。そしてそれは、農業恐慌、凶作で村々が打ちのめされ、だが堕胎することは許されず、しきりに間引きの噂が人びとの間で囁かれた頃のことだ。

明治の初め、西欧列強国の侵略に軍事的に対抗し、アジアにおける近代工業国としての地歩を固めるため推進された富国強兵策およびその一環としての人口政策は、自ら帝国主義化し、朝鮮、台湾を植民地とし、さらにその侵略の触手を拡大しようとした時、壊滅的に爆発する。満州帝国を樹立し、執拗な中国侵略をくり返し、大東亜共栄圏をうちたてようとしていた昭和一五年、ナチス・ドイツの断種法にならった「国民優生法」を公布、翌一六年日米開戦を前に実施された。

国民優生法の目的は、国民素質の向上を図り、それによって国家将来の発展を期すものである。この目的を達成するため、「一面に於ては悪質なる遺伝性疾患の素質を有する国民の増加を防遏すると共に、他面に於ては、健全なる素質を有する国民の増加を図」ろうとしたものであった。
「元来我が国民素質の優秀であることは光輝ある二千六百年の歴史の如実に之を示す所であるが、現下の時局に際会して、興亜の大業を完成し、将来愈々其発展を期せんが為には、我が国民の優秀性を保持するは固より益々是が増強に努むことは、今日、緊急の要務と存ずるのである」
光輝ある二六〇〇年の歴史、興亜の大業、我が国民の優秀性、聞きなれない者にとっては幻惑的に聞えるアジテーションではないだろうか。法は、興亜の大業を遂げるため、悪質な遺伝性疾患のない優秀な子をたくさん産むことを定めているのだ。

この国民優生法を受け、昭和一六年に閣議決定された「人口政策確立要綱」はその趣旨を次のようにうたっている。

「東亜共栄圏ヲ建設シテ其ノ悠久ニシテ健全ナル発展ヲ図ルハ皇国ノ使命ナリ、之ガ達成ノ為ニハ人口政策ヲ確立シテ我国人口ノ急激ニシテ且ツ永続的ナル発展増殖ト其ノ資質ノ飛躍的ナル向上トヲ図ル……(以下略)」

そしてその目標の三として、

「高度国防国家ニ於ケル兵力及労力ノ必要ヲ確保スルコト」

をあげている。

子を産むことが、東亜共栄圏を建設するための、兵力及び労力の確保の手段と考えられたわけである。なお、歴史をよくみれば、東亜共栄圏建設の労力は朝鮮人や中国人など他民族に頼り、国内の人的資源はより多く兵力に向けている。端的にいえば、「人口政策確立要綱」は兵力増強を最大の目的としていた。

為政者の目論見は、戦時中の村々では必ずしも実現されず、若い男たちが戦場へ行くと、チトミさんが手掛けるお産の回数はグッと減った。たまにお産があると、それは高齢出産ばかりであった。ところが、敗戦とともに村に男たちがどっと帰ってくると、産婆は急に忙しくなった。男たちは、五人、七人とまとまって復員し、子は次々に生まれた。一晩に二、三ヵ所で出産があり、チトミさんは自転車でかけずり廻った。自転車は、二人の子を産んだ後、まだ村で誰も乗らなかった頃、何度も転んで覚えたものだ。姑の律さんは昭和一九年に亡くなった。夫も戦死した。三五歳のチトミさんは、「二人前稼がねばねぇんだものなあ」と思って働いた。

出産は翌日になりそうだ、と思っても、

「頼まれて行けば、遠いからいてくれやといわれればいねばねぇもんね」

一晩泊まって朝起きると、ふと子どものことが気になり、「学校さ行ったかなあ」と思いながら、「申しわけねぇスとも弁当つめて持ってってくれねぇスか」と産家に頼んだ。一度、子どもの運動会の前の晩に「おら家で弁当くわせるからいいから」と連れていかれた。後で子どもに聞いてみると、駅で汽車を待っていると見知らぬ人が弁当を届けてくれた。子どもはその時を思い出して何度も「あの時はありがたかった」といった。

台風のように押し寄せたベビー・ブームの後、産婆の仕事に受胎調節の指導が加わった。昭和二三年に優生保護法が制定され、堕胎罪はその効力を失って、人工妊娠中絶をする者が急増する。また、受胎調節の必要が説かれ、婦人会等が主催して説明会が各地で開かれた。女たちは熱心に耳をかたむけた。子を産む、あるいは産まない自由を手にすることが、女たちにとってどれほど切実であったか。チトミさんの長男は成長して、チトミさんが律さんの長男と結婚したように、助産婦ミツさんと結婚した。

法律用語としての〝産婆〟は昭和二二年、産婆規則が助産婦規則となるとともに〝助産婦〟と改められた。ミツさんは、折居産院の三人目の、戦後の〝助産婦〟である。

折居産院に往診の依頼が来なくなったのは一九七〇年代後半のことである。戦後、家庭分娩は次第に少なくなり、多くの子が産院や病院で生まれている。

II　麻＝農民の衣生活

麻と刺子《さしこ》

信州開田村《かいだむら》（現・長野県木曽町）に麻を織るという畠中たみさんをたずねた折、

「麻を織るのは糸を紡《つむ》ぐことから始めるんですか」

とたずねると、

「いや、種を蒔《ま》くことからだ」

といわれて、着ることが店などで商品を選ぶことでしかない私たちの生活に痛烈なパンチを喰らった思いがした。

春、種を蒔き、夏の終わりに収穫して乾燥し、九月の初めに皮をはぎ、一二月に雪に晒《さら》し、冬の間糸を紡ぐ。布を織るのはそれからだ。種を蒔いてから布に織り上げるまで一年の仕事である。

瀬川清子著『きもの』（一九七二年・未来社）の自序に次のように記されている。

「国民こぞっておしゃれというわけではなくっても、つまりは、衣服管理者としての婦人が怠慢な一世紀を過ごしたわけである。一世紀前、すなわち明治以前の日本の着物は、おおかた、各家庭の婦人によって績《う》み、紡ぎ、織られ、縫われたもので、地質の厚薄も、色合いも、縞割も、そうして形も、家々の婦人の吟味なしには成立しなかったのであるが、その後、各家庭が糸機の道を失った、という大きな変遷とともに、婦人が衣服を正しく視る力をも失ってしまって、ただただ末梢的な触角をふりまわす鑑賞者に、放漫な選択者に零落してしまったように思う」

着ることが女たちの手中にあった時代、個々の女たちがそれぞれに生産者であり、デザイナーであり、製作者であった。

東北地方では、明治の初めまで、人びとの衣生活が、万葉の時代のそれと変わらないことが、やはり瀬川清子著『女のはたらき』(一九六二年・未来社)の中で明らかにされている。温暖な地方で栽培される棉は会津がその北限で、棉栽培が不可能であった津軽、南部藩共に、農民の木綿着用が禁じられていた。明治になって藩令が解かれても、木綿を買う経済的余裕は農民にはなく、三戸《さんのへ》に住む立花ハナさんによれば、戦後間もなく、麻の栽培が許可制になるまでどこの家でも麻を栽培していたという。麻の栽培が許可制になったのは、大麻(マリファナ)取締りの関係から、マッカーサー駐留時代に行なわれたものだ。許可制になると、わざわざ許可証をとって栽培する者は少なくなり、無許可で栽培していた者も警察の取締りがうるさくなるにつれてやめ、ついには女たちが麻を栽培することも麻を績《う》み、織ることも、この地方から消えたのである。

現在、麻は夏の素材であるように思われているが、厳寒の東北地方で、綿もない、木綿地もない、まして絹物等、とうてい普段身につけることなどなかった農民の冬の寒さを思うと、想像を絶する。

麻布は、織る者が一人なら、せいぜい一年に二、三反しか織りあがらなかった。二、三反で家族の衣類を賄うとなれば、麻布は大事に大事に扱われ、少しでも長く着たいと思われただろう。そこで発達したのが刺子《さしこ》である。刺子は、一年がかりで織られた麻布を丈夫にもし、暖かくもするために施された刺しゅうの一種である。刺しゅうといっても、補強や保温がその目的であったから、目を拾って、織り目を刺しふさぐ形で施されている。仕事着やたっつけ袴や足袋や山仕事に使う手袋等チクチク、チクチクと、横は二、三目おき、縦は二、三ミリおきの間隔に刺されているのを見ると、その気の遠くなるような根気仕事に驚かされる。そしてそれだけではなく、津軽のこぎん刺しや南部の菱刺し等、美しい模様が展開されるのであるが、一年に二、三反しか織れない時に、いいかえれば、一年に二、三枚の衣類しか家族の間で分かちあえない時でさえも、人びとは、より美しいきものを着ようとした美に対する執着になお一層驚嘆させられる。

古くは刺子は麻布に麻糸で刺されていたが、後に他藩から木綿糸が移入されるようになると、津軽のこぎん刺しは、黒に近い紺地に白い木綿糸で、巧緻な模様を刺しあげてゆく。奇数で目を拾って刺すために、模様がどこまでも連続してゆくのである。

これに対し南部の菱刺しは、偶数で目を拾うため、菱型に模様が完結するが、例えば、たっつけ袴など、浅葱《あさぎ》（淡い水色）の地に白糸や紺糸で刺して、同じ模様でも、巧妙にその表情を変えるなど、より色彩的である。これは明治以降、様々な色の毛糸が南部にも入り込んできた時、見事に昇華する。その頂点が菱前だれである。

南部の娘たちは、春先に麻布を織りあげ、紺屋《こうや》（おもに藍染めをする染物屋）に持っていって染めてもらい、田植え前のわずかな隙をぬって、小遣いを出しあい、少しずつ、様々な色の毛糸を買って、分けあい、細くほどいて三巾の前かけに美しい模様を刺した。美しい菱前だれをかければ、それで充分、娘たちの晴着であった。

菓子屋の店番をしながら、今では民芸品となった菱刺しを刺している田中しゅんさんはこんなエピソードを話してくれた。

近所に嫁入りのある日、しゅんさんは美しく仕上った新しい菱前だれを持って畑仕事に出かけた。新しい菱前だれを汚してはいけないと思い、土手の所に置いて古い前だれのまま仕事をした。嫁入りの行列が来たというので、それではそろそろ手伝いに行かなければ、と土手を見てみると、新しい菱前だれがないのである。仕方なく古い前だれのまま嫁入りの行列のところに行ってみると、村のある若者がしゅんさんの菱前だれをかけている。しゅんさんはいつかとり返してやろうと思っていたが、ついにその菱前だれを若者からとり返すことはできなかった。ところが、つい最近、しゅんさんの菱前だれを盗んだ、いまはおじいさんになってしまったかつての若者が、連れ添った婆さんが死んでしまったからと、しゅんさんを探し訪ねてきたのである。

この話を聞いていた周囲の人は、若者が菱前だれを盗んだのは、しゅんさんを嫁にほしい、というプロポーズだったのだろう、といって冷やかした。するとしゅんさんは「おらにはそんな気はちっともなかった」と酷にもいったのである。

刺子の模様には、こぎん刺しにも、菱刺しにも、その頃の人びとが目にした風物に見たてて、様々な名称がつけられている。こぎん刺しなら、「四つ豆コ」「石だたみ」「梅の花コ」「竹の節」「鋸の歯」「花コ繋ぎ」「こぶしコ」「田の畔」といった具合だ。菱刺しも似たような名称が多い。「べこの鞍（牛の鞍）」「そろばん玉」「猫の目」「きじの足」「三菱」「四菱」「五菱」「梨の紋コ」「扇の紋コ」「石だたみ」「蜘蛛のいかけ」等々。

しゅんさんは、新しい模様が刺されているのを見ると、その前だれをしている人の後をつけていって、その模様を盗み見ながらどうしたらその模様ができるか、頭の中で針目を計算した。こぎん刺しにしろ、菱刺しにしろ、それは複雑な幾何学模様であるから、その模様の目数を割り出すのはなかなか難しい。刺し物上手は、器用というばかりではなく、頭のいい証拠でもあって、嫁のもらい手が多かった、といわれた。

南部では、嫁入りの時には、短か（腰丈の作業衣）にたっつけ、袖なし、それに前だれが加われば、あとは身一つで相手方の家に行った。一度刺した刺しものは、周囲の布が切れれば何度も何度も縫い変えて、白い糸が黒ずんでくれば、丸ごと染めて、何年でも着たのだという。

毛糸で刺した菱前だれは、洗えば洗うほどフェルトのように目がつまってきて、腰のまわりがとても暖かかった。

信州の畠中たみさんから聞いた麻ができるまでの過程をもう少し辿ってみよう。

麻蒔き、つまり麻の種を蒔くのは四月下旬、八十八夜の頃までにすませなければならない。家の近くの上畑（水はけのよい砂壌土）に少し厚めに種を蒔いて、田植えの前後、二回、草取りと間引きをする。揃った麻を作るために長いものや短いもの、股になったものなどは間引きした方がよい。雨が降ったり大風が吹いたりして、麻が曲がってしまうと、績む時に績みにくい。だから、「いい麻をとるもとらないも、天候次第」といわれるのだ。

八月下旬になると麻は二・五メートル位に成長する。花が咲き終わったら、麻を根からこぎとる。この作業を麻扱《おこ》ぎという。葉は鎌《かま》で落し、根を押切りという道具で切る。その後、畑で干すが、この時、雨にぬれると色が悪くなり、糸も弱くなる。干し具合がいいほど白い麻になるので、晴天続きの日を選び、雨にあわせないよう注意する。毎日、夕方には軒下にとり込んで、翌朝また畑に出して干す。天気がよければ四日位で干しあがるが、普通は七日位かかる。

麻剥《おは》ぎは九月中旬、ナシャブネという麻槽にあらかじめ水を入れて日光で温めておいた中に干しあがった麻を浸す。次にソバガラを敷いて作ったナシャ（床）に麻をねかせ、その上にまたソバガラをかぶせる。朝ねかせた麻は夕方再びナシャブネに浸し、さらにまたねかせる。これを三、四回熱がくるまでくり返す。ソバガラの中で麻が熱くなれば皮が茎から自然に剥げるようになる。

麻掻《おか》きはクソと呼ばれる表皮を掻き取り、麻の繊維だけを残す仕事だ。だいたい九月下旬頃行なわれる。麻剥ぎの時と同じようにナシャブネに入れて水に浸し、ソバガラの床にねかすと表皮が掻きとりやすくなる。麻の繊維はいったん日陰干ししてから日なたへ出して干しあげる。一〇月に入れば田の刈入れが始まるので、雪が積る頃まで家の中にしまっておく。

麻績《おう》みは冬の仕事だ。一度湯に浸して、夕方、ぬれたまま雪の上にさらして凍らせると繊維は白くなる。時々裏返しながら一〇日から一五日さらし、最後にもう一度湯に浸し、固くしぼって外へ出して干す。これをよくもんで柔らかくし、麻を績む。繊維を細く裂いて糸の状態にするのだが、この作業に時間がかかり、冬の間中の女たちの仕事となる。績んだ糸は糸車にかけ、撚《よ》りをかけて、これでようやく糸の状態になる。これまでの工程はすべて〝麻〟と呼ばれ、糸になった後は〝機〟と呼ばれる。機になってからは、縦糸の長さを決め（機を綜《へ》る）、糊づけし、干して、機にかけて織り、やっと布になるのである。

機になってからの工程はだいぶ省略したが、これだけの工程を踏まなければ、麻の種は糸にはならなかった。だが、逆にいえば、これだけの工程をふめば、小さな麻の種は糸になり、布になった。この自然の営みに沿った、布を創り出す過程で、女たちは様々な感慨を持った。そして、布を作らなければ、着ることはできなかった。

たみさんの集落では、織り上げた麻布は、山仕事や野良仕事等の仕事着を作る以外は、町の呉服屋へ持って行って、麻布一反を古木綿三、四反と交換して子どもに着せ、あるいは親たちが着たりした。木綿は着やすいが、山仕事や野良仕事等には茨にひっかかったりするので、麻布の方がずっと丈夫だった。

東北地方でも木綿が入ってくるようになると呉服屋はもめん屋と呼ばれて、木綿は女たちの織った麻布と交換された。関西方面から古木綿が運ばれたのである。万葉の時代以来、麻を着通してきた厳寒の地に住む人びとにとって木綿の感触はどのようなものであったか。

上北町に住む蝦名まつえさんは、「ネルのじゅばんは肌の薬だっていわれた」と語っている。もっとも、新しいネルの生地が買えるようになるのは少し後のことで、はじめのうちは、例えば、麻の繊維なら首筋にあたって痛い衿の部分に、わずか一〜二センチ幅の木綿を縫いつける、というほど大事に使われた。そして、木綿は晴着の代名詞になり、しばらく晴着として着た木綿が古くなると、麻布の裏に合わせて刺し、刺子の作業衣等になった。菱前だれも次第にすたれて麻と古木綿を合わせた刺子、さらに木綿二枚を合わせた前だれへと変化してゆく。野良着の象徴のように思われていた絣《かすり》は、しゅんさんの記憶によれば、戦争が始まる頃ようやく着られるようになったものである。

東北地方では木綿は、糸を買って各家で織られたこともあるが、それは短い期間である。全国的に見ても、明治以降の手織り木綿の歴史は短く、工場で紡織された綿布がどっと市場に出まわった。

布とたばねつぎ

この土地の一番美しい時に出くわしたのではないかと思うほど快い青い田の中の道で、ふと思い起こしてみれば、東北を旅するのはいつも五月だ。日本海側に比べれば雪が少ないとはいえ、決して消えはしない雪と、吹きすさぶ風に荒れていたであろう田も畑も山もいっせいに芽ぶき、若い草の香が暖かい光の中でうつろう。

老農婦は縁先の戸を広々とあけて、冬の名残のこたつを抜け出してきた。

北向キエさん（八二歳）である。

「学校終われば草とりに行《ひ》て歩くべ。（近所の農家から）『童《わらし》、草とりに貸してけろ』とかって来るべ。せばとっても喜んで行くの。友だち同士で行って一日二〇銭ぐらいもらった。腰巻かなんか買ってあてんだって喜んで……」

縁先で、暖かい日ざしを浴びながら、こんな七〇年も前の話が始まった。まだ生まれてもいない、はるか昔の、自分の体験ではない話なのに、ひどく懐しいのはなぜだろう。映画やテレビで思い出の画面をソフト・フォーカスで入っていくように、おぼろ気な膜の向こうにキエさんの子どもの頃の姿をあれこれと想像してみる。

「守っコする子もいるし、炊事する娘もいる」

子どもたちは小遣いになる二〇銭が嬉しくて、近所から頼まれれば、草とりや子守りに行った。もちろん自分の家の草とりや子守りや炊事もする。けれど、自分の家では小遣いはもらえないから、他所の家でする労働を喜んだのだ。

「二〇かなんぼになれば守っコするべ。守っコする時はたな（さらしを背負紐にしたもの）の端を袋に縫ってかな（木綿糸）入れて歩って布刺したの」

キエさんには麻の話を聞きにきたのだ。津軽のこぎん刺しや南部の菱刺しが麻しかない厳寒の地で保温と補強のために刺された模様だと知って以来、そして、麻布を織ることが、種を蒔くことから始まっていたことに気づいて以来、女たちの仕事であった麻つくりの話をもう少し聞きたいと思ったからだ。

「ただふところさ入れて歩けば落とすへで、たなの端を袋に縫ってかな入れたの」

小さな時からつづれ刺しが好きだったというキエさんは、子守りをする時にも遊びに行く時にも布とかなと針を持って出かけた。つづれ刺しは、二枚の布を合わせて三、四目おきに何段も縫い合わせていくことだ。布を持って、子守りをする時なら、背負紐にしているさらしの端を袋のように縫って、そこに木綿糸を入れて歩いたというのだ。つづれ刺しは、お手玉や縄とびやまりつきやその他諸々の流行りの遊びのように、村の少女たちを熱中させた。機も織った。糸も績んだ。機を織るより、糸を績む方から先に覚えた。この辺では、少女たちは「七つになれば七尋分の糸を績む」

といわれた。七尋分といえば布一反分の糸だ。

キエさんが機を覚えたのは一四、五歳の頃だ。

「親ど機からおちれば（おりれば）、親ど飯《まま》食ってるうちに機にとっついて（向かって）織ったの。糸撚ってても親が止めればとっついて織る。なんでも自分でやってみたいと思って、その時、その時でやるべぇなス。おもしろいんだよ、はじめて機織ってみたりなすのは……」

糸を績むことも、糸を撚ることも、機を織ることも、つづれを刺すことも、はじめて覚える仕事はおもしろかった。そして、上達すればするほどまたおもしろくなった。少女たちは親のすることの見様見真似で次第にそれらの仕事を覚えていったのだ。それらの仕事は、将来、必要に迫られてすることだから〝労働〟に違いないのだが、少女たちは大人の労働をままごと遊びのように真似て身近に引き寄せた。新しい仕事を覚えるのは確かに楽しいことに違いないが、もう一方で大人の労働を、少女たちがままごと遊びのように〝遊び〟に転化してしまうのは、少女たちには遊ぶ時間があまりなかったからだ。激しい労働に追われる大人たちは、子どもにもできる仕事は次々に与えて、そうした日々の中で少女たちは執拗なほどやんちゃに楽しく遊びを見つけていた。

草とりも子守りも機織りもそのまま大人の世界の労働につながる。大人たちが忙しいから与えられていた仕事は、子どもも大人になれば引き受けなければならない仕事で、大人の仕事を手伝うことが自らの大人になる準備でもあった。

糸を績み、機を織り、つづれを刺すことは少女たちが大人になる大切な準備だった。嫁入りする頃には、もうひととおりはそれらを覚えたものとみなされていた。

キエさんが結婚したのは一七の時だ。

「おやじは大工で一日も暇なく稼いだ人でがす。稼いで稼いで稼いで、たまげた稼ぐ人で、たばこも喫まねぇば、酒も呑まねぇ。稼ぐ一方な人だったの」

驚くほど働き者の大工さんと共に暮らして、キエさんも負けないほど働く。

「若い時は稼ぐも稼がねぇも話になんねぇぐれえ稼いだのせ。子ども七人おがらせて（大きくさせて）田も畑もつくったべし。稼がねぇばなんなかったべし」

夫の大工の仕事は忙しかったから、キエさんは一人で子どもを育てながら田畑を耕した。「稼ぐも稼がねぇも話になんねぇぐれえ稼いだのせ」とキエさんはいったが、老農婦に話を聞けば、必ず耳にする言葉だ。働く間、足手まといになる赤ん坊をえじこの中に入れた経験も、藁でわらじやつまごやケラをつくった経験も、他の東北や信州や越後の女たちと同様に持っていて、ひとつの旅から次の旅へと、いもづる式にたてたこま切れのテーマは、実は、キエさんにとっても、和賀町の藤枝なおさんにとっても、木曽福島の石橋あきさんにとっても、秋田の伊藤ナミエさんにとっても、あるいはその他の女たちにとっても一環したひとつの世界だったのだ。なおさんも麻つくりや藁仕事をしたし、あきさんもナミエさんもえじこで子どもを育てた。麻つくりや藁仕事や子産み子育てが別々にあるのではなく、それらはみな農婦たちの仕事だったのだ。さらに、野良仕事も、食生活に関わる仕事も女たちの大きな仕事で、だから、老農婦らは一様に、働くも働かないも、話にならないぐらい働いた、というのだ。

「嫁に来た年、機織りに行けば二〇日泊まってくるもんだし、春せんたくに行けば三〇日泊まって、布、つづれ刺したり、股引き刺したりすば、一ヵ月いねばせんたくせねって、そういったもんぞえ」

キエさんの村では、嫁に来た年、機織りやせんたくという里帰りの習慣があった。機織りに帰る時には二〇日、実家で糸を撚ったり、機を織って、反物にして持ってくる。せんたくで帰る時には三〇日、布を持っていってつづれや股引、袖なしなど、必要な衣類を仕立てあげて持ってきたのだ。

「春せんたくに泊まりにやる時は花色（藍色の木綿）でも、白（白木綿）でも持たせてやんべ。酒買って、餅こさえて、来る時はまた、酒買って餅こさえて、そして来んべ」

新嫁は婚家から酒と餅をみやげに里帰りすると、実家ではそのお返しにまた酒と餅を持たせて寄こす。祝い事のように儀式めいた里帰りは、嫁いだばかりの若い女たちへの人びとの思いやりなのだ。まだ嫁いだ家に遠慮があって機織りも縫い物も思うようにできないから里でそれらの仕事をし、また、骨休めもしたのである。年端もいかないうちに嫁いだ娘なら充分には身についてはいないそれらの仕事を実家で手伝ってやった、そういうこともあっただろう。

キエさんが下田町秋堂《しもだまちあきどう》（青森県上北郡）へ嫁いできて困ったのは紺屋《こうや》（おもに藍染めをする染物屋）がなかったことだ。

「嫁に来た時、この辺に布染める紺屋もねぇば五戸まで行って来たんだえ。布染めに歩って」

朝、暗いうちに出かけて紺屋で染めてくれるのを待ってその日のうちに持ち帰るのだ。だが、織りあがった布を持って夜明けの道を紺屋へ急ぐのも、紺屋で染めてもらった布を持って日暮れの道を帰ってくるのも、決して苦ではなかった。染めあがった布を何にしようか、と道々考えるのは楽しいことだった。なにしろ一年がかりでつくった布だったから。

キエさんの村の麻つくりは、信州の畠中たみさんから聞いたそれとは少し違う。文字だけでは解りにくいかもしれないが記しておこう。

種を蒔くのは五月半ば頃だ。

「麻っていうものは、まず少しあればいいんだもの、種一升か二升蒔けば、たいした糸だったの」

この辺では、まだ機にかけない麻のことを〝糸〟と呼んでいた。それは麻布を単に布と呼んだことと共通しているのかもしれない。津軽でも南部でも、長い間、農民にとって布は麻布しかなかった、そのことを意味しているのだろう。同様に糸は、麻の糸のことで、木綿糸が入ってくるようになると、それは〝かな〟と呼ばれたのである。

麻の畑は「一〇坪も蒔いたか、そったに蒔かなくてもよかった」という。藤枝なおさんは五坪ぐらい蒔いたといっていたから、せいぜいその程度で、たいした面積ではなかった。

「糸細いば皮薄くていいの」。そのため、「種厚く蒔かねばわからねぇもんだんべ（だめだ）。麻厚く蒔けばおがれないの（太くならない）」

麻の種を厚目に蒔くと、細い麻が密集してせめぎあうようにして出てきた。そうすれば皮も薄くてよい繊維がとれる。信州では間引きや草とりをしていたが、ここでは他の草は生える余地がないぐらいに種を厚く蒔いているので草とりの必要はない。また、間引きもせずにそのまま、旧盆の頃まで成長を待つ。盆が過ぎたら糸ふきとか、糸むくりといって、麻を根ごと引き抜く。途中で折れてしまうとよい繊維がとれなくなってしまうから、麻の中段のあたりを片方の手で押さえてて、もう一方の手で根を引き抜くのだ。引き抜いた麻の根を、馬の飼葉などを切る薄切りという道具で切る。そして次に葉を払う。この時に使うのは、木の枝を刀のように削った手製のものだ。この木の枝の刀も、この作業も葉払いといった。根も葉も落とされると、コガという六尺ほどもある大きな樽に入れて、長い順に、一番外側、二番外側というように分けていく。分けた糸は二、三ヵ所結んでおく。三番、四番ぐらいまでとった残りは〝かいちょ〟と呼ばれ、縄などにする。かいちょは根は切らずにおいた。それをよく晴れた日に釜でふかした。釜は仲間同士でつくっておいて毎年使う。そんな釜が集落に三つも四つもあった。糸をふかす時は一家中の仕事だ。家にいる者は皆でてきて手伝う。なにしろ、大きな釜にたばねておいた糸をたてて、その上からスッポリとコガをかぶせて蒸すのだ。何人もの力を合わせなければできない仕事だ。蒸した糸は川原へ持っていって一日中干す。するとカラカラに乾くが、乾いた糸に湿気がくると腐ってしまうので、土間へは置けない。湿気のない納屋や家の中でも板敷のような所にたてかけて置いておく。そうしておいて、あとは二百十日までに糸はぎ、板ぶきをして繊維をとる。糸をはぐ時、つまり麻の皮をはぐ時は、川に四本の棒をたてておいて糸が流れないようにし、また、浮きあがらないようにするため重しをして糸をうるかす（ふやかす）。およそ一時間ぐらいそのままにしておいて、行ってみて、皮がクルッとはげるようになったら、持ってきて、皮をはぐ。皮は一本にツルッとはぐようにしなければだめだ。はいだ皮はそのままにしておけば腐るから、すぐにハンギリ（桶）に入れてまたうるかし、クソをとる。つまり、皮の部分についている繊維以外のものをとる。クソをとれば麻の繊維だけが残るからそれを棹にかけて干しておいて、秋のとり入れも終わり、たき木とりも終えて、冬の風が吹きすさんで他に仕事がなくなった頃、糸を績むのである。長い冬の間、男は藁仕事、女は糸を績んだ。そして、二、三反分の糸を績んで、冬が終わらないうちに機を織りあげる。

「冬、寒中でねぇばわかんねぇの（だめなの）。凍《し》みる時織んねぇば。布織ってからあくたて水（灰汁）で煮て、クソ出るうち臼で何回もついて、そして雪の上で凍みらかして朝になってとければ、またあくたて水さ入れて晩げかけて晒したもんだえ」

繊維をとる時は湿気を嫌った麻は、織る時は、空気が乾燥していると糸が切れてしまう。そのため、雪の降る寒中に織って、織りあがった布は何度も臼でついてクソをとる。すると布は次第にボソボソしているのがとれて、雪に晒せば晒すほど白くなった。そしてようやく反物になった布を持って、いそいそと紺屋へ出かけて行き、浅葱や藍に染めてもらったのである。

「染めてからまた棒さ布巻いて叩くの、布叩かねぇばなぇ、目があかねぇんだもの。目ぇあかねへで（あかないから）叩いて、やわくやって刺すの」

紺屋に行って染めてもらってからもう一度叩いて繊維の不純物をとる、すると細かい毛ばがからまってつまっていた布目がすっきりとして、針が通りやすくなったのである。布を刺す時にはただ単に縫うのではなく、正確に、四本あげて三本抜く、というように布目を拾っていくのだから、布に針が通りやすくなっていなければ刺せないのだ。こうして横には三、四目おきに、縦には、三寸五分の間を七通りずつ刺していく。つまり、三寸五分計った布を二つに折り、さらにまた折って、もう一度折って七つできた折山を刺すのである。こうすれば、何段目を刺すのかいちいちはからなくてもすんだ。刺し終わった布は、春になって田や畑の仕事が始まれば、もう針仕事などしていられないから大急ぎでじばんや股引きや袖なしなど縫いあげて田植えにそなえた。

「春の田植えの時は新しい布でつくったじばんコとか、袖なしとか着て歩ったんだ。新しいふるしきかぶって、新しい前かけあてて、まず、新しいのをするもんだえ」

江戸時代に書かれた『奥民図彙』（比良野文蔵貞彦著）には刺子を施された作業衣が描かれているが、この頃の刺子は表も裏も麻布で、糸も麻糸を使って刺したといわれている。

キエさんが布を刺した頃にも、裏表麻布を使う人もいたが、キエさんはもっぱら裏には白木綿を使った。

「裏布も（麻で）こさえるっていったっておもたいんだもの。裏は白をつけたの。白だら軽かんべ」

それに木綿の方が肌ざわりもよかった。裏布も麻にする場合は、太い糸で織った粗い目の麻布を使った。

「麻の布を細く績んで、緋《ひ》（明るい朱色）に染めて着たこともある。温い時は肌さくっつかねぇでいいって」

けれど、たいがいは、もめん屋とか、古手屋とか呼ばれた行商人が村々を廻っていたから、その人たちから〝たばねつぎ〟を買って染やしぼりの木綿を下着には使った。〝たばねつぎ〟というのは、〝つぎ〟、つまり布切れをたばねたものである。売りにきたのは古着をほどいたものだ。それを買って洗い、のりをつけて使ったのだ。

「昔の木綿は染とかしぼりとかって、そういうのだったんだえ。染をまずシャツにして、古い木綿は裏につけたり、少しいいのは袖なしコこさえるとかってなス、やったもんだ」

新しい木綿は特別に〝白〟とか〝花色〟と呼んで、あとはたまに下着にするネルを買うぐらいであった。白は布を刺す時、裏に合わせて使う。花色は、袖や衿、前かけの縁などに使ったが、刺した布よりは弱かったから先に切れてしまう。切れた花色の部分だけをとりかえて刺子にした布は何度もくり返し使ったのである。

「布《のの》こさえて、布《のの》と木綿ととりかえて使った」こともあった。それらの布は、黒く染めて畳の縁となった。また、戦時中には、軍需物資として大量に生産が奨励された。

「戦争の時だば、なんも衣類が出はんなかったんべ。麻べぇつくったせで役場から種注文してとって蒔いたの。それから戦敗けてから麻薬があるだの、こうだのっていって蒔かせなくなったの」

戦前にはどこの家にもあった麻畑は戦後は消えて、村の女たちも麻を績み、機を織ることは遠い記憶の底に隠された。キエさんは、日がな一日、昔じばんの肩の模様にしたというクモの井桁を刺しながら、小さな時から身につけた確かな記憶を辿ってくれた。その手元を見ながら、

「子どもを寝せれば何時間でも仕事すべぇ。眠くなったらかっぷして（うつぶせて）やりやり、夜《よ》間《ま》にシャツ一枚縫って寝たり……。でもなに、その次の日は（外に出て）稼がねぇばねぇんだもの。一生懸命稼いだった」

といったキエさんの若い頃の姿をもう一度思い浮かべてみたのである。

苧《お》績《う》みの話

新潟県六日町で機屋《はたや》を営む鈴木苧紡庵《ちょぼうあん》さんから東頸城郡松代に苧《お》を績《う》む人がいると聞いて、旅の予定を急きょ変更して松代に行くことにした。六日町からバスで十日町へ、さらに十日町からバスで松代へ、乗り継ぎがうまくいけば二時間ぐらいの道のりだろう、という。十日町行の発車時間まで小一時間あった。ベンチに腰をおろして『北越雪譜』を読む。小春日和の陽が暖かい。

『北越雪譜』には越後魚沼郡塩沢（現新潟県南魚沼郡塩沢町）で縮《ちぢみ》仲買業を営んだ鈴木牧之《すずきぼくし》（一七七〇～一八四二）が旅して聞いた雪国越後の人びとの生活が克明に描かれている。まず雪の話から始まり、雪の結晶が図入りで入っていたりして、楽しく雪国の世界に連れ込まれてしまうのだが、その中に越後縮《えちごちぢみ》にまつわる数節がある。越後縮は半年を雪に埋もれて暮らす越後の女性たちが織った布である。

『北越雪譜』から引用してみよう。

「縮は越後の名産にして普《あまね》く世の知る処なれど、他国の人は越後一国の産物とおもふめれどさにあらず、我住魚沼郡《うおぬまこうり》一郡にかぎれる産物也」

魚沼郡は越後でも特に雪深いところだ。

「そもそも縮《ちぢみ》と唱ふるは近来の事にて、むかしは此国にても布とのみいへり。布は紵《チョ》（麻布）にて織る物の総名なればなるべし」

〝布〟は地方によって〝ぬの〟とか〝のの〟と呼ばれるが、これは麻布のことだ。麻布がただ単に〝布〟と呼ばれるのは、布が麻布以外には人びとの生活の中になかったことを示すのだろう。すでに縄文時代には麻布が使用されていたことが、麻の布目の跡が発見されて明らかになっている。木綿が栽培されるようになって、それまでは一年中着用されていた麻布が夏物としてのみ使用されるようになるのはようやく江戸時代に入る頃で、木綿が栽培できない東北地方では、明治初期まで麻だけの生活が続く。

一般的には〝麻《あさ》〟も〝苧《お》〟も総称して麻と呼んでいるが、〝苧〟は麻の中でも〝麻王〟といわれる。越後縮はこの〝苧〟からとった糸に縷《より》をかけて織るが、縷《より》をかけずに織る上布は、より古くから越後の特産品であった。

「……むかしの越後布は布の上品なる物なりしを、後々次第に工《たくみ》を添て糸に縷《より》をつよくかけて汗を凌《しの》ぐ為に縐《しじま》せ織たるならん。ゆゑに縐布《しじみぬの》といひたるをはぶきてちゞみとのみいひつらん歟《か》」

ベンチで十日町行のバスを待っていた時にはまぶしいほどに陽が輝いていたのに、松代行のバスに乗り換えて、山道を登って行くと冬の陽はあっという間に陰って、夕闇が刻々と迫り来る。道は狭く、険しく、極度に曲がりくねっている。バスが急カーブを描いて曲がる度に足下に見える深い急峻な谷には一坪にも充たないような田が何枚も重なり、米どころといわれる越後にこれほど小さな田があったのかと驚かされる。乗客は一〇人ほど、皆、土地の人らしいがだまりこくって乗っている。間断なく繰り返される急なカーブに不安をおぼえているのは私一人なのだろうか。バスは対向車がくるたびに止まり、対向車が山際の崖にピタリと車体を寄せるのを待って先へ進んだ。十日町を過ぎてからは、一つ二つの停留所に止まっただけで、あとはひたすらバスは山道を登りつめてきたのだが、陽もとっぷりと暮れたころ、ようやくポツンと人家の明りが見えて、ひとつの集落に辿りついた。二、三人の乗客が降りてバスはまた進む。すると今度は次々と停留所があって、どうやら松代の町内に入ったらしい。険しい山道の果てに町があるというのはひどく不思議な感じだ。

バスを降りるともう外は真っ暗闇。まだ決して遅い時間ではないのに、通りに沿った店はすでにしまい始めていて、次々に戸を閉める。いちばん賑やかな通りに若松園というスポーツ用品店があるはずだ。若松園は暗い通りに皓々《こうこう》と明りをともしていた。あいさつすると、

「いつもの年ならもう雪でバスは通らなくなっているのに今年は暖かいすヶ。それでも晩にでも雪が降りゃ、もう山は降りられなくなるからねぇ」

と雪の怖しさを教えられ、冬の始まる季節に来た無謀をいましめられる。

関谷シゲさん（六九歳）は昨年七月、夫の藤右ヱ門さん（七六歳）に先立たれた。

「じいちゃんが生きてればなんでもわかったのにねぇ」

という。

藤右ヱ門さんはスキーや茶碗や日用雑貨類などを店に置いてよろず屋を商うかたわら、かな買

いをしていた。かな買いというのは、松代の在の村々で女たちが苧《お》を績《う》んで糸にした、〃かな〃を買い集めて機屋《はたや》に売る仕事である。藤右ヱ門さんが亡くなってからはシゲさんが跡を継いでいるが、このかな買いも、松代ではシゲさんの他には一、二軒になってしまった。

シゲさんの家で最初にかな買いを始めたのは姑のカネさんだ。もともとは百姓家であったが、百姓だけでは生活が苦しく、女としてはやり手だったカネさんがかな買いに手を出したのである。

かな買いは、かなを見る目が利かなくてはできない仕事である。村の一軒一軒の家をまわって、かなの出来具合によって値を決めるのである。苧を績む人と機屋の間に立つ仕事だから、機屋の欲しがるかなを苧を績む人に伝え、苧を績む村の女たちの助言者ともなるのである。藤右ヱ門さんはよく目の利くかな買いであった。だから機屋からも信用され、女たちの信望もあったのである。

古くはシゲさんの店の前の仲町通りに、ちょうど雪が降り始めた一一月二三日から一週間、秋市が立って、遠くの町からも機屋が来て、かなを買って行った。かなは、ザルや瀬戸物や、その他様々な日用雑貨類や農産物と並んで、市で売られていたのである。たくさん買う機屋は荷背負いの人を頼んでかなを背負わせて帰る人もあった。

翌日、シゲさんと一緒に小荒戸という集落へ行く。谷間の美しい集落だ。かつてはこの集落の女たちは、みな冬になると苧を績んでいた。

山賀シゲノさん（七二歳）は苧を績み始めてから二〇年ぐらいになる。最初は他の人がやっているのを見ておもしろそうなので始めたのだ。今ではシゲノさんの他には苧を績む人は三、四人になってしまった。

「退屈しのぎだもの、毎日毎日なんにもしないでお茶ばかり飲んでいられねぇすけね。ひまつぶしの仕事」

とシゲノさんはいう。

一五ぐらい年上のシゲノさんのいちばん上の姉さんの若い頃には、村中の女が子を背負って苧績みに精を出したが、シゲノさんが嫁に来た頃はもうそうした時代ではなかった。シゲノさんが苧を績み始めるのは五〇歳ぐらいからで、いわば年寄りの小遣い稼ぎとして始めたのである。

冬になれば小荒戸の男たちは大方出稼ぎにでて、年寄りや子どもや女たちだけになる。その女たちも現在では、松代などで仕事を見つけて働くから、苧を績む仕事などとてもやってられない。シゲノさんにその手間賃を聞くと、〝かな〟一本が二千円で、一冬にせいぜい二、三本きり績めない。現代の経済のありようが小荒戸の女たちに苧績みをするよりはパートタイマーとして松代の町に出て働くことを選ばせているのである。

苧績みは単調な根気のいる仕事である。苧を爪の先で細く裂き、裂いた苧の端を口の中でならし、次に裂いた苧の端と端を繋いでいく。こうして長い長い一本の〝かな〟にするのだが、その細さは驚くほどで、これが人間の手によるものか、と、人間の手よりは機械の方が秀れているかのような錯覚のある現代文明の中で育ってしまった私には不思議な気がする。

「むかしは電気もつけないで、たきびの明りで苧を績んでた。苧というのは、明るくねぇたって、手あたりでわかるし、口でなめててわかるし、ちょっと明るけりゃね」

苧績みも機織りも、機械に頼らなかった時代には、電気もない時代で、暗い中での細かい作業を想像することもできない私に、シゲノさんは、いとも簡単にその疑問を解いてくれたのである。慣れないうちは気も使い、頭も使い、目も使うが、慣れてくれば自然に手触りと口触りだけでできた作業だという。


この村で、女たちが冬の仕事として苧を績んでいた頃は、苧績みは嫁と姑の競争の仕事であった。

「お姑さんはひょうそく（石油ランプのようなもの）つけて、その側で績んでいると、嫁は自分の部屋に入って寝たふりして績んでいたすけ」

部屋に入って績めば夫が側で仕事をされたのでは眠れない、早く寝れ、という。けれど、嫁が姑に負けることは許されなかったから嫁は人目を忍んでも必死に苧を績んだのである。

苧績みをめぐっての嫁と姑の争いで、

「死に生きがあった」

というほどで、姑に負けた嫁が自ら生命を絶ったという話が伝えられている。

一反分の苧を績むのには途方もないほど時間がかかる。地方によっては糸宿の習慣があった。績んだ苧を入れる苧桶《おぼけ》をたずさえた娘らが村の家々を順ぐりにまわって苧を績んだのである。

瀬川清子著の『きもの』に「山村生活の研究」の糸宿にまつわる一節が引用されている。それによると、石川県珠洲《すず》郡若山村では、夜なべに娘たちが村中の家を一戸一戸まわって、家々のために一定量の苧を績む。そして、村中の家の苧を績み終えると、オボケヤブリといって酒宴を開く。その晩は近隣の集落からも青年男女が寄って来て踊り明かし、見合の機会にもなったという。

糸宿の習慣のあった集落は、商品としての〝かな〟ではなく、家族が着る衣服の苧を績んだ集落であったろう。

シゲノさんは、糸宿の習慣を、

「むかしはそんなこともあったかもしれないけど、人によって苧を績む加減が違うすけ、そんなことはなかったねぇ」

と否定した。

商品である苧を績んだ小荒戸ではより洗練されたかなを作り出すために、そんな余裕はなかったのかもしれない。

現在、越後縮、越後上布の苧を績む人の平均年齢が七六歳、織子の平均年齢が七〇歳。

日本では、人びとが最初に衣料として使用した布は麻であっただろうといわれ、麻が人びとの生活を包んだ時代は長く続いた。麻が木綿に駆逐されるようになるのは江戸時代以降で、前にも述べたように、東北地方では、つい百年前まで麻に包まれた生活が続いていたのである。

木綿が登場すると、麻は夏物として使用されたが、戦後、洋服の普及とともに絹同様、高級品として扱われるようになった。

遠く縄文の時代から続いた苧績み、機織りの最後の命脈を保っているのは平均年齢七六歳、七〇歳のおばあさんたちなのである。

衣生活のもうひとつの系譜、つまり、女たちが家々で衣服を作るのではなく、機械によって工場で作られた衣料を着る歴史はもうすでに始まって久しい。

越後上布

川端康成の『雪国』の例のトンネルを過ぎると、窓の外は突然明るくなった。ところどころ黒い土を見せながらも雪がキラキラと陽に輝いている。向かいの席に坐っていた女性二人は、「ああ、いやだ、いやだ。また雪にとじ込められる」と、大声のおしゃべりを突然やめて窓の外を見た。雪国で暮らす人たちなのだろう。雪は列車がトンネルから遠くなるにつれて薄くなり、やがて消えたが、家々は雪を迎える準備をもうすでにし終えている。冬は、トンネルに近い山の方から次第に降りてくるのだろう。

越後上布を織る一之谷タカさん（八一歳）を訪ねたのは、もう一一月も終わりの頃だった。タカさんは高い天井の家にこたつを暖めて待っていてくれた。縁先で小鳥が小春日和の暖かい陽をあびて、チ、チ、チッと鳴いている。

タカさんは機を織り始めてからもう六〇年以上にもなる。ここ、越後南魚沼の塩沢町の女たちは、誰もが機を織った。だが、いざり機で織る根気仕事はタカさんの世代の女たちからさえ捨て去られている。塩沢の女たちが上布を織らなくなったのは、もちろん、上布の需要が激減したためで、織る側の意志よりは外的な要請によるものだ。タカさんは、近所の女たちが次々と機から離れていく中で、この気の遠くなるような根気のいる仕事に執着して、この先も機からは離れられそうもない。近所の年寄りが日々を手持無沙汰そうに暮らしているのをみると、

「仕事のねぇ人はかわいそうみたい」

と思う。タカさんのところへ遊びにきても、仕事していれば、

「人の手ぇまで遊ばしちゃ悪い」

などと気がねする風だ。忙しい若い者の中でいつもそんな風に気がねしながら、けれど自らは大きな暇をもてあましながら生活している。

タカさんが機を習い始めたのは一四歳の時だ。一二、三歳の頃までは弟妹の子守りをさせられて、一四になると周囲の大人たちから「もういい年して遊んでられね」といわれて始めたのである。だが、まだ仕事を覚える欲は、さらにない年頃だ。遊びたくて、遊びたくて、機を覚えるのがとてもいやだった。

「なかなか（織）目は曲がるし、（糸は）切れるし、織れないの。まあ、一日にこれだけしか織れないか、なんていわれてさ、真剣に（機に）くっついたって、そんなに織れないからね」

最初は親に教わった。かな（麻糸）は切れやすいから、木綿糸をたててくれて、ただ織ればよいように下準備をしてくれたのだ。

「自分で織ったのは自分で着れ、なんていわれて細かい縞をたってもらってさ。あーれあれ、あっけな着物《きもん》着るのやだな、と思ったども自分で織ったのは自分で着るより仕様がねぇなんていわれて

さ。紺かな、その地に茶の縞だったの、地味なの」

木綿を四、五反も織っただろうか。次に残ったかなで練習して、それからどうやら慣れてくると一反分のかなを与えられて、いよいよ本格的に織り始めたのである。

南魚沼一帯は全国でも有数の豪雪地帯だ。一一月にはもう根雪が降ることがあって翌年四月までは雪にとざされる。約半年もの間雪の中で暮らさなければならない人びとにとって麻を織ることは冬の間のだいじな現金収入の手だてになった。娘たちは一二、三になれば機を織ることを教えられ、競いあって機の道に励んだ。女が織る機の出来不出来がその家の経済のありように影響していたから、自然にその評価は熾烈になった。

現在でも手紡ぎ手織りの越後上布を扱っている丸麻織物株式会社の鈴木苧紡庵《ちょぼうあん》さんによれば、大正末期の米が一俵七円五〇銭であった頃、越後上布は一反一五〇円～一八〇円にもなり、米二〇俵分の値で売買された。水呑み百姓なら一年の米の収穫は一〇俵、普通の農家でも三〇俵程度しかとれなかった時、一冬五～六反織る麻は米一〇〇俵分の価値となったわけである。だから、その頃は、〝機でのこした身上だ〟といわれる家があったほどである。

「おばあさんたちはあっちの家行って機を見、こっちの家へ行って機を見、あそこの娘は上手だとか、ここの嫁は下手だとかなんていってるの。それいわれるとまたやっぱり下手だっていわれた人はいい気持じゃないでしょう。だもんで、一生懸命やってるの。負けねぇようにしようと思ってさ」

姑たちの茶呑み話はいつも嫁や娘たちの機の品定めで始まり、機の上手な者は、

「あそこの衆はいい嫁もらった、働く人で……」

と羨まれたのである。

機の仕事にたずさわるのは若い女たちばかりではない。それは冬の間の一家あげての仕事だった。男たちは紺屋通いや機屋との交渉にあたり、娘に織らせる時には母が、嫁に織らせる時には姑が、次に織る機の準備をする。機をたてる、つまり、経糸《たていと》を機に仕込むのだが、熟練を要する手間のかかる仕事だった。だが、なんといっても、できあがった反物を市に出した時、打ち込みの強弱、キズの有無など、その織り具合の良し悪しが値を決める基準となり、やはり、一家を支える重責が女たちの肩にかかっていたのである。問屋の番頭は少しのキズも見逃しはしない。織子はその厳しい目に応えなければならない。けれど、織りあがった反物を市に持っていくのはいつも男たちで、反物を売った額はそのまま家計に入り、女たちはその一部さえ自由に使うことは許されなかった。いや織子だけではなく、冬籠《ふゆごも》りの生活資金であったから誰一人自由には使えなかった。

東北や信州の女たちが苧を績み、布を織ったのは家族や自分自身が着るためであり、そこに様々な趣向や工夫がこらされた。馥郁《ふくいく》とした愛情の表現だったり、楽しみであったのだが、越後ではいつも周囲の厳しい目がそそがれ、より精製された布が要求された。女たちが織った布が家族の着る衣服ではなく、〝御用布〟あるいは〝商品〟を織っていたためだ。

この取材に入る前に秩父の機織り唄を聞き歩いていた。その過程で越後から女工に憧れて家出するようにして秩父へ来たという話をしてくれた柿境ミヤさんに会い、〝夕鶴から女工哀史へ〟という仮のテーマをたてた。戯曲「夕鶴」のもとになった〝鶴の恩返し〟は佐渡の昔ばなしだ。ミヤさんは越後でも佐渡出身ではなかったので、〝夕鶴から女工哀史へ〟はあっけなく行き場を失った。だが、鶴が自分の身を細らせながら布を織り、その織った布が都ではたいした金になるという話は佐渡だけではなく、越後にも通じ、塩沢の女性たちは鶴のように我が身を細らせながら布を織ったのである。

ミヤさんが育った村は農村地帯であったが織物は盛んではなかった。織物の盛んな、たとえば塩沢の女性たちが村から出ることは、かつてはほとんど聞いたことがない。

塩沢周辺にもいくつかの伝説や昔ばなしがある。

「機上手になるにゃあお松様に行かにゃあだめだなんていわれて、若い時はみんな行ったの。五月八日がお祭りでね、その時はだいたい休みだからね」

タカさんがいうお松様というのは隣の六日町にある小栗山の松尾神社のことだ。機神様《はたがみさま》として祀《まつ》られており、祭りの時ばかりではなく、近在の村の女性が機をかける前に無事に織りあがることを願って祈り、また、織りあがったら、その端を切った小布を奉納し礼参りしたのである。この松尾神社には機にまつわるお松の伝説がのこっている。

お松という娘が遠い村から嫁に来た。姑は指折りの織り上手で、機を織ったことのないお松に厳しいくらいに教え込む。この辺の女たちが持っている辛抱強さは雪の中で半年も暮らさなければならない風土の中で小さな時からつちかわれたものだが、他国者であるお松は、根気のいる機織りに耐えきれなくなっていた。そして死を覚悟して最後の機に向かったのである。姑は、機の出来具合をみて、その上達ぶりに内心満足していたのだが、それを口に出しては嫁の気がゆるむと思い、じっとこらえていた。三月になるとお松は姑に決してひけをとらないほど見事な布を織りあげた。姑は喜んで役所へ織りあがった布を持って出かけたのだが、その留守にお松は上ノ原の池に身を投げた。布は上格に格づけされ、姑もほめられて嬉しくなって、ともどもに喜ぼうと思って帰ってくるとお松の姿が見えない。近所中大騒ぎとなってさがしたがなかなか見つからない。ようやく薄明るくなった夜明け頃、池に浮いていた死体が発見された。それを知った姑もお松の死体が運ばれてくると、激しいショックで死体にかぶさるようにして死んでしまったのである。

この辺の女性にとって機は命がけの仕事であったといっても決して過言ではないのかもしれない。雪の中で暮らす約半年間の一家の生命がかかっていたのだから。『北越雪譜』には「凡織物《およそおりもの》を専業《せんぎょう》とする所にては、織人《はたおり》を抱《かゝ》へおきて織するを利とす。縮《ちゞみ》においては別《べつ》に無《な》き一国の名産なれども、織婦《はたおりおんな》を抱《かゝ》へおきて織《おら》する家なし。これいかんとなれば縮を一端《たん》になすまでに人の手を労する事かぞへ尽《つく》しがたし。なか〱手間に賃銭《ちんせん》を当て算量《つもる》事にはあらず、雪中に籠居《こもりおる》婦女《ふじょ》等が手を空《むなし》くせざるのみの活業也《いとなみ》」とある。一国の名産であるのに織婦を抱えて賃金で織らせるということがなかったのは、あまりにも一反を織りあげるまでに手間がかかったからだという。織子の側から考えればこれほど矛盾した話はないのだが、「雪中に籠居婦女等が手を空くせざるのみの活業」と考えられて、手間のかかる割に値は安くおさえられた。だが、その「活業」なしには人びとは生きていけなかった。

『北越雪譜』にはお松の伝説とは異なる二つの話が載せられている。「ひととせある村の娘、はじめて上々のちゞみをあつらへられしゆゑ大によろこび、金匁《きんせん》を論《ろん》ぜずことさらに手際《てぎわ》をみせて名をとらばやとて」丹精に織りおろしたのを、母がさらし屋から持ち帰ると、どうしたわけか「匁《ぜに》ほどなる煤《すす》いろの暈《しみ》」があるのをみて、正気を失ったという話。さらし屋は織りあがった縮や上布をさらす専門職だ。

もう一つの話には「御機屋の霊威」と題がつけられている。御機屋は「貴重尊用」の布を織るため「家の辺《ほと》りにつもりし雪をもその心して掘《ほり》すて、住居《すまい》の内にてなるたけ烟《けふり》の入らぬ明りもよき一間をよく〳〵清め、あたらしき筵《むしろ》をしきならべ四方に注連《しめ》をひきわたし、その中央《ちゅうおう》に機《はた》を建《たつ》る」「神《かみ》の在《います》がごとく畏尊《おそれうやま》ひ織人《おりて》の外《ほか》他人を入れず、織女《おるおんな》は別火《べつくわ》を食《しょく》し、御機《おはた》にかゝる時は衣服をあらため塩垢離《しほこり》をとり、盥漱《てあらひくちそそ》ぎこと〴〵く身《み》を清《きよ》」めて入ったのである。「御機屋の霊威」はこの御機屋にまつわる話だ。

この他にも、機がおもうように織れないために魚野川に飛び込んだり、納屋で首をくくった実際にあった話が世間を騒がせたことが何度かある。

上布や縮が越後の名産となったのは江戸初期から中期にかけてだ。それよりずっと以前、天平三年（七三〇）に久疋郡膝美守村で奉じた布が正倉院に原反のまま残っている。越後の女性たちが御用布を織った歴史は驚くほど長い。

縮は一般に小千谷縮《おぢやちぢみ》の名が通っているが、必ずしも小千谷で織られたのではない。小千谷が集散地であったためにそう呼ばれるようになったのである。上布に比べれば、糸によりがかかっているため、布の目も粗く、打ち込みも弱い。大正末期に高機《たかばた》が流行り始めた時、小千谷周辺ではいざり機から高機に移行していったが、上布を織る塩沢ではいざり機から離れることはできなかった。タカさんは若い頃は二二升《よみ》の筬《おさ》で織ったという。一升は四〇把だが、筬《おさ》には二すじずつ通すのだから八〇すじ、二二升なら一七六〇すじの糸が通ることになる。縦縞ならともかく、飛白や様々な模様が入れば経糸に緯糸の模様をあわせなければならず、織っているのをみていると、気の遠くなるような細かい作業だ。

「今日はこのくらい織ろう、何日になったらおろそう（織りあげよう）なんて思って織ってるんだんがねぇ、根が入ります。細かいのになれば頭も使うしね、目ぇ使ったり、頭使ったり……」

量産するため高機から次第に機械化されていく秩父などでは、工場内での女工たちのおしゃべりは固く禁じられたが、唄だけはかえって能率をあげると考えられて許され、様々な機織り唄が生まれた。監督の悪口も、恋人への想いも、仕事の辛さも、友だち同士のおしゃべりも、すべて唄にして、機を織るリズムにあわせてうたったのである。

たとえばこんな唄がある。

糸は切れ役わしゃつなぎ役
いくら役でも腹が立つよ

また、こんな唄もある。

村田工場で機織れば
若衆が窓から文を投げ込む文を投げ込む

会いに来たとの口笛吹けば
承知したそのセキばらい

いやなバッタンつな引くよりも
わたしゃあなたの袖を引く

あんなアマめにどこみてほれた
ほれた野郎めの顔みたい

かわいかわいで夜は抱きしめて
昼は互に知らぬ顔

タカさんに越後ではどんな機織り唄をうたったのかたずねると、タカさんたちは唄など決してうたえなかったという。

「鼻唄なんてうたえばおどされて、唄なんてうたえば仕事したって仕事に身が入らんでいい仕事はできねぇなんていわれて、ちぃと手を休めていて（機を織る）音がしねぇっていうと、孫ばあさんな、何してるなんていって、のぞき見にきたりさ。いつも織る時は一人一人。だから口も下手だしさ、しゃべらねぇんだんが」

タカさんの仕事場は二階の北側の部屋だ。裏庭にのこった雪が障子をさらにいっそう白くして、機の手元は意外に明るい。麻はだだっこぎぬといわれて、その扱いが難しいが、上布や縮が越後の名産になったのは、自然の好条件によるものといわれる。つまり、雪である。苧《お》は乾燥すると切れやすくなってしまうのだが雪に埋れた自然の湿気がそれを防ぐのだ。また、雪は、織りあがった布や糸をさらす時にも一役買っている。水分が太陽熱で蒸発する時オゾンが出て白くなるのだが、晴れた日の雪の上でさらせば、自然にそれができる。

「一一月からもう根雪になるんですがさ、降らねぇと仕事の都合から変でしょうねぇ」

仕事部屋を明るくしている裏庭の雪は、まだ根雪ではなさそうだ。

「寒い朝、火ぃねぇとこ起きてさ、火たいて炭おこしてこたつつくってそして（仕事場へ）のぼるんだっけや。寒いの。だって、若い時はそんなに感じなかった」

機に向かってすわると、ちょうど足の下のところに小さなこたつが掘られている。

タカさんの働き盛りは四〇代だったという。

「四〇代がさかりっていうんだかなあ、仕事したってそんなに疲れもしねぇし、夜遅く寝たって朝また四時に起きようと思えば四時に目がさめるんだんがさあ」

『北越雪譜』には「およそ十五六より二十四、五歳までの女気力盛《きりょくさかん》なる頃にあらざれば上品《ひん》の縮は機工《きかう》を好《よく》せず、老《おい》に臨《のぞ》んでは綺面《はたづら》に光沢《つや》なくして品質《しながら》くだりて見ゆ」とあるが、激しい肉体労働である能登の舳倉島《へぐらじま》の海女《あま》が、やはり、若い時よりは、子どもを産んで、その子らを育てなければならないという欲がでてきた頃の方がよく稼いだ、という話とタカさんの話は通じていそうだ。

「三〇代の時は子どもがあってさ、チグラに入れたり、朝ごはんつくったりして、そして食べて品のぼるんだからね」

子どもを産む前の一〇代、二〇代は、体力はあっても、他に気が散ることがあって、仕事に身が入らない。出産後、幼い子を育てながらの三〇代の方が気張って働いたという。

細い糸で織目の細かい布を織れば、それだけ工賃はよかった。

「早い人は生地がよくねぇっていいました。打ち込みが悪くってさ、やっぱり手ぇかけねぇで早くしようってことになれば、どこかでぬけたところがなければねぇ。ちょっとぐらい手間がかかってもいいのがトクなの。手間がかかるったって、一反のうち、五日も余計にやればあがるからねぇ」

この辺でも〝麻畑〟という地名が残っており、江戸中期までは麻を栽培していたが、それ以降はのである。

会津産の苧《お》を使った。慶長年間に上杉家が越後から会津に国替えになり、苧麻《ちょま》（イラクサ科の多年草。からむしの別名）の栽培が会津の土地にあっていたので、原料を越後へ送ることを保証したのである。それまでも上杉家では冬期間の農山村の経済を支えるものとして上布や縮の生産に力を入れていたのである。

会津で栽培された苧麻は頸城郡の山村で紡ぎ、その糸を機にかけて塩沢で織った。

「〃かなや〃っていって、畑へ売りにくる人があるんだって、いまはみんな機屋さんがするからね、そういう人はなくなったけどさ」

古くは一軒一軒の農家で、売りにきた〃かなや〃から〃かな〃を買って織り、そして、織りあがった反物を売る時も、市や問屋へそれぞれ持っていったのである。

「香具師《かうぐし》の看物薬売《みせものくすりうり》の弁舌《べんぜつ》人の足をとどめて錐《きり》を立《たつ》べき所もあらぬやう也。此初市の日は繁花《はんくわ》の地の噪饒《にぎわい》にもをさ〳〵劣《おとら》」なかったという祭りのような市は、もう遠い日のことだ。

タカさんのところへ若い人たちが機を習いに来る。タカさんはそうした人たちをやさしく受けとめている。自分の身を細らせるようにして織った、それが生きる日常であった、そうした〃織る〃ことが、若い人たちにどのように伝わるのだろうか。

タカさんは、数百年の間、塩沢の人びとを支えた生産様式の最後を生きる人である。

Ⅲ　米のなる木

信州の冬

一九七〇年代にカメラマンの朝倉俊博さんが『アサヒグラフ』で「流民烈伝」という連載をしていた。その頃、ふと思い返せば私の両親は一年半か二年半に一度の割で住むところを変えており、現象的には〝流民〟に属していたのかもしれない。「流民烈伝」は後に一冊の本（白河書院一九七七年）になった。そのあとがきの中で、

「〝流民烈伝〟の流民は、いわば私にとって風とほぼ同義語であって、生活様式の具体性よりも、心情とか心根とか精神といった、きわめて理屈に合わない部分の方により多くの比重があり、まさか〝からだの中に風が吹いている人々〟という訳にもいかず、多少カッコをつけて〝流民烈伝〟とした」

と記されている。両親のからだの中に風が吹いていたかどうか定かでないが、〝流民烈伝〟という言葉を耳にして以来、両親からついだ引越し癖にも思いあたり、私は〝流民の子〟に違いない、と思いはじめたのである。もっとも、父にはかなしくもやさしい流民の風貌の片鱗がかすかに感じられもするけれど、東京砂漠になんとか根をおろそうとガムシャラにしがみつく母のエネルギーにはただ脱帽、と圧倒されるばかりで、どうも母の方は引越しが多いだけの現象的流民であって、朝

倉さんのいう心情とか心根とか精神といったものにはとんと縁がなく〝流民烈伝〟に登場した人びとと同じに考えては失礼にあたるかもしれない。失礼にあたることと、思いあがりを承知でいえば、農家出の四男坊で横須賀の軍需工場で働く父の許に、母はたった三、四回逢っただけで押しかけて住みつき、私を産んだという話で、両親はまぎれもなく、資本主義社会の発展する途上で農村から都市に流れ出た二つの労働力に違いなかったのである。二〇歳と一八で一緒になって築いた家庭には〝家〟の観念もなく、一三、四から都会に出て働いていた父も、一五、六で裁縫女学校とかいう無報酬どころか月謝まで払って百貨店のきものを仕立てる工場で働き始めた母も、〝むら〟の因襲は多くはひきずってなかったように思う。

明治の初めには三五〇〇万の全人口の約八割が農業にたずさわっていたというが昭和に入るとその割合は約五割程度になって、農業を基盤とした封建制社会から零細な企業や工場が多数を占める資本制社会に変わり、その過程で都市は農村人口を貘《ばく》のようにのみ込んでゆく。一億三〇〇〇万人の親を辿れば、もともとの都市生活者はほんのひと握りになってしまうから、高度経済成長をとげた折、国鉄がディスカバー・ジャパンのキャンペーンをはったら、多くの人びとの胸の中に、一、二代前、あるいは二、三代前のおじいちゃんおばあちゃんの〝むら〟の血がくすぐるようによびさまされ、アンノン族とかいう世代が美しい日本に〝ふるさと〟を求めて束の間の旅に出かけた。ディスカバー・ジャパンのキャンペーンが打ち出された頃、某週刊誌で国鉄の〝美しい日本〟のポスターと同じ場所で同じ角度にカメラを据えて撮った写真が並べて掲載されており、それは見事なほどの汚れた日本ぶりであったのだが、束の間の旅で見る風景は、自然を大切にしましょう、などという立札に囲われた都市生活者向けの観光用の自然でしかない。

現在、市町村合併が進んで、〇〇村というように〝村〟と名のつく地名は珍しくなったそうだが、〝〇〇村〟が数少なくなったと同様に、人びとの胸の中の〝むら〟意識も消えている。

地方都市で受けた戦後民主主義教育の中で古い封建的な〝むら〟の生活はことごとく改善されなければならないように教えられ、〝封建的〟という言葉は古いものを否定する時の万能語のようになって、〝封建的〟という言葉もろともに、あらゆる古さが切り捨てられてきた。ところが〝むら〟では、表向きの歴史書にいわれるほどには為政者による封建思想に侵されていたわけではなく、もっと雑多な、場合によっては万葉の時代に溯《さかのぼ》るほどに、時代を越えた原初の生活があることを知った時、私の胸のうちの〝むら〟の血が熱くなるのを感じたのである。

それ以来私は、自分が受けた戦後民主主義教育のウソを探しに旅に出た。それは〝むら〟を探す旅である。

〝むら〟から放り出された現象的流民、もっと一般的な言葉でいえばルンペン・プロレタリアートの子として生まれた私の〝藁《わら》〟の記憶は共同住宅の便所のぞうりである。赤や黒の布が綯《な》い混じった藁のぞうりは履くと時にグシュッと水分を帯びていて、一〇ワットの豆電球が灯る薄暗い空間でおもわず土ふまずのあたりを幾分浮かせ気味にしてようやくの思いで体重を支えて用をたしたものである。

地方都市の小さな商店の建ち並ぶ町にばかり住んだ私には〝むら〟は遠い所であった。藁のぞうりは共同住宅の中でそれを作るような姿を見たことはなかったから、市販されていたものに違いなく、かつて藁仕事をしたという人びとに話を聞けば、わらじやぞうりを作って町に売ったというから、町の荒物屋の店先に吊されていた藁ぞうりも思い浮かび、二〇年ぐらい前までは〝むら〟から町の商店へというそんな流通の経路があったのであろう。

石川県輪島を旅した折、朝市で観光みやげに小さな、赤や桃色や青や黄色の鼻緒のぞうりが売られていて、それらを作っているおばあさんたちを訪ねたら、輪島の在の稲舟という集落では、稲を〝米のなる木〟と呼んで、〝米のなる木〟が、米ばかりではなく人びとの生活を大きく包んでいたことに驚かされた。つまり、米をとった後の藁は、履物になり、袋物になり、雨具になり、屋根になり、飼料になり、肥料になり、布団になり、敷物になっていたのである。おばあさんたちのつくるミニチュアぞうりの卸値は一足五〇円で、ミニチュアぞうりの可憐な形同様にいじらしい値段であったが、思えば、米のなる木をつくり続けた農民の労働はいつもそんなふうにしか評価されなかったのである。

藁が人びとの生活を暖かく包んでいることに思いあたった経験はもう一度ある。刺子《さしこ》をテーマにした時だ。津軽のこぎん刺しと南部の菱刺しに、かつて女性たちが創り出した秀れた意匠を見、その源を辿ったら、刺子の模様を刺すことは畑に麻の種を蒔くことから始まっていた。衣服を着ることが、畑に種を蒔き、麻を育て、糸を紡ぎ、布を織ることであるという生産の大輪廻の中で人びとが生活していたことに、生産から遠く離れてしまったルン・プロ二世としてはただただ驚嘆するばかりであったが、さらに、東北の厳寒の冬を、木綿の使用を藩令によって禁じられていた人びとは麻で過ごしたという歴史に二度驚いたのである。木綿の栽培の北限は会津で、禁止令はその故であったが、綿の入った布団もない人びとの冬を、幾分でも暖かく包んだのが麻を幾重にも重ねて刺した刺子であり、藁の布団だった。

刺子をする風土はまた、藁仕事をする風土でもあったのである。

東北で展開された藁仕事に関しては、他の項で記し、ここでは信州で聞いた話をしよう。

石橋桂（七三歳）、あき（六九歳）さん夫妻は、信州・木曽谷の中でも古くから栄えた木曽福島の万部という集落で農業を営んできた。この辺は比較的裕福な村で、米、繭、馬、木材が現金収入となって人びとの生活を支えてきた。

木曽川沿いに中仙道が通り、古くは宿場町であった奈良井や藪原の曲げワッパやお六櫛《ろくぐし》を作る職人に、木曽谷の村々では耕地面積が乏しく、なんらかの技術を身につけて、その技を旅ゆく人びとに売って生活する以外に生きる手だてがなかった、という話を聞いたことがあるが、万部が、米だけではなく、繭や馬や木材に頼るのも、やはり、狭い耕地面積の山あいの村の宿命であろう。もっとも、山の木を伐り出すのは、家を普請《ふしん》するとか、息子や娘の結婚式、といったよほどの物入りの時で、山の木は、いわばそれぞれの家の大事な財産であったのである。

山の木もない、田畑もない、馬もない、貧しい者もいた。そうした人は田畑も小作、馬も小作で、財産を持てずに暮らした。馬の小作というのは、馬を借りて飼育し小馬が生まれた時に、売った代金を持主と折半するのである。馬を多く持つ者は、その小作料だけで相当の収入になった。

兼業農家も多かった。五反百姓に早いうちから見切りをつけた者は、大工になったり、木挽《こび》きになったり、屋根葺《ふ》きになったりした。

藁仕事は主に冬の仕事である。

稲の刈入れが済んで、一一月二五日頃には脱穀も終わる。脱穀の合間には漬物にする木曽菜を大きな樽に三樽も漬け込んで冬仕度にとりかかる。三樽の木曽菜は翌年の五月頃まで、冬中の副食になり茶受けにもなった。

脱穀が終わると馬小屋の肥を田に出す。馬小屋の肥は、藁や草とともに馬が踏みしめた馬糞である。肥は発酵する熱で馬小屋の暖房の役目も果しているが、年に何度かは肥を田に出すのである。これは有機農業であった時代の貴重な肥料だった。

その後、一ヵ月ぐらいは来る日も来る日も山歩きに明け暮れ、たき木とりに費やされる。働き手のある家では春先の、まだ雪の残っているうちに山へ行って木を割っておくと乾いて軽くなっているが、春先にそれができずに秋に伐った生木は重くて家まで運んでくるのに難儀した。たき木は一〇〇把ぐらいを四月までには燃やしてしまう。どの家も競争で、

「あの家じゃあんなにたくさん寄せた（集めた）」

などといいあったりした。家のまわりにグルリと庇《ひさし》いっぱいの高さまでたき木で埋めて、

「それこそきれいなもんだった」

と石橋さんはいう。

たき木は太い枝と細い枝をより分けて、束にして二輪ほどをショイコに背負って山から運んだが、家のまわりに積まれたたき木が美しく見えたのは、それが自らの激しい労働の賜物でもあり、厳しい冬の寒さをやわらげてくれるものであったからであろう。

どこの家でもたき木とりに精を出したのは、冬の寒さをしのぎ、また、町の商店から茶や酒をツケで買っておいたその代金にたき木をあててまかなうためでもあった。あきさんは一五、六の頃、朝五時にはたき木を馬につけて、自らも背負い、一里もあるところを町まで行った。寒くなって雪が降ると道が悪くなるから、滑らないように馬には藁ぐつをつくってはかせて、自分もわらじをつくってはいて昼前に一回、昼過ぎに一回、たき木を運んだ。帰ってくると、翌日持って行くたき木を束ねて、夜になると藁を叩いて、わらじを作って、また朝、町に出かけた。足の指が冷たいので、「鼻もんじ」といって、藁を二重にして爪先を包んだが、それがよい具合にならないと歩きづらくて、足を気にしながら歩いた。雪がたくさん降る日には鼻もんじは使わず、雪ぐつを履いた。木曽の冬は雪は深くは積らないが、底冷えがする。馬は汽車を見るとおどけたり、はねたりして、それが何よりの心配だった。

馬の世話がまた一仕事だ。

朝夕、大きな釜で湯を沸かして、木の舟に草を入れ、湯を入れてやった。湯は一度に多く入れると馬がしゃくってこぼしてしまうから、少しずつ三、四回に分けてやる。飼料も藁を刻んだ中に干した大根葉を入れて、グツグツと一時間ぐらい煮て与えた。

針仕事も女たちの晩秋から冬にかけての仕事である。正月が来るまでには子どもやおじいさん、おばあさんの着るものを全部洗い張りして縫い直す。たき木とりが終わってからでは正月までに間に合わなかったから、昼間は山へ出かけて夜なべに針仕事をするのである。

そして本格的な冬がくると、静かな朝、どこの家からも藁を打つつちの音が聞こえてきた。つちはこの辺ではやしゃという木でつくる。輪島の稲舟では椿の木でつくっていた。やしゃも椿も固い木である。

丸い大きなコメイシに藁をあてて叩いて藁を扱いやすいようにやわらかくする。

石橋さん夫妻に藁でつくったものをあげてもらったら、次から次に様々な生活用具がでてきた。まず、わらじやぞうり、これはできるだけたくさんつくって、一年間履く分をためておく。あきさんの姑は石橋さんが七つの時に夫を亡くして、きつい気性の人だったから、いつでも履けるようにわらじやぞうりをたくさんつくって軒下に吊しておいた。

「そうさなあ、五〇足ぐらいつくっておいたかなあ」

と石橋さんはいうが、少し仕事の段取りが悪かったり、仕事に追われると翌日履くものがなくなって、前の晩につくっては履いた。

蓑《みの》はたいていの場合男がつくった。藁細工の中では難かしいほうで、秋田の八郎潟付近で聞いた話では、ケラ（秋田では蓑のことをこう呼んでいる）をつくれるようになれば男も一人前、といって、嫁をもらう時にはケラを二人分つくって迎えた。濡れると重くて、どしゃぶりになると雨を通したが、暖かい雨具であった。

藁でつくった雪ぐつも、ゴム長靴より暖かい。そして雪道を歩いても滑らなかったのがなによりだ。たき木や稲を背負う背負縄《しょいなわ》、草や稲を縛る結束、作業のあらゆるところで使われる縄、筵《むしろ》も作業には欠かせない道具である。囲炉裡端にはねこ、という厚い敷物を敷いた。くず布団は藁のやわらかいくず（はかま）だけを入れてつくった敷布団だ。

馬に使うものでは、馬のくつ。おもづな、ふむつ。馬のくつは雪の日にはかせるために蹄《ひづめ》にあわせて丸く編んだ滑り止めだ。おもづなは馬を引く綱、ふむつは馬を田畑で使う時に、農作物を食べないようにするための馬のマスクである。乾草と藁を六、七センチぐらいに切って馬の飼料にもした。もみがらを干葉《ほしば》と一緒に煮て食べさせもした。

仕事の足手まといにならないように赤ん坊を入れておくイズミも藁でつくった。直径五〇センチぐらいのイズミの中に藁を入れ、小さな布団を敷いて赤ん坊を入れて坐らせ、まわりにボロをつめて出られないように紐でくくりつけておく。冬は暖かくて良かったが、夏は汗びっしょりしぼれるぐらいになって乳臭いから口のまわりに蝿が真っ黒になるほどたかって、暑さのために赤ん坊はぐったりとして眠っていた。

夏の田の草取りの時に使う蚊火もボロを藁で包んで仕事に出る前に簡単につくった。夏、田んぼに入ると蚊がワッと寄ってくるが藁で包んだ古いボロに火をつけて腰に吊しておくと蚊よけになる。時々、風が吹くと、着ている蓑にボッと燃えつくことがあった。石橋さんはボロのくすぶる蚊火《かび》の臭いをいまでも忘れられないという。

かつて、藁でつくった様々な生活具は、プラスチックやビニールや、名もわからないような化学記号の集成になり、私たちの生活を囲むモノがどのようにつくられ、どのような経路で私たちの手に届くのかさっぱりわからなくなった。かつて、日々の労働の結末を自ら確かめることができたのに、極度に分業化された今日の労働の中ではそれは決して見えてはこない。かつて、生活するということは、自ら創り出すものによって自らの生活を支えるということであった。厳しい収奪のもとで物質的な豊かさとはまったく無縁に暮らした人びとが「昔のことを思えばなあ、今は本当に楽になったもんだ」といい、その舌の乾かないうちに「けど、昔の方が呑気だったような気もするなあ、今の生活はなんだか目まぐるしくて、金にばかり追われる」という。

より豊かな物質を追う中で、現代は、かつての人びとが持っていた、ものを生産する様々な知恵や技術を機械に委ね、化学に委ね、専門家に委ねてしまった。私たちはその過程で何を失ってしまったのか、やはり〝むら〟へ探しにゆこう。

藁《わら》仕事

伊藤ナミエさん（大正二年生まれ）と工藤カネノさんにあうのは二度目である。ある雑誌の依頼でミニチュアの藁細工をつくるグループを取材したことがある。そのグループの中で二人は積極的に活動していた。グループそのものは地方自治体が社会教育の一環として生活指導員をリーダーにし、〝お年寄りに生きがいを〟との目的で行っていた活動であったが、ミニチュアの藁細工以上に、かつて藁仕事が生活の必然であった老農婦らの若い頃の話が深く心に残って、なんとか機会をつくってもう一度藁仕事の話を聞きたいと思っていたのだ。

旅の途中の突然の連絡に、二人は快く応じてくれた。かつては小学校であった敷地に近代的なデザインの創作館が建っている。創作館は八郎潟町の公民館同様の公共施設である。その脇にはまだ小学校時代の古い木造の校舎が建っており、それは、いかにも村の小学校、といった建物だ。そこで学んだことがない者にとってもなぜか妙になつかしい人の温《ぬく》もりが伝わってくるような感触のその校舎の中に、古い生活具が収集されていた。村の女性たちに昔の話を聞き始める前は、博物館や民芸館などのガラスのケースの中に古い生活具が収まっているのをひどく不思議な現象に思っていたのだが、村の生活をまったく知らないために、ギクシャクと、ひとつの話を聞くのに一から十まで説明してもらわなければならないという不便を、ガラスのケースの中の古い生活具はほんのわずかではあるが解消させてくれることに気がついた。

二人は、藁でつくったものもたくさんあるから見ながら話そうと、中へ案内してくれた。

ひとつ目の教室には田や畑、あるいは麻布作り等に使う作業具が置いてあった。カネノさんは鍬《くわ》を手にするとなつかしがって、「昔はこうやったんだ」と深い水田《みずた》の中の土を返す真似をする。この辺の田は腰まで埋まるほど深い田で、うちもんぺという足にぴったり吸いつくような作業衣をはいて田仕事をしたという。田には蛭《ひる》がたくさんいて、うちもんぺの縫目を少しでも粗く縫おうものなら、そこから入り込んで、仕事からあがって脱ぐと、憎らしいほど血をいっぱいに吸い込んだ蛭がボタボタと落ちた。上に着ているものは濡れないようにウエストのところで折り曲げ、落ちてこないようにキッチリとうちもんぺの紐で縛っておく。

教室の中の古い生活具や作業具は私にとっては珍しくもあり、興味深いものであったが、それ以上に、二人にとっては様々な想いを呼び起こさせるようであった。

大きな籠があった。馬籠《まかご》だという。馬につける籠で、この馬籠にもちをいっぱい積んで里帰りしたのだそうだ。けれど、ナミエさんとカネノさんの家には「馬も牛《ベコ》もいなかった」。一八を過ぎれば婚期を逃《のが》すといわれて、一六、七歳で親が決めた相手と暮らし始めた女性たちにとって、里帰りは大きな意味を持っていたに違いない。ようやく大人の世代に入りかけようとする時に他家へ行って、その家族の一員となって仕事を始める。かつて農家では、家族は一家を構成すると同時に、労働を共有するものであった。生活することは即労働であるような日々の中で、里帰りは「嫁」の骨休めとして是非ともに必要だったのだ。

深い藍の麻布に丹念に刺子をした着物もあった。袖《そで》は長い袂《たもと》で、袖下に紐がついている。ナミエさんは、「私ら袂の長い着物なんて着れなかった」と、この着物が、家事以外の労働につかずにすんだ女たちの着るものであったことを教えてくれる。村で、家事以外の労働に従事せずにすんだ女は、農民が〝だんな様〟あるいは〝親方様〟と呼ぶ地主など、ごく一部の特権階級の者であったが、この着物は、そうした家の女たちが産後、祝いにくる人たちにあいさつする時に羽織ったものだという。袂についている紐は、茶など出す時、袂が邪魔にならないように後で結んだものだ。

藁でつくった「つまご」や「さんぺ」や「こしきぐつ」や「わらぐつ」や「手かえし」は次の部屋にあった。

つまごは春や秋、山仕事に行く時に履く。さんぺは雪の日に履くとゴム長靴よりも暖かいし、滑らない。こしきぐつは作業用のはきもの、手かえしは作業用の手袋で、荊棘《いばら》や岩石などから手を守る。ミトン型の大雑把なつくりだが、冬の山仕事などには暖かくてよい。また、古くなれば、左右逆にすると掌と甲も逆になって、さらに使える。表裏返して使えるから手かえしというのだ。臑《すね》にあてる「はばき」は稲の先のみごで編んだみご縄でつくったものだ。古くなればなるほど使い易い。

藁が農民の冬の生活を暖かく包んだことは前の稿で述べたが、八郎潟町のいくつかの集落では、藁仕事は田の少ない小作農民の副業となってその生活を支えた。日々の生活に使う身の廻り品は主に男たちがつくるが、男たちが出稼ぎに出るようになると、その仕事は年寄りに廻され、また、出稼ぎの合間の仕事となった。副業としての藁仕事は女たちがする。ナミエさんの住んでいた裏大町ではけらを、カネノさんの住んでいた夜叉袋（秋田県八郎潟町）ではわらじを、大川という集落では、「はたはた叺《かます》」や「肥料叺」をつくっていた。はたはた叺は毎年、男鹿半島の海沿いの村がはたはたの襲来で賑わう時期に先がけてつくればつくっただけ売れた。ビニール袋も紙袋も量産されなかった頃は、藁でつくった叺が様々な農産物、その他を入れる袋として活躍していたのである。

「昔は肥料ねぇすべ、米とれねぇかったもの。ただ、山から草刈って土と混ぜてたい肥つくって、冬のうち田んぼさ配ってな、やった。金持ちの家だば馬もいたり牛《ベコ》いたりしていかったたって、われわれなばたい肥だけで、そのためにいい作もとれねぇで……一反から五、六俵もあがったかな、あがらなかったな。そして、親方さ余計やるしな」

馬や牛がいるような家ではその糞を肥料にできたため、反当たりの収穫量もよかったし、また、そうした家では田の面積も多くもっていた。それにひきかえ、馬も牛も飼えずに、それに〝親方〟の田ばかりを耕している小作人は、毎年収穫量の半分以上も小作料を納めなければならない。「検査日っていう日にゃふるえているさ」とカネノさんはいう。上質な米は小作料としてとられ、残ったわずかな米と屑米しか食べられなかった。屑米は石臼でひいて粉にし、水でねって〝しだもち〟だといって食べた。昼飯にはこのしだもちを必ず食べなければならなかった。不作の年があれば、その年の小作料は翌年に持ち越され、それがまたさらにその次の年に持ち越され、借金は延々と尾をひいていく。「百姓してて広東米ってば外国からくる米喰ってた」という現象が村々の日常であった。夜叉袋は水田地帯で他に仕事はなかったから、藁一本も無駄にせずに、わらじをつくった。そして「今年は三俵買えた。一〇俵買えた」などといって〝広東米〟を買って食べたのである。

ナミエさんの家ではたった一反だが、田を持っていた。その田は「沢の田でな、三俵も四俵もあがったんべか。短い藁で、そのために叺も織られねば、シビ（甲を包むような形のワラジ。シベ）もつくられね。けら（蓑《みの》。肩から掛けて着る雨具）もつくられねぇず」。それで、大きな農家へ田植えや草とりや稲刈りを手伝いに行った時はその手間賃に藁をもらってきてけらをつくった。

藁仕事は、冬に限らず、田の仕事がない限り行なわれる。

「貧乏人の綿入れ庭にあるってな、仕事すれば汗かいて着るものいらなくなるべ。一生懸命藁打てば温くなってきて汗かくために鉢巻して裸になって、一日使うだけ、お姑さんいればお姑さんの分と自分の分と朝打たねばねぇもん」

朝一番の仕事は藁を打つことから始まる。藁を打って扱いやすいようにし、日中はけらやわらじを作って、夕飯後、翌日使う分の縄をなう。

「夕ごはん終わってから茶碗洗って子どもさ乳飲ませて、イズミさ入れて、それからまた藁打って、明日の分の縄なっていたもんだ」

ナミエさんの子どもは少し大きくなると、近くで遊んでいて、乳が飲みたくなると、仕事しているナミエさんの胸に頭をさし込んで乳首にぶらさがって乳を飲み、腹一杯になればまた出て行って遊んだ。その間、藁仕事の手をナミエさんは休めなかった。だが、腹が減れば親の胸に頭をさし込んで勝手に乳を飲んでいくわが子のたくましい生命力をたのもしく思っていたに違いない。遠い時間を超えて、胸にむしゃぶりついたヨチヨチ歩きの子の頭を撫でるような仕草で、ナミエさんはその時の感動を話すのだ。毎日を忙しく働く女たちにとって、子の強さはうれしかったろう。

縄をなうのは眠たい仕事だ。単調な作業に一日の疲れがどっと出てまぶたが重くなる。

夏なら、夕方になると、蚊いぶしをしてそれから縄ないだ。家から皆出て、庭の真ん中に生の杉の葉やよもぎを置いていぶす。先に乾いた葉を少し焚いて、その上に生の葉をかぶせるようにするのだが、そうすると煙がもうもうと出るから、その煙を箕であおいで家の中に入れる。部屋の隅々まで煙をやれば、蚊は煙にいぶされて出て行った。家の中の蚊がいなくなったところで戸を閉めて夕飯にする。人びとは、「蚊いぶししたか」というのを夏の夕のあいさつにした。

田の草とりを手仕事でしていた頃には、一番草、二番草、三番草までとっていた。三番草をとる時には、腰を折ると稲の穂は腹まで届くほどに成長している。それから少し暇になるので、「盆くるまでに子どもに下駄はかせねばねぇ」とわらじをつくるのだ。わらじをつくった報酬で子どもの下駄を買い、たまには魚を買い、しょうゆを買うなどの日常の生活費の一部にあてられた。

田仕事に出る時期には休みはとれないが、藁仕事は二と七の日の市日には休みがとれる。市日の前の晩は、「明日休みだば今日は縄なわなくてもいい」と女たちはほっとして、縫いものを始める。子どものものをつくったり、自分のものが破れていればそれを繕ったり、子どもは毎日イズミに入れて、泣いても放っておくが、この晩ばかりは、自分のきものの中に入れて、肌にじかに負ぶってやって縫いものをした。身体を少しゆすると、子は間もなくやすらかな寝息をたてる。冬、子を肌にじかに負うとポッポと暖かかった。

冬の夜なべは足袋の繕いに追われる。

「足袋は切れるもんだものな、八人いたもの、毎日足袋のつぎ。型紙コつくっておいて足袋つくって下刺してな、はかしたりしたな」

とカネノさんはいう。足袋の底は目の細かい刺子を施した。

カネノさんが子どもを育てる頃は畳も茣蓙《ござ》さえも部屋に敷くことはめったになかった。

冬のうちだけ藁で編んだ筵《むしろ》を敷いて、夏になれば全部とって、板の間で暮らす。正月や祭りの時なら上敷といって買ってきた茣蓙を敷いたが、その日がすぎればまたとってしまっておく。金持ちの家でも普段は畳は敷かず、高く積んでおいて、物日《ものび》（祝い事や祭りなどの特別な日）だけ敷いた。畳がいたむのをさけたためである。

「冬のうちだけ莚敷いて、あとは板の間拭くだもの。そうするとヒカヒカと光って。なして板の間にするかといえば、子どもにおしめかわねぇずもの。おしめカバーないからなんぼ厚くおしめかったって、小便たれればとおってくるべ。冬だば、莚さバタッバタッと小便の型つくもの。お客さんきて拭くったって、型ついてべ。とれないずもの」

おしめカバーも、おしめさえもあてずにおいて、子どもがたれ流した小便は板の間なら拭けばきれいになった。

中国を四年ほど前旅行した時、ヨチヨチ歩きの子が股のあいた胸あてズボンをはいていた。いちいちズボンをおろさなくても用がたせるわけだ。子持ちの同行者はその胸あてズボンを欲しがって買いに行ったが、衣料はきっぷがなければ買えなかったので、ひどく残念がっていた。

カネノさんが子どもを育てる頃はおしめカバーは売られていなかったわけではないが、村の女たちには高くて手の届かないものであった。

お産した時、油紙を買うのが精いっぱいだった。

「その油紙、親さかくして買った。なんの、なんの、なんの」

と、カネノさんはため息をつく。

「新聞だば、間違っても開けて見られんもんだった。仮名っコついててもなんぼも読めねぇし、親たち、はぁ、承知せねぇんだ。〝おいなば（お前は）新聞読んでた。学者になるか！〟って。読む暇もなかった。田んぼさ行くったって、ごはん食べて茶碗洗っているうちに〝男の人たち行くよ〟っていえば、しめし（おしめ）洗う間もなく田んぼさ行って、田んぼの堰《せき》でしめし洗った」

カネノさんの住む夜叉袋は平地で耕地が多かったから農業の他は藁仕事だけが副業であったが、ナミエさんはけらつくりの他にも様々な仕事をした。

少女時代の子守りはカネノさんもナミエさんも共通の体験だ。

「三年あたりからはぁ子守りして、日中子どもおぶって学校へ行くんべ。授業始まって教室さ入れば、子も這ってくるすべ。そしてギャーギャー泣くったもの。先生、廊下さ出はれ、っていう」

窓開けとくから先生の話聞こえて、先生、そのつもりで廊下へ出すけど、子ども、また泣くったもの。せば、体操場さ行くずや。子どもおろして遊ばせて自分らも遊ぶ。子守りは何人も、男の子守りもいれば、女の子守りもいる。今度授業終わって、みんな体操場さ来るすべ。せば、子守りなぁいられねぇ。休み時間は外さ出ない。どうしようもない。はあ、学校さ行きたくねぇず。学校さ行かねぇで、家で遊んでらった。せば、先生、親のとこさ来て、子ども連れてもいいから来てくれって、それでまた行くずや。たまには雨降って親田んぼさも行かれね、山さも行かれね。休むべ。子どもおいて学校さ行けっていわれて学校さ行ったたって、何もわからねぇず。そのために字は読めねぇし、書けねぇし、まなこは盲、頭はぼんくら、四〇代、五〇代の頃なら、本当に仕方ねぇな、残念なものだなと思って暮らしてきた。とうとう六年まで子ども負ってって、子ども大きくなった時は自分も学校終わったんべ」

ナミエさんは六年生で義務教育を終えて、一四歳になった時には、他の農家へ田植えや草とりの手伝いに行った。けれど、まだ大人のようには仕事はできなくて、

「田の隅っコばかり植えた」

という。

圃場整備《ほじょうせいび》（農地・用水路などの公共事業）をする前は、田は丸かったり、三角だったり、様々な形があった。大人たちが一列に並んで揃って植えていく、その早さにはついていけなかったから、大

人たちが植え残した曲線の畔に沿った様々な形の隅ばかりを植えたのである。だが手間賃は大人と同じように一人前もらって、それがうれしかった。

一七歳で結婚した。裏大町は起伏の多い土地だから耕地が少なく、農業だけで暮らしていける人はわずかだった。夫は出稼ぎに行き、ナミエさんは山仕事もしたし、炭焼きもした。納豆づくりをしていた姑が亡くなってからは納豆もつくって売った。納豆は一日市《ひといち》の朝市へ持って行くとよく売れた。終戦後、草餅を売ったこともある。夜中の一時半か二時までには起きて、米粉をふかし、前日とっておいたよもぎを入れて臼《うす》でつき、草餅をつくる。当時は農家でも米は配給だったからその米を精米所へ持って行き、ひいてもらった米粉を使う。砂糖も手に入らず、塩あんをつけて売ったが、それでもとぶように売れた。朝早いうちに秋田へ売りに行くと、米の売買は統制されていたから、駅に警官が出ている。ホームから階段をあがって行って、警官が出ていないかどうか、確かめて降りていったものだ。捕まれば、その日の稼ぎが一文にもならないどころか、場合によっては罰金までとられてしまう。警察の目をかいくぐって食糧を売りに出た女たちが裏大町には多勢いた。ナミエさんは通りに面した他人の家のひさしの前の隅の方に草餅を並べた。

「立派な服着ただんなさん方、食うものねぇためにおらとこ見つければ買うたもの。繁昌してひゃあ。塩あずきでもけっこうおいしかったんべしゃ。しばらく、三年も歩ってたんじゃねぇか。おもしろいしな。行ってくれれば銭っコ持ってくるんべ」

家へ帰ってくるとあずきを煮て、山へよもぎをとりに行って、そして次の日、まだ夜も明けないうちに起きて草餅をつくり、売りに行った。

藁工品《わらこうひん》という言葉はいつ頃できた言葉なのだろうか。

かつて、雪に閉ざされた冬を、男は藁仕事、女は苧《お》績みをして過ごした、という話を東北で何度か聞いたことがあるが、家族のための苧を績んでいた女たちが、古木綿が入ってくるようになると、麻と交換して着るようになり、後には畳の縁《へり》や蚊帳《かや》など、商品としての麻布をつくるようになるが、その時期は自家用の縄や莚《むしろ》やぞうりやわらじや俵やかますなどをつくっていた男たちの藁仕事が、商品としてのそれらをつくるようになった時期と、一致しているように思う。だがその頃には村々にも貨幣経済が浸透してきて、わずかな工賃で男たちが長い冬を過ごすわけにはいかなくなっていた。男たちは出稼ぎに行き、副業としての藁工品は女たちがつくったのである。〝藁工品〟という言葉には、そうした、自家用ではない、商品としての藁製品といったニュアンスがあろう。

ナミエさんは自作できる田を買いたいため、様々な仕事をして暮らした、というが、耕地の少なかった多くの人々は村を出て行った。藁工品は、村が封建的遺制をひきずった自給自足的経済機構から資本主義的経済機構へと移行していく狭間でつくられたものだ。

ナミエさんは子守りをしながら学校へ通い字も覚えられなかったことを悔み、カネノさんは新聞を読む暇もなかったことを嘆いたが、村々で話を聞くと、語りべの末裔《まつえい》、いや、語りべそのもの、といった女性に出会った。ナミエさんもカネノさんもその一人だ。

ある小作争議

稲刈りの季節であった。もう刈り終わっている田の方が多い。私にとっては珍しい風景だった。田に細い丸太をつき立てて、そこに刈り穫った稲束をかけ乾燥している。松ぼっくりを細長くして、逆にしたような形だ。それが規則正しく田の果てまで並んでいる。

私が幼い頃、茨城県の祖父母の家へあずけられた時に見た形とはだいぶ違う。茨城県では藁を円型に積み重ねて、その一番上はちょうど屋根のようだと幼かった私は思っていた。もっともこれは稲を乾燥しているのではなく、脱穀のすんだ藁を積んでおいただけなのかもしれない。稲の乾燥の仕方は様々な方法があるのだろう。新潟の方へ行くと田の畔道《あぜみち》に梢《こずえ》の方だけ枝葉がついたはんの木が何本も並んで植えてあるのが車窓から見えた。畔道のはんの木は稲を干すためのものだと聞いた。

山形に着いて列車待ちの時間が少しあったので本屋を探していると、その途中で、松ぼっくり型に稲を干した写真に〝天然乾燥の山形米を〟といったキャッチ・フレーズがついた広告が目についた。人びとに話を聞くために旅を始め、それがいつしか生活の習性になりつつあるが、ふと気がついてみると、村の人びとの労働の根幹ともいうべき米つくりについて何ひとつわかってはいない。

農民にとって米とは何だったのだろう。

激しい労働の中で一人で子を産んだ話をしてくれた藤枝なおさんは、田にまく肥料もなく反当たりの収穫は現在の二分の一以下であったといい、藁仕事を副業にした伊藤ナミエさんは、田が少なかったから、他の農家へ田植えや草とりに手伝いに行き、その手間賃を藁でもらってきたといっていたが、女たちがいつも激しい労働の中に身を置かなければならなかったのは、農業技術の未発達なためだけだっただろうか。和賀町の高橋リキさんは、農民は凶作に備えて普段から心がけておくから昭和九年の凶作の年はなんとか越したが、戦争が始まって供出米を出さなければならなかった時は、それが何年も続いたから昭和九年の凶作のあった時より苦しかった、といっていた。リキさんの話は天然自然を相手に生きる農民の自信のようなものを感じさせたが、村に米がなくなる恐怖が凶作よりも戦争という人為的な原因であったように、村々の恒常的な貧困は、より多く人為的な原因であったと、考えてみれば当然のことかもしれないことに思いあたって、田畑の小作料がどのくらいのものであったのか気になりはじめた。

山形県は秋田県と並んで全国でも最も小作争議の多く起こった地域である。

山形県の小作争議は庄内地方と村山地方を中心に展開されている。平野部の庄内地方の小作争議は、小作人といっても二町歩（一町歩＝約九九一七㎡）程も耕作する中農を中心に起こされているのに対し、山間部の村山地方では、一町歩前後の貧農を中心に展開された。中でも小田島事件は農民運動史上に残る大争議であった。

いわゆる〝小田島事件〟は昭和六年三月七日に起こっている。その経過を新聞で辿れないものかと地元の山形新聞を見てみると、その当時の世相が浮かんできた。少し横道にそれるが、目についたいくつかの記事をあげてみよう。

例えばこんな記事があった。

〝狼のやうな周旋屋　娘弄《もてあそ》び　母を裸に　よってたかって喰いものに　山形署に訴へ出る〟

夫に死に別れ、その上、病身で働けない母娘の貧窮につけ込んだ周旋屋が娘を弄び、七〇〇円余をすぐにも渡すという話だったが、わずか七〇円しか寄こさなかったという昭和五年一二月二一日の記事だ。

昭和初期、東京の吉原や洲崎で働く娼妓の出身地は山形県が最も多かった、という調査報告が『大凶作の東北地方　原因・現状・対策』（圖司安正《ずしやすまさ》著）にあった。また、

〝娘を売る前に役場に相談してください〟

といった内容のポスターが掲示板に貼られている写真を見たことがある。当時山形県の各警察署は娘売り防止に躍起となり、そうした問題の多い村へ出かけては〝娘売り防止座談会〟を開いていた（同著）。

藤枝なおさんが話していた堕胎罪の取締りが厳しくなったのもこの頃だ。

昭和六年一月八日の記事に〝廿余名に堕胎　懲役に不服　子おろし女控訴〟とあったが、一月一八日には〝子おろし女　控訴取下げ〟となっている。一部を引用してみよう。

大正十四年七月以来同村菅原とめ（二一）仮名外十五名の依頼を受け或る危険な方法で、堕

胎を施し五六円宛の料金を取つてゐたものであり、……

避妊薬と器具の販売も取締りの対象であり、ニュースだねとなっている。

〝避妊薬と器具　警察で恐い目　内務省からお布令　県衛生課でも慎重取締る〟

最近県下に南村山郡堀田村、東村山郡山寺村等避妊奨励の村を続出し山寺の壬生ヒロ子女史の推選する避妊薬及び器具等を販売する者が多くなつたので県衛生課はこの検査を行ひ取締つてゐるが内務省衛生局は避妊は自由であるが人体に害のある避妊薬及び器具の販売等は直接国民の保健に関係するから特にそれ等薬品及び器具の取締を厳重にせられたいと通達を発し新に避妊新薬取締規定を作成しそれ等の違反者は厳重に処罰することになつた。

昭和六年一月七日の記事である。

〝産みおとして知らぬ顔の母親〟というタイトルの記事も目をひく。尺八吹きの内縁の妻が木賃宿に滞在中、男児を産み、米沢産婆会が無料で取り扱っていたが、子どもの名前もつけず、戸籍上の手続きもとらなかったため、木賃宿の主人と人事相談所が協議の上、秀夫と命名して書類を郷里の役場に郵送したが、子を産んだ女の生家は所在不明となっていて返送されてきた。木賃宿で生まれ、秀夫と名づけられた男の子は、その後、無事に育ったかどうか……。

〝立小便を手拭で包んで帰る〟という傑作な話もある。

二十七日午前五時頃山形市（一字不明）町筋で三十四五歳位の中流婦人が甚だ失礼な立小便して居た。

これを四日町派出所の佐藤巡査が発見し「コラ〳〵」とかなんとか叱りつけると婦人は矢庭に黄色を呈した部分の雪を掬ひ上げ手拭に入れてしまひ込み「これで何でもないでせう」と立ち去ろうとする。

佐藤巡査は呆然としてしばらくは女の動作を見てゐたが、考へて見ると甚だ人を馬鹿にした話。矢庭に憤慨して追ひかけ、とっつかまへて署に同行し、取調べた処この女は山形市（一字不明）町農川台与左衛門妻みよ（四二）仮名と判明。

「小便を手拭にしまつてどうするつもりだ」と詰問すると「へーイ家へ帰つて桑の木のこやしにします」の答弁――これには警官もデングリ返つて、ダアと参つた。

秋田県出身の詩人黒田喜夫《きお》が『死にいたる飢餓』の中で、「三里も先から我慢してきて己の畑にする男」について書いていた。それほど我慢してきて己の畑にするのは肥になるからだ。同著の中で農家の便所が母家から離れていたため、こんなおまじないがあった、とも記されている。

夜糞どの、夜糞どのう
今晩はいいさけ
どうかあしたの晩からは
来ないでけらっしゃーい！

私の祖父母の家も便所が外にあって、皆が寝静まった夜中、尿意をもよおして起き、戸口の所まででいったのだが、薄暗闇の中の戸はなぜか開かず、仕方なく戸の側のたき木を置いたあたりの土間にオシッコをしてしまったことがある。翌朝起きてみると、祖父母は土間の湿った部分を見て、「おかしいな、雨もりでもしたんだろうか」と首をひねっていた。その頃このおまじないを知っていれば、幼かった私も寝る前に毎晩となえていたに違いない。その祖母は野良ではモンペをおろし、きものの裾をヒョイとはしょってやや膝を曲げて立小便をした。男の小便は前に飛ぶが、女の立小便は後へ行くものだと、その時思った。あるいは足と足の間ぐらいに落ちたのを、実際よりは後の方に感じたのかもしれない。山形の〝中流婦人〟もきっと祖母と同じ姿勢で立小便をしたに違いない。

小田島事件が起こった翌日の昭和六年三月八日の山形新聞では〝事件〟を次のように報道している。

〝蓑笠姿の農民三百余名　地主宅を襲撃破壊小田島村争議遂に暴動化し戸障子を滅茶苦茶〟

北村山郡小田島村地主本間吉五郎と小作人奥山竹造外一名の間に一ケ月程以前より小作争議が続けられその後紛糾を重ねてゐたところ過般地主側は争ひの田地に肥料を運搬し始めたので小作人側が全農組合の応援を受け小作米を不納にしろ、あくまで抗争すると意気込みこれ亦肥料を運搬し始めたので俄然形勢不穏化して警察側で警戒中だつたが七日午前十一時頃全農組合員三百余名は熊谷、高屋リーダーの下に蓑笠姿で物々しく地主本間宅を包囲し喊声をあげ耕地の返還を要求して拒絶されたので手に手に棒切れ石等を持つて地主宅を襲撃し戸障子等をメチヤ〳〵に破壊し折柄用談中の本間宇吉の頸部を殴りつけ擦過傷を負はした外にも一名の負傷者を出した。

急報に接して楯岡署から警官数名急行したが激昂した群衆に手の下す様もなくたゞ傍観するの止むなき状態で時経て群衆は気勢をあげてあつたが退去した。

昭和九年に発行されている財団法人協調会編の『小作争議地における農村事情』に記されている〝小田島事件〟は多少ニュアンスが違っている。要約すると……

小作人側が全国農民組合小田島村支部島大堀班と記入した赤旗を係争中の小作地である畑にたてておいたが、地主は三月六日に雪消しのため土撒きをし、その旗を自己所有地内より拾得したと小田島村巡査駐在所に届け出た。駐在巡査はただちに争議団本部に事情を告げ旗を返そうとしたが、全農常任委員熊谷栄一ら数名は組合旗は自分たちがたてたものであって落ちていたはずがない、と受け取らなかった。さらに巡査は小田島村全農支部長奥山某氏をたずねて赤旗を返した。その夜全農幹部は協議の結果、三月七日午前八時を期し、争議地に共同耕作をする計画をたて、組合員及び青年部員は「シャブロ」(シャベル)携帯の上参集すべき旨伝えられた。七日には約一二〇名の小作人が争議地に集まり、共同作業終了後の午前一一時頃、地主を襲撃することに一決《いっけつ》し信夫某氏外一〇名の交渉委員をあげて地主本間某宅を訪問し、座敷に上って地主代理人本間某の弟と交渉中、当該小作人某の長男と代理人である弟と口論を始めた。共同作業を終えてデモを決行し、地主方に押寄せた組合員は交渉委員に約一〇分程遅れて到着し、同家土間に充満し、脅迫的言辞を弄して気勢を示し、口論中の両名を見ると、主謀者等は「ヤッツケロ」と怒号煽動したため、小作人は地主代理人の両手をとり、約二メートルひきずり、主謀者某は地主を蹴り、一〇〇余名の組合員は土足のまま座敷に上って地主を殴打し、あるいは蹴る等の暴行を働き、また傍にいた地主の長男他数名に暴行を加え、地主に対して全治二週間の傷害を加え、戸二枚、こたつ、やぐら一個を破壊して引揚げた。

小作人等が携行したものが山形新聞では石と棍棒、「農村事情」では「シャブロ」と棍棒になっており、傷を負ったのは新聞では本間宇吉であり、「農村事情」では地主(本間吉五郎)となっている。戸障子をメチャクチャにしたという新聞記事のその内容は「農村事情」では戸二枚、こたつ、やぐら一個となっていて、〝事件〟の細部はもはや活字に記された資料からは知るべくもない。

太田吉太郎、いと夫妻（共に明治三九年生まれ）は日当たりの良い部屋で揃ってこたつに入っていた。

「小作争議起きたあたりは私は二五歳だね」

と、いとさんはいった。

数え二〇歳の時に嫁いできて、次の年の正月には長男が生まれ、小作争議が起きた頃はその子が四つになり、次の子が生まれたばかりだった。

「起こしたっていうんだか、起きたっていうんだか、ね、じいちゃん」

と、いとさんが誘い水をかけると、吉太郎さんは「起こしたんよ」とそれを受ける。

「自然にものごと起きるんでねぇもの。幾人かの中心人物がいて、運動目標というものを掲げて、この旗のもとに集まれということを議題なら議題、スローガンならスローガンに掲げてきり出す者がいなければどの組織だってできないよ」

吉太郎、いと夫妻の住む押切は現在では町村合併で河北町になっているが、昭和初期の頃は谷地町であった。河北町というのは最上川の北に位置していることから名づけられたというが、夫妻の家は最上川のすぐ近くにある。

村山地方の農民運動は谷地町を中心に展開されるが、そのはじめは「青潮会」という文化サークルであった。『山形県農民運動史――昭和恐慌期における村山地方の農民運動――』（山形大学岩本ゼミナール、武田米男）によると、青潮会は文芸に興味を持つ青年たちの集まりであったが、次第に政治的、社会的問題に傾斜してゆき、大山郁夫（政治学者・社会運動家。一八八〇〜一九五五）らの影響を受けていった。大正一三年に大山郁夫、安部磯雄（キリスト教社会主義者。一八六五～一九四九）等によって「政治研究会」が設立されると、青潮会も「政治研究会谷地支部」と改称し、新たなスタートを切った。その後、大正一五年に政治研究会が治安維持法違反で結社禁止になり、「大衆教育同盟」と組織を改めたため、谷地支部も「大衆教育同盟谷地支部」とした。さらに大衆的な無産運動を展開した「労働農民党」の影響を受けて昭和二年二月には「労働農民党谷地支部」となって、大山郁夫らを迎えて、創立大会を開催した。この大会が農民運動高揚の契機となっている。この頃、旧制山形高等学校の社会科学研究会と交流が盛んになり、実践活動として農村問題がとりあげられるようになっていた。そして同年秋には「村山農民期成同盟」を設立し、各地で演説会や集会を開き、農民の中に入っていった。また、労農党支部員と山高社研の学生は、労農組織の先頭に立って闘争を推進するという目的で、二年七月に「全日本無産青年同盟山形支部」を組織しており、農民運動の推進母体として、九月に「日本農民組合山形県支部連合会期成同盟」も結成している。

こうした経過を辿って一一月二〇日、「日本農民組合山形県連合会」の結成に至ったのである。小作争議等の本格的な農民運動が展開されるのは、この時からである。

吉太郎さんは日農県連結成以前に運動に参加していた。山高の学生らとともに無産新聞を読み、社会のしくみについて考え、地主と小作人の関係の矛盾を痛感していた。

いとさんは当時の生活を回想する。

「田んぼもいまみたいに機械じゃなくて手仕事ばかりだったから、稷り入れもまだまだこれからだっけからね（一〇月半ば以降）、で、稲稷って運んで、そいつをこいで、それから俵につめるんだもの、年貢はかりの頃には雪降るな。われわれ子ども時代の時、米こしらえたとて、みんなして俵重ねる用事あった。私の家は米置くとこなくて家ん中へ重ねたからね、ずっと重ねて、たんと重なったって子どもながら喜ぶな。今度、年貢はかりだって持っていくと、よくよくなくなるんだ。がっかりするっけな。五〇（俵）とったって、それ、三〇もとっていくもの、少ししか残らねもんね。日照りだの、水害あったっていうとまだ残らなくなるんだ」

小作料は旧正月までに決済しなければならなかった。まだ雪の降らないうちなら荷車に積んでいったが、稲刈りが終わって、稲こぎをして、俵につめる頃には雪が降り始める。この辺の小作人は、雪の中をソリに俵を積んで地主のところへ運んだ。大地主の門前には〝年貢はかり〟にきた小作人らの荷車やソリがズラリと並んだ。

「地主さ年貢はかりって、米持っていくわけだ。米持っていって年貢はかって昼間になると、だんな衆、まま喰えっていわなければなんねぇ。他のだんな衆はまま喰えっていったんだけど、谷地のだんな衆、いっこうほうだこと（そんなこと）ねぇ、塩づけまんま喰わせた」

塩づけままとは、冷飯にただ湯をかけただけのものである。

昭和五年の村山地方の農家の耕地面積をみると、五反未満が二九・五％、五反〜一町が三一・五％

で、一町未満の農家が六一％も占めてしまう。一町〜二町も二八・〇％で二町未満は全体の実に八九％に達する。二町以上を耕作するのはわずか一〇％にすぎない。また、自小作別農家戸数をみると、昭和六年には、自作農二一・三％、自小作農四五・二％、小作農三三・五％だ。これは全国の、それぞれ三〇・六、四二・六、二六・八に比べても、山形県の二二・九、四四・八、三二・三に比べても、自小作農や小作農が多く、自作農が少ないことがわかる。水田が少なく、畑地が四四・二％（大正一五年）と多いのもこの地方の特徴だ。

稲作だけでは生活がなりたたなかったため、畑地の多くを桑園にして、養蚕によって生計費のかなりの部分を補わなければならなかった。また、谷地町や小田島村では藁《わら》加工品、主に草履表《ぞうりおもて》（足の裏に触れる、草履の上の部分）をつくっていた。

「私ら子どもおがす（育てる）時、草履作りというのをしたのよ。藁フス（藁の節と節の間のしっかりした部分）抜いて、草履つくって、学校の小遣いだの、毎日の魚買って喰うだのっていうのに使うんであった。みんな家内揃って、子どもは学校から帰って来るとフス抜きとか、フス切りとか下ごしらえする。十把切るとか、小さい子なら五把切るとか割りあてて、母親やばんちゃ（おばあさん）らは一生懸命編むのよ」

草履表を編むのは女や子どもたち、年寄りの仕事であった。野良仕事がない時には、いつも草履作りをした。

「なんぼ年寄りだっても床さでもつかねぇ限りはフスむいてくれたりするんだっけ。そのくらいたいへんだから小作争議が起きたんだっけ。暮らしててたいへんだから組合つくるに造作なかっけな」

いとさんはこういった。

〝貧困〟という原因があったとしても、吉太郎さんがいうように、自然発生的に農民運動が起こるわけではない。同じ山形県でも耕地に恵まれた庄内地方の農民運動は二町以上を耕作する中農によって展開されており、全国の農民運動を見ても、必ずしも貧農がより多く争議を起こしているわけではない。村の中の耕作地の少ない極貧農は小作人であることからさえもこぼれ落ちてルンペン・プロレタリアートとなっていく。だが村山地方の農民運動はルン・プロ化するギリギリの下層貧農によって果敢に闘われたのである。けれど、前述の経過から見れば明らかなように、やはりはじめは地元の文化人や、旧制山高生によってそのきっかけがつくり出された。そして、日農県連結成以前からこの運動に関わっていた農民はごく少数だった。そのごく少数の一人であった吉太郎さんはいう。

「昭和二年だな、谷地に組合ができたのは。さし迫った状態に追い込まれている連中がたくさんいるんだから。各支部から、困ったことがあったら支部へ申し込んできてくれ、という具合にしておくと、いっぱいくるんだな、似たりよったりの環境だから」

日農県連が結成された頃は、納米期前は小作料軽減問題を中心に、納米期後は耕作権の確立問題について各地で演説会や座談会を開いたが、農民が最も深刻な問題として抱えていたのは、土地取上げ問題だった。日農県連結成間もない頃は、小作料軽減を地主に要求する運動まではいかず、地主の側から投げかけられた土地取上げに対して抵抗するという、いわば受身の闘争であった。

「農民に呼びかけるにはよ、いま困っている事実問題を拾う。そして問題を抱えていそうな家へ行って、実はこういう問題できているのだ、と話しかける」

吉太郎さんらは農家を一軒一軒まわり、何月何日には演説会を開催するから参加するように、と呼びかけ、特に問題を抱えているような農家へは何度も通って、その問題の善後策について相談した。

太田さんの家は田二町歩、畑六反を耕作していた。借金はなく、家族が力を合わせて働けば、なんとか暮らしていけた。

「私の家ではお舅姑様が稼いでくれて、貯めてくれたからそうでもないけど、小作人ら、借金がたまってんだよ。一反歩で三俵半なら三俵半と、きちんきちんと（小作料を）払っとればなんとか暮らしていけるけど、（借金が）たまっている人たちは困っていたな」

吉太郎さんは小作農民は、小作料に縛られた囚人だという。

「地代で生きている連中はだいたい人間らしい生活したけど、その他の人たちはみじめだったよ」

「地代で生きてる人たちは若い衆おいて下女おいて暮らしたさけな。だけど普通の人たち、少し役だつと子守りいかされたとか、下女いったとか」

「まかり間違うと売られるんだから」

吉太郎さんといとさんはこんなやりとりをした。そして娼妓に売られた一人がだんなに身受けされて村に帰ってきた、ともいった。その人はこの近くの娼妓屋で働いていた。東京の吉原や洲崎には山形県出身者が多くいたと例の統計では示していたが、東京へ行くなどといえば地の果てまで行くように思っていた時代だったから、そんなに遠くまでは行かなくたって、この近くのちょっとした町にはどこにだって、そういう所があったんだもの、と二人はいった。

いとさんは、農民運動に没頭して村々をかけまわる吉太郎さんの留守中、舅姑とともにひたすら働いた。

「この人、（農民運動で村々を）走っているから、自分が働かなければと思って、デンと働いた。お舅さんと二人で。お舅さん若くておれの亭主みたいだっけな」

いとさんは農民運動に直接的には参加していない。いとさんにとっての農民運動は夫の分まで働くことだった。だが関心がなかったわけではない。吉太郎さんのところに連絡にくる組合幹部の話をいとさんは興味深く聞いていた。政治の話はおもしろかった。夜の更けるのも忘れて、なるほど、なるほど、と何度もうなずいて、夫や組合幹部らの考えを受け止めていたのである。

吉太郎さんは「運動はおもしろいよ」という。「でもたいへんでしょ」とたずねると、

「組織するのがたいへんだしよ。たいへんにはたいへんだけど、自分の思ったことをいえるんだから。小作人は絶対地主に対して何もいえなかったんだからね。そいつ、それまで閉鎖されてることをだな、しゃべられるんだからおもしろいよ」

〝いう〟ことはただ単にしゃべることではない。土地取上げをやめろ、あるいは小作料を減免しろ、

ということを、相手に通じさせることだ。〝いう〟ことは現実を変えることだった。現実を農民の力で変えられることがおもしろかった。

日農県連は昭和三年に上部団体である「日本農民組合」が「全日本農民組合」と合同し、「全国農民組合」を結成したのに伴って、「全農県連」となっている。

谷地町にあった組合本部事務所は谷地本町の蔵を借りたものだ。蔵は、夏涼しく、冬暖かく、なによりも外部に中の話し声が聞えないのが好都合だった。活動は農家の決済期である冬に集中する。夏は農作業が忙しくて皆が思うように動けない、ということもあった。

「行列やっから、デモやっからいついっか来てくれ」

と呼びかけると二〇〇人位集まった。最初はデモに参加すると地主ににらまれるというおそれを抱く者もあり、活動家を中心に行なわれたが、手拭いでほっかむりをすれば顔はかくれた。

「悪い地主は倒そう、とか、風水害の減免は当然だ、とか、これをきかない地主は粉砕しよう、とか、ずっと赤い旗立ててよ、名前出してよ、やんやとやられることを地主どもは非常に嫌うわけだ。後の方は莚《むしろ》立ててよ、莚だと重いから花莚、あれだと持って歩くのに軽いんだ」

谷地町の組合は村山地方の農民運動の中心となっていたが、谷地町の農民から提出された問題の多くは争議まではいたらず話し合いや団交で解決している。

「一ヵ所あったね、争議になったのが。そこまでいくにはよっぽど話がこじれちゃうからね」

その争議は水害を受けた田の小作料減免要求だった。

「地主が刈り取る前の稲を差し押さえる、立毛差押《たちげさしおさ》えという態度に出て、ちょうど今頃（一〇月半ば）、裁判所がこの田に入ってはなんねぇ、という立札を立てた。それをひっぽかして投げて、田に入って（稲を）刈り取る。すると警察くるわけだ。警察とチャンバラ始まるわけだ。一〇〇人も二〇〇人もで刈り取る。地主側は契約にもとづいて耕作させているのだから（小作料を）まけられないと主張する。風水害を除外した契約だからその通りはできない、というのがわれわれ小作側の理由だった。この話がわからないか、と警官にいう。その当時の巡査はたいがいが農家の次、三男。どこさも行くとこねぇから警察さ行ってるわけだ。ダツダツするよ、お前らのお父さんがこういう具合になったら、おやじのこと取締るのか、って。ものごとの善悪わきまえて取締るのでなければ、人間でねぇって。犬野郎だって、こうだ。田ん中で格闘始まるわけだ。それで格闘した時はよ、いったん退却するった。一〇〇人も二〇〇人も入ってるんだから、（少数の警官は）攻めたてられねぇから。その主流とみなされる連中は警察で要注意として目ぇつけとくんだ。そして、次の日、ガチャガチャと、五、六人来てひっぱっていく。家さいったん帰るわ。そこをねらってひいていくんだ。なかなか向こうもうまいわ。争議にならないものもたくさんあった。小作問題を次々解決していくからだんだん組合員は増えていく。経済闘争版としかいえないからだが、その背景をなすものは、国体というものの変革に一番の根をおろしているんだからね」

この小作料減免闘争が闘われた昭和三年には、谷地町北野支部では村民の約半数が組合員になった。だが、翌昭和四年四月一六日に全国的な規模で行なわれた共産党及び左翼団体への弾圧、いわゆる四・一六事件が起こる。その際、全農県連幹部をはじめ四〇名が検挙され、大きな打撃を受けた。だが、同年秋には再び勢力をもり返し、翌年にかけて行なわれた小作料減免闘争は田三割五分、畑五割の要求をほとんど勝利解決している。

こうした中でニューヨークの株価暴落に端を発した経済恐慌は、農業恐慌となって村々を襲った。米や繭《まゆ》の価格は暴落し、肥料や生活物資は高騰した。この農業恐慌の打撃を最も強く受けたのが養《よう》蚕《さん》地域である。明治以降の富国強兵策から昭和初期の軍国主義に至る経済的基盤となったのは主として生糸《きいと》輸出であるが、国際経済の変動に常に晒《さら》されていた養蚕農家は、この時、徹底的な打撃を受けた。村山地方も例外ではなかった。

農業恐慌下にあった昭和五年の全農県連の活動は小作料減免闘争をはじめ、村内民主化闘争、電燈料値下げ闘争、養蚕農民救済闘争等と多面的になっている。また、金融恐慌で地方銀行が破綻をきたし、銀行に預金していた中小地主が破滅に追いやられ、土地転売を図ったり、あるいは、小作地を引きあげて自作農となる、という状況もでてきた。全農県連は土地を売却する場合には、小作付きで売るよう地主に要求し、耕作権擁護の闘争を行なうことを前年度に決定しているが、中小地主との土地取上げ反対闘争はより熾烈になった。

中小地主の没落に伴う土地売却、小作料未納等が原因である土地取上げ反対闘争は争議の大半を占めていたが、組合員でない小作人の関係地も多く、闘争の過程で多くの小作人が組合に加入している。このように次第に勢力を拡大していく農民運動に対抗して、この年、地主側も大地主を中心に地主組合を結成した。

昭和六年一月に、全農県連第三回大会が開かれているが、この時、組合員数は七〇〇名、支部二五、支部準備会七に達している。

小田島事件は、日農県連結成以来、みるみる勢力を拡大し、地主に大きな脅威となっていた農民運動を、内務省の命を受けた県特高課が総力をあげて壊滅させようと徹底的に弾圧した事件である。

舞台となった小田島村は、村山盆地のほぼ中央にあり、水利の便に恵まれた純農村であった。昭和六年の総農家戸数は四六九戸、このうち自作農は三七戸、小作一七五戸、自小作二五七戸で、自作農はわずか七・八九％にすぎない。耕作地は、五反未満が九一戸、五反以上一町未満が九三戸、一町以上二町未満が一四八戸、二町以上三町未満が二三戸、三町以上五町未満が一一四戸となっている。平均すると、一戸あたりの耕地面積は一町四反であり、全国平均一町六畝《せ》に比べると多い。だが、小田島村は畑地が多く、水田の面積は一戸あたり六・三反にすぎず、副業の養蚕その他に生活のかなりの部分を依存している。また、小作料は反当たり、最高一石四斗、普通一石二斗、最低一石と高率であった。

全農県連小田島支部は、昭和三年に設立されて以来、村山地方の小作料減免闘争の主要拠点となっていた。農業恐慌の渦中にあり、不作であった昭和五年には小田島支部は、田五割、畑全免の小作料減免を地主側に要求した。地主側の組織である「振農会」はこれを拒否し、昭和六年二月三日、小田島支部野田班の二名の小作人に対し、田四反一八歩、畑五反七畝七歩の土地取上げを通告した。

このため、農民組合と地主側は鋭く対抗し、一触即発の状態であった。こうした中で、三月六日地主側は雇った人夫を動員し、この土地の慣習となっていた雪を消すための土撒きをし、組合側が立てておいた赤旗を引き抜いて駐在所に届けたのである。これに激怒した小田島支部は七日朝、組合員を動員し、争議地で共同耕作をした後、地主宅に向かい、乱闘となったというのが〝小田島事件〟に至る経過だ。

当時、小学校へ入ったばかりだったという太田孝市さんを、その頃、小学校の教師だった村山ヒデさんに聞いてたずねた。前もって電話をすると、稲刈りの最中とのことで、約束を二週間ずらしての訪問だ。車窓から見える田は八割方、稲刈りを終えていた。太田さんの家では孝市さんが東根市の圃場整備《ほじょうせいび》事業にたずさわる財団法人に勤め、奥さんが農業をしている。田植えや稲刈りなど忙しい時には、孝市さんも休日や朝早く起きて農業をするそうだ。孝市さんの勤めの終わるのを待って夜分訪れると、お母さんであるキヨさん（明治四〇年生まれ）とともに待っていてくれた。改築したらしい家だが、居間は古い農家のおもかげが残っていて、落ちつく。

時を刻む時計の音が静かに響いていた。

キヨさんの夫、孝太郎さんは一八年前に六〇歳で亡くなっている。孝太郎さんはまだ小田島支部が結成される前に、花見だと偽り、山形県ではじめてのメーデーに出かけ、赤旗をたてて検挙された。それは、参加者が川原に集まり、集まったところで赤旗をたてた途端検挙されるという悲しいメーデーであったが、その後小田島支部結成の準備は着々と進められたのである。

太田さんの家は田一町二反、畑二町を耕作しており、小田島村では多少恵まれた方だった。吉太郎さんがそうであったように、多くの場合、経済的にゆとりのある人が農民運動の指導的立場に立った。できる者が先頭に立って闘う、地主と農民が対峙した時、それが自然の成行きだった。

孝市さんは孝太郎さんに連れられて演説会へよく行った。演説会は、子どもの孝市さんにもおもしろいものだった。小学校も満足に出ていない農民が演壇に立って弁士となるのだから、様々なハプニングも起こる。いまでも小田島村の人びとの記憶に残って笑い話にされるのが「この演壇にさ、か登って……」と、きり出した演説だ。だが、農民も次第に演壇に立つことになれていった。演説会には必ず警官がきており、弁士の演説を演壇の側にいて監視している。地主に対する攻撃が激しくなると必ず〝中止〟と声がかかり制止される。演壇に上がって二言三言も発しないうちに中止される弁士もいた。制止されても止めない場合は警察に連行される。〝中止〟の前段として〝注意〟というのがあったが、心得た弁士は比喩やたとえ話で話を展開し、〝注意〟で終わりまできり抜けた。孝市さんは何度も演説会へ行くうちにすっかり慣れ、〝中止〟の声がかかると、「だんな様、〝注意〟ですか〝中止〟ですか」とやんちゃに警官をからかった。

「すずめは大砲で打つべからず」

六つ七つの時に聞いた弁士の言葉が今でも印象に残っている。

演説会には地主の息子や巡査の弟等も様子を見に来ていた。地主の息子は頭からすっぽりマントをかぶって聞いていた。地主の親族でも農民組合に理解を示す者もいた。小田島村には野田、蟹沢、島大堀、郡山と四つの集落があったが、孝市さんの住む島大堀は三分の一程度が組合に加入していた。クラスの中でも二、三割は組合員の子弟がいた。『小作争議地に於ける農村事情』に当時子どもたちの間で行なわれた「無産遊戯」という遊びが記述されている。

筆者が村民より仄聞《そくぶん》したる無産遊戯の内容は――小作人の子供等が相集って、小無産党を組織し、無産党演説会を始め、地主の子供の警官は「弁士注意!」「弁士中止!」「解散」等をなし無産演説会の「解散!」を命ずるや、小作人達の小無産党員は雪崩行きて小警官を叩く等して、泣かしめること等である――

孝市さんも、この〝無産遊戯〟の記憶があるという。また、警官の姿を見ると、組合員の子どもたちはゾロゾロと後をつけてゆき、サーベルの鞘《さや》を動物の尻尾をつかむようにつかんで離さなかったり等といったいたずらをした。

村に小気味よい悪童が何人も育っていたのだ。

学校でも農民組合について不正確に教えられると必ず手をあげて反撥した。小作人側に身を寄せてみていた村山先生は例外的存在で一般的には教師は農民組合の実情を正確に把握していなかった。だから孝市さんが実例をあげて反駁《はんばく》すると、教師はそれにたちうちできなかったのである。

前出の『農村事情』はその辺の状況についても記している。

学校にては「稼ぐに追付く貧乏なし」と修身では教へるが、父親は朝早くから、夜暗くまで幾ら働いても貧乏である。自分達も学校から帰ると子守、縄ないをせねばならぬのであるが、かうして造り上げた米はミンナ地主に持つて行く、しかも高い税金をとるといふ考へを持つて、学校の先生の教へは嘘であると公言する様になり学校教育に反対の態度を持したが、これに対する確固たる指導精神なく、唯力を以て進んだのであつた。現在でも意識の強い児童は、学校教育に不満を持ち農民組合運動は正しいものであるとの念を抱いて居るものが少なくない……

これは小田島事件をきっかけに農民運動が弾圧された後に書かれたものだ。

孝市さんの家には農民運動を指導する旧制山高の学生がしばしば泊まり、いわば、山高生の宿泊所となっていた。山高生らは農作業を率先して手伝い、小作人同士の間でも、組合員の家で仕事が遅れている所があれば助け合っていた。闘争に組まれた共同耕作が次第に日常化していたのである。

キヨさんは母方の実家が医者をしており、恵まれた家に生まれたが、お母さんの身体が弱く、生後間もなく里子に出された。四つの時に生家に帰ったが、七つの時にはまた、孝太郎さんの家にあずけられて、大事にされ兄妹のように一緒に育った孝太郎さんと一七の時に結婚したのである。

キヨさんも、直接には農民運動に参加していない。けれど、山高生らが常時泊まっていたので、せっせと若い学生の食事などの世話をした。また、孝太郎さんはビラを貼るのが早く、ビラ貼りの名人であったが、その糊をつくる等、細々とした組合の仕事がたくさんあった。ビラや重要な組合の書類がたくさんあり、それは、二重底にした抽出しの底にしまっておいた。

農民組合員らは警官がきた時のために〝南蛮いぶし〟という戦術を編み出したが、キヨさんも警官がくると、赤ん坊をえじこに入れて縁側に出し、風にあてて置いて、いろりの火に南蛮（とうがらし）をくべていぶした。キヨさんは度胸がよかった。野田の方の人は、家宅捜査に警官がきた時に、笹の下に敷いて置いた書類が気がかりで、その上に行って坐ったために見つけられたが、キヨさんは、警官が調べようとすると、例の二重底の抽出しを勢いよく、「どこでも見てけらっせ」と次々開けた。警官は、その剣幕に圧倒されて、「もういい、もういい」といって、ろくに調べもせずに帰っていった。

粉薬を包むように見せかけた上質の紙に通信文を書いて伝達手段としたのも農民たちの間で考え出したものだった。見つかった時には、飲み込んでしまえばよい、と小さな〝粉薬〟を連絡員は持ち歩いた。

キヨさんは、農民運動に奔走する孝太郎さんを全面的に支持していたわけではない。農民組合員は村では少数者だったから、少数者の主張が地主に通るものかどうかを懸念した。だが、キヨさんは孝太郎さんのすることに従った。それが当時の女性たちの習慣であったととらえることもできようが、ふりかかる現実を受身で受ける習性は、女性たちの懐の大きさでもあった。

小田島事件が起きた時、孝太郎さんは他へ連絡へ行っており、野田へは行っていなかった。だが、関係者は一斉に検挙されている。

孝太郎さんは前の晩、「きっと今晩のうち逃げねぇとわからねぇど（だめだぞ）」といっていた。キヨさんは、夜が明けないうちに逃げるんだな、と覚悟していた。だが、側に寝ていたのに、孝太郎さんが逃げていったのを気づかなかった。警官が家のまわりをグルリととりまいているので目がさめた。孝太郎さんは高窓を飛び越えて逃げていったのだ。まだ暗いうちだった。冬だからつまごわらじをはいて、最上川まで行った。最上川を舟越えしなければならない。そこには警官が多勢出動していた。行先を聞かれた。

「母親が風邪ひいて寝たもんださけで、ぶどう食べてぇっていうからぶどう買いに行くとこだ」

孝太郎さんは警官をだました。

「あ、そうか、じゃ大事に」

警官はそういった。

孝太郎さんは小田島村からは遠い、親類の家へ逃げてつかまらずにいた。警官は孝太郎さんの留守宅に何度もきた。キヨさんが柱のところで草履をつくっていると、警官は、「あんたはこんなところにいるような人ではない」と警官流の同情をした。〝良家〟の出身であるキヨさんに対しては警官は遠慮があったが、孝太郎さんの両親は青竹で叩かれた。捕まっていない組合員の家はどこの家でも同じだった。皆、家族が徹底的にいじめられた。孝太郎さんは年寄りが青竹で叩かれるのを知って耐えられず、結局出てきて捕まった。

「弾圧ひどいけのう」

キヨさんはポツリといった。

孝市さんは、小田島争議は、最終的には家族への弾圧でつぶされたのだ、という。

孝太郎さんは拘留されてからなかなか帰って来なかった。どこの留置場にいるのか、居所もわからなかった。釈放された組合員に聞いても孝太郎さんに会った人はいないという。キヨさんは「殺されたんじゃあんめしなぁ」と思った。小田島村に近い留置場は小田島事件で一斉検挙された農民でどこも満杯で、孝太郎さんは何ヵ所もまわされ、上の山や長井にいたのだ。小田島村から遠い留置場の方が待遇はよかった。後に楯岡に移るとそれがわかった。近隣の学校では生徒たちを留置場見学に連れていった。農民運動に対する一種の見せしめのためである。とらえられて深刻な顔をしている大人たちの顔を想像していた生徒たちは、留置場の中の農民組合員にニコニコ笑って迎えられたのに驚いた。

孝太郎さんは帰ってきてから、拷問よりも取調べもせずに放っておかれるのが、どう対処しようか、作戦がたたずに苦痛だった、といっていた。だがそれは、後に記すように、係官の手不足による結果だった。

七つの時からの育ての親ともいえる舅姑は孝太郎さんが農民運動でかけまわっている間、キヨさんをかばって仕事をしてくれた。

最上川を挾んだ太田吉太郎さんの家へは歩けば三、四〇分のところだと、キヨさんは途中まで案内してくれた。リンゴ畑や梨畑の中の道は、外来者にとっては心地よい散歩道だ。いぬたでが小さな花をつけていた。ままごと遊びの時に〝お赤飯〟になった花だ。そのことをキヨさんに話すと、キヨさんたちもそうしたという。リンゴの木に混ってサクランボの木もあった。それをキョさんが教えてくれた。農業にたずさわったことのない者にはリンゴと見分けがつかない。道は最上川の土手につきあたった。かつてそこには渡し場があり、孝太郎さんが、母親の病気を理由に警官をだまして逃れたところだ。

野田で起こった地主襲撃事件を機に農民組合の徹底弾圧を図った県当局は、検挙をまぬがれた者に対してその頃行なわれていた借金棒引闘争を恐喝と問題をすりかえ、さらに検挙した。全農県連の一網打尽を図ったのである。

吉太郎さんの検挙理由はそれだった。

昭和六年三月一二日の山形新聞では夕刊に〝襲撃と棒引を好機として全農の全滅に努力〟という見出しで報じられている。サブ・タイトルは〝……小田島事件無関係者は棒引で検挙　県は徹底的に弾圧〟となっている。記事の内容からみれば、地主襲撃事件が起こった後に、警部補、特高部長らが貸主を呼び寄せて、棒引交渉の際の問答を聴取しており、農民組合による団体交渉を無理矢理〝恐喝〟に仕立てあげようとしている様子がよくわかる。その記事はこう結んでいる。

「脅迫的行為あるや否やは不明であるけれど、この取調の結果目下大阪市に開催の全国全農組合大会に出席中の佐久間次良他最高幹部は小田島事件に関係がないのでこの棒引問題に依つて検挙し、これを好機として全農組合の絶滅を期する方針と見られてゐる」

小作人らが抱えている借金はもともと小作料が払えずにたまったものだ。旱魃《かんばつ》や風水害等で不作の年、小作料を払いきれずに借金するが、平年作でもギリギリの生活をしている状態では利子を払うのが精一杯である。現金を借りた借金ではなく、収穫の五割以上という高率の小作料が払いきれなかった場合に借用証書にきりかえられ、借金の形になった。しかもその利子が最低でも年一割二分、一割五分という高い例もあった。

太田孝市さんは五、六反の小作人では自家米で冬を越せない者がいた、と話していたが、秋に収穫した米が冬まで持たないのは、小作料にその大半を納めてしまうからだ。春蚕の金が入るのは夏になってからで、その間、現金収入はほとんどない。

前出の『農村事情』では地主と小作人の間の借金の仕組について次のように記している。

「……例へば飯米の如きに至つては純益米を以てしては一ケ年を支ふることは出来ず、夏季半ばにして尽き、地主階級より借財し、飯米の購入を為すといふ有様にして、夏季は米の売出最も少なく、値最も高きに拘らず、小作人の大部分はかくの如き高価なる飯米を購入し、以て秋の収穫期を待つといふのが、この村の小作階級一般の経済的実情である」

「小作農民の経済状態はかくの如き困難なる為め、止むなく地主階級より高利なる借財をなし、其の利率の最も高きは一ケ月一分二厘五毛にして、さなきだに困難なる小作人の生活は益々窮迫し、元金の返済不可能なる利息の納付は永年継続して元金を超過する金額に達するの状態である。しかして是等利子納付に充つる資源は秋の収穫期を待つて比較的純益少なき生産米の中より、これを売却して捻出するものなるを以て、秋は小作人よりの米の売出最も多く、従つて其の価も最も低く、昭和五年度の如き夏季に於ける飯米五俵の購入金は秋に至りてその十五割乃至二十割の米を売却せざればその返済に充分なる能はず、小作人は一層の困窮を加へつつあつた」

〝五反百姓〟ではなくとも、一般的な小作人の経済状態がこのようなものであった。食べる米がなくなり値があがった時に買う米は、この辺では〝南京米〟と呼んでいた外米であった。借金棒引運動はこのような小作人の借金を、長い間支払っている利子から元金を棒引せよ、というものであった。

「山形県警察史」の中の山形地方検察庁判決原本より作成、とある処分結果一覧表には吉太郎さんの名は三番目に出ている。罪名は〝恐喝既遂　同未遂〟。処分結果は懲役一年六月。多い方だ。この時は八四名の処分者を出しているが一三名は控訴して、吉太郎さんは結局一年二月、未決勾留日数一二〇日算入となった。

郵便はがき

料金受取人払郵便

あきる野局
承認
3211

2024年
12月31日まで
切手を貼らな
くても郵送で
きます

190-0190

東京都あきる野市草花
三〇一二—一〇

「戦争と性」編集室 行

お名前	
ご住所 〒	
お電話	メールアドレス

書名

本書へのご感想、ご意見をお書き下さい。（公表　可　不可）

購読申込書

書名	冊数

代金は、本と一緒に振り込み用紙を同封しますので、郵便局にてお支払いください。なお、FAX（042-559-6941）、メール（sensotosei@nifty.com）でも受け付けます。

「働くに困っけね、手ぇなくなるもの」

といとさんはいう。

「刑務所さばり三年も行ってきたんべ。未決さ最初連れていかれた時、ふた冬いってきたっけな。三月行って、その次の冬いっぱい行って、次の年の五月、保釈できたんだっけ。それから刑期までまた行ってんだものな。面会行ったりなんかして、がっかりしてくるっけ。ほだな（そんな）とこへ入らなければなんねぇかなと思って……。山形の刑務所は隣に兵隊さんらいるところでな……」

農家の女性は、よほどの豪農でない限り、誰でもが野良仕事をした。だが、女性には向かない仕事もあった。一家の中で自然にそれぞれの役割が決まっていた。

「その頃は、ここのあたりで女の人、春早く田の畔《あぜ》ぬりなんてやる人誰もいねかったっけな、女《おなご》でやったの私一番早かったな。せんには裸足だっけもの、わらじはいて」

田の畔ぬりは、苗代の床を鋤《す》き起こして水を入れ、田の畔を土で塗り固める、まだ雪融け水が冷たい早春の仕事だ。女たちの身体を冷やすのを避けて男たちの仕事となっていた。だが、吉太郎さんの入獄中、それはいとさんの仕事となった。もちろんその仕事だけではない。吉太郎さんがいれば農閑期には少しは暇ができるのだが、そんな余裕もなく働き通した。

小田島事件と借金棒引交渉で起訴されたのは八四名であったが、事件直後、検挙された者は二〇〇名にも達した。

事件後の山形新聞には、三月一九日、〝居残り女房連総動員のビラ〟として、残された女たちの間に次のようなビラが配られたことが記されている。

「居残つた組合員の婦女子総動員で悪地主や、彼等の手先きとなつてゐる○○を葬れ、一万二千円の地主共の団結何に糞、我等の牙城は家族らで死守するのだ」

〝一万二千円〟というのは、地主側が前年地主組合「振農会」を結成した時の資金だ。昭和四年の北村山郡松沢支部が調査した水田の一反当たりの粗収入は八〇・七五円、必要経費は小作料、肥料代あわせて六二・五一円で農民の手に残るのはわずか一八・二四円だ。一万二千円という金額は、農民にとっては一生働いてもとうてい手にすることのできない額だ。小作人の生活からあまりにもかけ離れて実感ではとらえられない一万二千円の地主の団結を、悲しさ通り越して笑い飛ばすより他なかっただろう。しかも、夫や息子たちは検束されている。

残された家族の様子を伝える記事が、三日前の一六日にも載っている。

〝女房子供の悪態に警察側も殆ど閉口　小田島地主襲撃事件の後始末　全く以て手を焼く〟

後始末に手を焼くというのは、検挙者数が多いためで、県警察部や検事当局にその消化能力がないためだ。この事件のために県警察部予算の全額二四〇〇円を使い果し、延一五〇〇名の警官を動員した(後には検束者の弁当代にもこと欠く旨の記事も出てくる)。子どもたちは警官の姿を見れば「犬」「犬」と口々に騒ぎ、三度三度の食事を差入れに行く女たちも、三人寄れば警察の攻撃を始め、窓口で大声で夫の釈放の交渉を始める。

全く将来女房一揆でも起らうものならそれこそ事だ。司法当局が一昨日に至つて突如送検を急ぎはじめたのも、かうした空気をみてとつたからで流石の警察側も女、子供には敵し難いことをつく〴〵歎じ切つてゐる。

だが、四月になって田や春蚕などの仕事が忙しくなる頃になると、女たちの様子も深刻になってくる。

〝子供を背に女房連　夫達の出獄を歎願　三十余名が検事局へ押しかけ　百姓仕事も出来ぬと〟（四月十六日）

出所の歎願許可はもちろん通らない。

だが、家族の心配をよそに、刑務所の中の農民たちは、存外に元気だった。

〝留置場内でも　革命歌の合唱　布団を取り上げられ　検束の面々怒鳴り出す〟

労働歌や革命歌を合唱して騒ぎ立てるので警察側では留置場内の布団を取上げたので今度は布団を貸せと怒鳴り出しブル〳〵ふるへながら騒いでる（三月十一日）。

〝地主の別荘に保養してる　心配することはないと襲撃犯等が大元気〟

留置場から山形刑務所に移され、毎日日課のように妻子宛に出されたという手紙の文面の一部だ。

農民らがいう地主の別荘は刑務所のことである。

〝貧しい小作百姓よりも　刑務所は極楽世界　小田島事件に収容されて　四人以下の生活をなげく〟

一日三銭七厘の賄い代を不景気のために三銭に切り詰められたことを報じている記事だ。

この一日三銭の監獄めしを舌つつみを打つてる一部収容者がある。……「俺達は刑務所が今までこんな極楽浄土とは思はなかつた。俺たちの百姓生活は刑務所より劣つてゐたんだ。刑務所の飯の方が俺たちの貧乏生活よりどんなにまさつて居る事か――」……そして「働いても〳〵俺等小作人はなぜ刑務所の囚人同等の生活も出来ないのか?」と収容された農民達はさうした疑惑を新にして居ると云ふ。

『山形県農民運動史』(前出)では、「検挙者は、日本農民運動史上、稀にみる数にのぼったと言われ、組合脱退を強制され、拷問によつて三名の死者が出た程の大弾圧であつた」と記述している。吉太郎さんや孝市さんに聞くと、拷問による死者は一名だった、という。山形新聞では拘留中怪死した者と、心臓麻痺で死亡した二件を見た。吉太郎さんらは、怪死を拷問によるものと見、心臓麻痺したのは病死とみているためだろうか。

怪死した農民は、楯岡署より放還されて五日間昏睡を続けた後、絶命したと山形新聞では報じていた。

村山地方の農民運動は、県当局の弾圧で衰退してゆく。

いとさんは弾圧の目的を「警察で(農民運動が)大きくなって、かまわねぇでおかなくなったんべ」ととらえ、「つぶされたんだね、農民運動は……」と寂しくいった。

「みな少し動いたのは警察さ連れたてられて、だから、今度は連れていかれた人はおっかなくてやめてるや、それでつぶれたんだな」

吉太郎さんは、拷問されたことを、そのスキを官憲に与えたとして恥と考えたのだろうか。拷問など受けなかった、といった。警察側が無理な取調べをすれば、「貴様はどこのどいつだ。出た時必ずただではおかないぞ」とやり込めたと磊落《らいらく》に話していたのだが、新聞記事には、「検束された組合員等の談を総合するに今回の事件では被検束者の大半が殴打され太田吉太郎、後藤忠一等は峻烈な訊問にその呻き声が署外にも洩れ聞える程」とあった。

吉太郎さんらが出獄して村へ帰った頃には、日中戦争が開始され、太平洋戦争へと続く時代の暗雲が日本国中に重くたれこめていた。

吉太郎さんと共に闘った多くの農民はすでに他界している。吉太郎さんは、

「みんな極楽さ行って解放運動やったべ」

といった。

Ⅳ　唄のある女たち

子守りの学校

Ⅰ

私が幼い頃住んでいた共同住宅は、その住人たちが住む前は、三輪の自動車屋だったのだろう。ピンクに近い肌色のコンクリートの外壁で、往環《おうかん》に沿った看板は、ダットサン、という文字を横文字風に浮彫りにしていた。群馬県桐生市西堤町にあったその共同住宅の向かいには丸山という小高い丘があった。

夕暮れ時、往環に出てみると、西の、渡良瀬川がある方の空が茜色になって、いくぶん暗くなった頭上を烏《からす》が群をなして北の方へ飛んでいった。

その頃の、子を負ったかすかな記憶がある。負ったのは弟であったか、すぐ下の妹が他界して間もなく生まれた末の妹であったか。弟は頭デッカチの大きな赤ん坊だったから、四つしか違わない私に背負えるはずがなく、ならば、八つの頃に背負ったのは、八つ違いの末の妹だ。

往環に出て見た夕焼けが妙に頭にこびりついているのは、ある時は行商に、ある時には露店に出ていた両親を、夕焼けの中で待っていた、そのせいかもしれない。子を負った経験は、その後、まったくなく、私はネンネコの暖かさを知らない。

もう、ずいぶん古い話になるが、高石ともや（フォーク歌手。一九四一〜）は「しゃぼん玉」をうたう時、この歌が作られたのは、村々で凶作のために〝間引き〟がひそかに行なわれていた頃だ、と前置きした。そして、しゃぼん玉は、屋根までとんで、こわれて消えた、とまるで、生まれて間もない子がしゃぼん玉のように消える、といったニュアンスでうたったのである。

松永伍一著の『日本の子守唄』（一九六四年・紀伊国屋書店）が衝撃的なのは、間引きをうたった子守唄をいくつか紹介していることだ。

なんとこの子が女の子なら
菰《こも》につつんで三つとこ締めて
締めた上をばもんじと書いて
池に捨つればもんじの池に
道に捨つればもんじの道に
藪《やぶ》に捨つればもんじの藪に
人がとおれば踏みふみとおる
（以下略）

また、こんな唄もある。

ねんねんころりよ　おころりよ
ねんねしないと背負《かる》わんぞ
ねんねんころりよ　おころりよ
ねんねしないと　川流す
ねんねんころりよ　おころりよ
ねんねしないと　墓立てる

子守唄に子殺しをうたう風土は、間引きせずに育てた娘を、子守奉公に出さなければならない風土で、さらに大きくなれば遊廓に売らなければならない風土であった、と著者は述べている。こんなことが気にかかっていた八、九年後、神津善三郎著『教育哀史　子守・工女・半玉の学校』（銀河書房・一九七四年）で〝子守りの学校〟の存在を知った。

夕焼けの中で両親の帰りを待っていた往環で、田舎から手伝いに来ていた祖母は、よく、大きなズングリとした鉈《なた》で薪を割っていた。この祖母は小学校へ弟を背負って行って、それが原因で誰かと喧嘩して、以来学校へは行かずじまいで、戦時下、ものを売ることが統制になった時、書類の読み書きができず、商売がたちゆかなくなり、私の母が娘ざかりの時には極貧の状態に陥っていた。

母は学齢前に兄と毎日学校へ通っていて、学齢に達して正式に小学校に通った時には、先生の教えることはもう、なんでも知っていた、と自慢する。母の兄が、母を学校へ連れていったのは、母の勉強好きのためもあったかもしれないが、仕事に忙しい祖母の足手まといになったからだろう。

子を背負って学校へ行った話は、旅に出るようになって、少し年のいった人たちにあえば、よく聞いた話である。


〝子守りの学校〟がどのくらい存在したものか……、『教育哀史』には、長野県が、明治以降、義務教育を普及させていく過程で、〝子守りの学校〟を設置しなければならなかった事情が豊富な例をあげて詳述されている。

維新後、国民皆学を目指して「学制」が敷かれたのは明治五年八月であるが、政府はなんら財政的措置を講じることなく、地域人民の資産や寄付に頼り受益者負担を原則とした。授業料を払わなければならない当時の就学率はきわめて低く、全国平均三八％、長野県は全国第一位であったが、それでも六〇％であった。特に女子の就学率が低く、男子の半数にも満たなかった。そのため文部省も、県当局もやっきになって学齢児童を通学させようとする。すると子どもたちは弟妹を背負って登校した。就学率が低い原因は、授業料を納めなければならないこともあったが、また、子どもたちが労働力としてみなされていたからでもある。家業（多くは農業、当時の人口の約八割が農民である）を手伝い、家事を助け、弟妹の守りをする。さらに一一、二歳ぐらいになれば子守奉公や丁稚奉公、あるいは製糸工場に糸引工女として出される。

「子守学校」ははじめ、両親の仕事の足手まといになる弟妹を連れて学校に来る児童を対象として構想されたが、後には、子守奉公に出た児童をも対象にするようになる。

長野市の布施高田に高田公会堂があり、そこに子守学校があったと聞いて訪ねた。高田公会堂は、もとは地蔵堂と呼ばれて、お地蔵様をはじめとする三体の仏像が祀《まつ》られている。

この公会堂の番をしている若林憲男さんは、「私も子守娘の背に負われて子守学校に通ったくちですよ」といいながら公会堂を案内してくれた。つい最近、公会堂は改築されて、子守学校のあった頃のおもかげは消えてしまったという。

地蔵堂に子守学校（当時ここでは子守教育所と呼ばれていた）ができたのは明治二八年四月である。開設した時の生徒数は男四人、女一一人であった。明治三一年六月には布施村栄村組合立通明尋常小学校の付属子守教育所となり、授業料は、通明尋常小学校が最高三〇銭、最低五銭、平均一二銭五厘であったのに対し、わずか三銭で、貧窮者は半額または免除となっていた。教科書、参考書、授業機械等は本校備えつけのものを使用、複式授業で一日三時間、週一八時間で四学年で修業証書が渡された。指導にあたっていたのは、この辺一帯の子守教育に貢献した中村多重である。中村多重は、午前と午後、毎日二ヵ所の子守教育所をかけまわっていたといわれる。

若林さんを背負ってくれた子守りはひさ子さんという美しい魚屋の娘であったそうだが、

三四、五歳の時に結核で亡くなった。

「いつも子どもをおぶって、帯で胸をしめつけていたせいでしょうかね」

と若林さんはつぶやいた。

八九歳になる北沢なつさんは兄の子を背負って子守教育所に通った。地蔵堂の子守教育所時代を知っている数少ないおばあさんなのだが、昨春脳血栓を患って、そのために、様々な記憶がとび、入り乱れ、また、自分の思うことを言葉に結ぶことが、時々できなくなってしまったのだという。こんがらかった糸をたぐるようにして思い起こした記憶はかすかなものだ。病に冒される前はものおぼえのよいおばあさんであったというから、記憶を辿ろうとして、どうしてもその糸口がつかめないと、いらいらする、その姿が痛ましかった。なつさんの遠い記憶は、お兄さんがいつも歴史の話をしてくれた記憶である。そのお兄さんが兵隊に行ってしまうと、大好きだった話が聞けなくなってなつさんは自分で本を読み始めた。尋常小学校四年を終えていたなつさんが子守教育所に通ったのは、お兄さんから尋常小学校高等科の教科書をもらって、それを読みたかったからである。

この辺の農家が耕している田畑はせいぜい五、六反、俗にいう〝五反百姓〟であったわけだが、五反百姓では生きていくこともおぼつかず、耕地の少ない人びとの生活を支えたのは養蚕《ようさん》であった。また、信州には諏訪や岡谷など、全国でも有数の製糸工場があったが、そこまででていかなくとも、近隣にも小さな工場がいくつもあって、娘たちは皆そこへ通った。なつさんは、製糸には通わなくてすんで、子守りをしたり、家の仕事をしていればよかった。貧農が小作料を払えず、借金のかたに田畑を失い、プロレタリア化していく〝近代化〟の一側面が山国信州にも顕著に現われる。農家の娘が一二、三歳になれば製糸に通うのはその典型的な現象だった。

なつさんは製糸へは通わなかったが、家で蚕《かいこ》から糸をとり、機《はた》を織った。

高田子守教育所は、〝むら〟の中にあった子守学校であったが、開智小学校の付属として開設された松本子守教育所は〝まち〟の中にあった子守学校である。

松本子守教育所開設のきっかけは大正四年に記された「沿革」によれば次のとおりである。

日々小学校男子部（今ノ開知部《ママ》）ニ集リ、生徒ノ体操遊戯ノ真似ヲナシテ遊ビ居ル子守数人アリタレバ之等ノ者ニ時々面白キ話等ヲナシタルニ大ニ喜ビ、後ニハ文字ヲモ学ビタキ旨申シ出デタレバ、放課後各自ノ学力ニヨリテ僅ノ文字唱歌等ヲ教ヘタルニ之ヲ伝ヘ聞キテ集マリタル者、益々多数トナレリ、此ニ於テ明治三十二年四月遂ニ一定ノ規則ヲ定メテ小学校付属子守教育所ト名付クルニ至ル。

松本子守教育所は、翌年小学校女子部に移され、さらに明治三四年には松本幼稚園付属となる。幼稚園には園児たちが用いる玩具があり、おもしろい絵画等があり、背負った子を遊ばせるのに都合がよく、また子守娘たちに幼児保育の実際を見させる等の便もある、というのがその理由であった。

この子守教育所は昭和一六年まで続いたが、戦前から戦後にかけて二五年間松本幼稚園に勤務された太田はなえ先生（七一歳）は、

「そうですねぇ、幼稚園が終るのは一時だったから、その後、私たちが教室の後片づけをして子

守学級が始まるのは二時頃でしたかしらねぇ、授業は三時頃まで、せいぜい一時間ぐらいだったと思いますよ」

と当時のことを語る。

その頃の生徒数は少ない時で七、八人、多い時でも一四、五人で、六人いた幼稚園の先生が交代で週に一日ずつ授業を受け持った。生徒のほとんどは近在の村から幼稚園の近くの商家へ子守奉公に来ていた娘たちである。年は一一、二歳ぐらい、中にはそれ以下の娘もいた。教科は修身、国語、算術、裁縫、唱歌、遊戯。太田先生は国語を教えていた。教科書は国定教科書を使ったが、基礎的な学力もない生徒が多かったから、下の学年用を使った。一日一時間では、勉強らしい勉強を教えることはできなかったが、「それでも、子守学級に来るということが、一日の心の区切りにはなっていたのでしょうね」という。先生に見せてもらった昭和一二年度の卒業記念のアルバムには、幼稚園の園児が使う小さな椅子の端に、背負った子の足だけをかけて、自分は腰を不安定に浮かすように椅子からはみ出させている印象的な写真があったが、その写真の中の他の子たちは、みな子守娘の背から下りて、結構おとなしそうに絵本を見ている。先生の記憶では、小さな子もあまり騒ぎもせず、授業にさしつかえはなかったという。

中島幸子さん（五五歳）は松本子守教育所の昭和一〇年度の卒業生である。

家業は大工さんであったが、七人姉弟の上から二番目、一二歳で「こばやし」というそば屋に子守りとして奉公した。

ある日、お父さんが弟たちも一緒に活動写真を見に連れてゆき、帰りにそば屋に寄った。その二、三日後、親戚のおばさんが来て、そのそば屋に子守りに行かないか、といわれた。中島さんは、

「きものもこしらえてくれるっていうし、ごはんも食べさせてくれるし、お守りしてればいいで、なんていうことで、いろいろ考えもしないで行くよ」

と返事をした。六畳一間ぐらいの狭い所に大勢一緒に住んでいたから、家にいるより奉公に出た方が、家のためにも自分にもよいと思えたのである。

奉公先ではきものから下駄まで時にはよそゆきのきものまで必要なものは全部揃えてもらって、賃金は出なかった。わずかに三〇銭であったか、三〇円であったか、じかには手渡されず、奉公に入る時の間に入ってくれた親戚のおばさんを通して、年の暮れ、親元へ貯金通帳が届けられたのである。

はじめのうちは源地部（源地小学校）五年生として半日通い、その時は子どもを連れて行かずに通学したのだが、途中から松本子守教育所に移ることになった。中には子守教育所に通う時間だけは子守りから解放される生徒もいたが、たいがいは子を連れて登校する。授業中、子どもに泣かれたりすると、どうにかだましておとなしくさせようと、勉強はさておいて表へ連れ出した。

子どもとは一緒に寝て一緒に起き、一日中守りをするのだが、店にいると客の邪魔になるから、たいがいは、外に子どもを連れてゆく。おむつの替えを一組ぐらいは用意して、泣けば替えてやり、お乳を欲しがる頃になれば一度店に帰ってお乳を飲ませてもらい、おやつをもらってまた外に出

る。中島さんは〝シントウ〟と呼ばれていたお宮へよく「ハトポッポ見に行こうね」といって子どもを連れて行った。鳩がたくさんいたから子どもが喜んだのである。子守り同士で停車場へも行った。冬になると寒いからデパートの中で過ごした。映画館の前へ行くと、切符もぎりのおじいさんが、「寒いだろ、中へ入って見なさいよ」とただで入れてくれた。けれど、映画館の中に入ると、子どもは暗いのを嫌ってじきに泣いた。カフェーの前を通るとはやりの唄が聞こえてきた。中島さんは流行歌をたくさんおぼえた。夕方は店が忙しかったから、薄暗くなる頃まで、六時、七時までも外で過ごした。

大正四年の記録によれば、子守児の親の職業は、漁業一八人、髪結一人、日雇三三人、行商五人、工女一五人、青物商二人、車夫二人、職工五人。

修業年限二年を終えた後の卒業状況は、

年季済ニテ帰国セルモノ　四十二人

製糸場ニ入リタルモノ　二十二人

奉公中ノモノ　二十五人

尚本所ニ通学シ居ルモノ　五人

嫁シタルモノ　七人

不明ノモノ　六人

となっている。

中島さんは、結婚する二四歳の時までひき続き勤め、昭和二七年に夫を亡くして後、再び同じそば店に勤めた。

歴史上、女性の労働力を必要としなかった時代は皆無である。子守娘は、明治、大正、昭和初期にかけて、つまり、日本が近代化する過程で、託児所の役割を担った小さな保育者であった。

Ⅱ

「なにかあるんじゃないかと思って探してみたんだけど、これしかなくてねぇ、もうなにしろ、五〇年も前なんだもの……」

福田カホルさんはそういって一枚の黄色くなってしまったしわくちゃの写真を見せてくれた。それはもう、折目の所から破れてしまっている。その破れ目をセロテープで貼りながら、

「免状もとっといたんだけどねぇ、いくら探しても見つからない」

といった。免状というのは子守学校の修了証書のことである。

黄色い写真には、赤ん坊を背負った少女たちが、住職や先生たちと一緒に並んで写っている。どの子もねんねこ半纏《はんてん》の衿元《えりもと》を少しゆるめ、右肩の方に赤ん坊の顔を出しているのは、写す時に、写真屋さんの指示があったのだろうか。三〇人余りの子守娘たちの中にたった一人、男の子守りもいる。これは、栃木県の佐野子守学校が始まった頃の写真だ。

福田さんは、最近、息子と力を合わせ、ローンで建てたという新しい家の茶の間で、近所の仲の良いおばさんと茶を飲みながら五〇年前の話をしてくれた。

福田さんは大正三年八月一日生まれ。佐野でも有名な大金《おおがね》というこんにゃく屋へ子守りに行ったのは一一歳の一二月、寒い季節だった。子守りに行くことになったのは、ひょんなきっかけだ。大金から頼まれて使いにきた人が、他の家へ行く手筈になっていたのに、曲がる角をひとつ間違えて福田さんの家へ来たのだ。運送屋に勤め、荷車で荷を運ぶ仕事をしていたお父さんは、福田さんの実のお父さんではなかった。家の中では始終、福田さんを母の妹、つまりおばさんの所へやろうというようなことでもめており、そうこうしているうちに学校へあがる機会を逸《のが》してしまっていた。そこに大金からの使いがきて、三年の年季で子守りに行くことになったのである。

「一〇〇円だったかね、一〇〇円だったかね」

福田さんは、三年と決めた子守奉公の前借金の額を覚えていない。

「その金でおばあさんのじゃんぼんまでしたんだよ、家のおばあさんは六二で死んだんだけど」

じゃんぼんとは、この地方の方言で葬式のことだ。

〽守というもの、浅ましきものよ
道や街道で日を暮らす
お主に叱られ、子にせめられて

どこで立とうぞ、ほ泣け餓鬼
かように泣かれたじゃ子守もたたぬ
たまにゃお内儀《かみ》さんの膝で泣け

こんな唄が北原白秋編『日本伝承童謡集成　子守唄篇』（三省堂刊）に採録されていた。子守りがうたった唄だ。
福田さんが覚えていたのはこの唄。

〽寝るのうれしさ　起きるの辛さ
仕事と小言がなけりゃよい

子守奉公に行って、朝はだいたい五時頃起きた。赤ん坊が目が覚めないうちに掃除と洗濯。水をまいたり、庭を掃いたり、雑巾がけをしたり、おむつを洗ったり……。おむつを洗うと手が荒れて、冬の間中、ひびや赤ぎれやしもやけに悩まされた。食事の仕度は福田さんがまだ小さかった頃はおかみさんがしてくれたので、それを食べて、赤ん坊が起きたらお乳をのませてもらい、あとはもう、お腹が減った時とおむつをとりかえに帰ってくるだけで、夕方日が暮れるまで外で遊んでくる。忙しいから子守りを雇うのだから家の中にいたのでは邪魔になる。それに赤ん坊は、家の中では泣い

ていても外に出れば泣きやむのだ。子守りたちは子守り同士で友だちになり、友だちを呼びに行ったついでに、

「ちょっとあがっていかないかい」

そこの家のおかみさんにいわれれば、たまにはあがって遊んでいくこともあったが、たいがいは、

「停車場へ行くべさ」

などといって、停車場へ行ったり、神社や寺の境内で遊んだり、あるいは秋山川という近くの川原へ誘いあわせて行ったものだ。秋山川の川原は冬でも不思議に日だまりとなって暖かかった。町の商店のショーウィンドーをあてもなく覗いていたこともある。そして、日がとっぷりと暮れる頃、

「暗くなるから帰るけ」

と、それぞれの家へ帰っていく。夕飯がすんで、赤ん坊が湯に入って寝れば、少しは自分の身体になり、

「よなべに一人でいちょう返しを結ったものだ」

と福田さんはいう。大金の茨城県の方の親戚に小間物屋があって、そこの人が来る時には必ずたけながをみやげに持ってきてくれた。たけながはいちょう返しを結う時に、髪の結び目につける髪飾りだ。それは薄いボール紙でできていて、ていねいにとりはずせば何回でも使える。かわいい模様がついていて、色数が多くなればなるほど値段が高かった。その頃の少女たちは、小遣いで買ったたけながをたけなが入れに大事にしまっておいて、何か事のある日には新しいのをおろしたので

ある。

『教育哀史』には、明治から大正、昭和初期にかけて、長野県の村や町に子守学校ができ、そして消えていった経過が克明に記されている。それによると、明治五年、新政府は国民皆学を目指して学制をしくが、なんら財政的措置を講じないで、学校の設立費や維持費など、すべて受益者負担を原則とした。明治初めには、人口の八割を占めた農民の間では、多くの場合子どももその家の労働力と考えられており、弟妹のお守りや家事や畑仕事の手伝いをしていたので、学校の先生や役人に学校へ来るように、といくら注意されてもなかなか行けなかったのである。しかも、授業料を払わなければならない当時の学校は、貧しい家の子どもたちにとって遠い存在であった。

学制がしかれて間もない明治九年の全国平均の就学率は三八・三一％である。この数字は明治二〇年になっても決してよくはならず、四五％までのびたにすぎない。特に女子の就学率が低く、男子が六三・〇一％であるのに対し、女子は二八・二六％だった。女子の就学率が低いのは、家の手伝いをさせられることもあったが、口べらしのために他家に年季奉公させられる、そのためでもあった。もちろん男子も商家などに丁稚奉公にいったが、より多く女子は子守り、製糸や機織工女、あるいは下地っ子《したじっこ》と呼ばれた芸者の卵として小さなうちから働き始めたのである。文部省は「貧民ノ子女ヲ学ニ就《つ》カシムルノ法」を検討せざるを得なくなり、そのひとつとして子守学校が考案されたのである。

各地を歩いておばあさんたちに話を聞くと、教室には自分の弟妹を背負って学校へくる子がたくさんいたので、オシッコくさいおむつの臭いを嗅ぎながら勉強した、という話がよく出る。なかなか学校へこようとしない子どもたちの親に就学を督促すると、子どもたちは幼い自分の弟妹を連れてくる。当然それは授業の妨げになるので、小学校内に幼児部や託児室をつくろうなどと論議が始まり、そこから子守学校の構想が出てきた。それは逼迫していた地方財政では結局実現できなかったが、後に、国民皆学を目指しながら、低い就学率をなんとかあげようとする試行錯誤のなかで子守教育所や子守学級、子守学校などがつくられていくのである。

子守学校は、村では農作業に足手まといになる弟妹を連れていかなければ学校へ行けない子どもたちのために、町では口べらしのために子守奉公等に出されて、普通教育を受けられない子どもたちのためにつくられた学校だった。

明治一六年に茨城県猿島郡に子守学校を開設した渡辺嘉重は『子守教育法』を発表している。その中で、子守教育の目的は「①普通教育ノ欠ヲ補フ②嬰児保育ノ方法ヲ教フ③風俗ヲ改良ス④家庭ト連絡ヲ通ジ父兄ヲシテ教育ノ普及改良ヲ助ク⑤公共慈善的事業ノ振興ヲ促ス」などとしている。

長野県では明治二四年の屋代子守学校をはじめ、公立小学校内にいくつかの子守学校が開設されたが、他県では明治三〇年代に福岡県、鹿児島県、富山県などに子守教育の実施の指示や訓示をみることができる（『日本子どもの歴史5　富国強兵下の子ども』）。他には渡辺嘉重のように、子守教育の必要を感じ、私財を投げうって子守学校設立に奔走した篤志家による私立のものがいくつかある。

新潟の静修学校、群馬の樹徳子守学校や自敬子守学校、京都の私立子守学校、福島の郡山子守学校、栃木の佐野子守学校などだ。

佐野子守学校ができたのは、福田さんが子守奉公へ行ってから間もなくのことである。福田さんは、奉公していた家から近かった妙音寺の境内へ、子守りをする時にはよく行ったものだ。当時二五歳だった妙音寺の禅僧・荒居養貞さんが、三々五々集まってくる子守たちのために鬼子母神堂を教室に変えたのは大正一五年のことである。一二〇畳敷のお堂の中に、天妙小学校から払い下げられた机と椅子が運ばれた。クラスは二クラス。義務教育を受けた経験のある子のクラスと、まったく学校へ行ったことのない子のクラスだ。福田さんは後者だった。

日向野《ひがの》三治さん（六八歳）は、佐野子守学校の設立当時を知っている数少ない一人だ。佐野町立商業学校を中退して、養貞和尚に協力するよう頼まれて「おともりのおともりになった」のは、一七歳の時。おともりというのは、方言で子守りのことである。自転車でオルガンを買いに行って、リヤカーで引いてきたことを覚えている。

佐野子守学校規則には経費及維持方法として「第十九条本校ノ経費ハ設立者ノ負担、及ビ篤志者ノ寄附金、及ビ基本金ノ利子ヲ以テ之レニ充《あ》ツ」とある。日向野さんは、月給四円五〇銭という約束だったが、長い間、寄付という名目で無報酬で働いた。

学科は修身、国語、算術、唱歌、裁縫、家事などで、「毎週教授時数ハ十四時間トシ」「毎日ノ教授時間ハ午前九時ヨリ午前十一時迄ノ二時間トス」とあるが、日曜は休日だったので三時間の授業がある日もあったのだろう。日向野さんは国語を教えた。養貞和尚もはじめのうちは自ら学科を受け持ったが、後には小学校の先生などにきてもらった。

大金巌という福田さんの雇い主は、子守学校で図画を教えていた。入学金と授業料は無料、教科書も学用品も子守学校で貸してくれたが、家へは持ち帰れなかった。けれど、主人が平仮名の手本をつくってくれたので、福田さんは夜寝る前に一生懸命覚えた。学校へ通ったことのある人たちに負けたくなかったからである。

学校には赤ん坊用の寝台が用意されていたので、そこへ寝かした。たまに泣き出すこともあったが、そんな時は授業を脱け出してめんどうをみた。赤ん坊のために授業にさしつかえるようなことはめったになかった。福田さんが守りしていた子は八重子ちゃんといったが、少し大きくなった頃、授業中「あれ、いなくなっちゃったな」と思ったら、妙音寺の裏の路地を畑の方へぬけて、家へ小遣いをもらいに行っていたことがあった。福田さんは子ども好きだったから、八重子ちゃんによくなつかれた。八重子ちゃんの兄弟は五、六人いたが、兄弟たちとも仲良くなって、子ども同士、福田さんも一緒になって喧嘩が始まるような時には一番上のキヨちゃんという子がいつも一人、他の子は皆福田さんの方についたほどだ。けれど、子守りの中には赤ん坊をいじめるので、背負う時などにとても泣かれる子もいた。大金の家のだんなは、冬の夜、お使いに行かなければならないような時に、

「寒いから父ちゃんの衿まきをして行きな」

というような人柄のよい人だったが、おかみさんには辛くあたられた。学校で裁縫がある時に、

「今日はお裁縫があるんだけど……」

というと、

「この間やったばかりだがね」

といって布をくれない。そんな時だんなは必ず、

「そんなこといわねぇで出してやんな」

といってくれるのである。週に一度しかない裁縫の時間では、なかなかはかどらず、白いものでも手垢で汚れて黒くなってしまった。福田さんは、

「そうだね、子守学校ではじゅばんぐらいしか縫わなかったかしれないね」

という。

佐野子守学校校訓の一部に子守のつとめとして、次のような言葉が載っている。

(一) 理想　私の守するお子さんは、御家や御国の宝です、大事に大事にお守して、立派な人に育てましょう。

昭和七年に学校を卒業して佐野子守学校に勤めた山田久子さん(六五歳)はこれは歌だったという。全部で八番まで続いているが主な箇所を拾うと、

(二) 第二の母　私は生みの母さまに、代りて朝から晩までも、毎日御世話をいたすもの、わた

しは第二の母さまよ。

（四）注意　私がお守をするからは、お怪我や病気をしないよう、こまかい事にも気をつけて、絶えず心をくばりましょう。

（五）子守の感化　私の言葉やお行儀や、目にも見えない心まで、善いも悪いもお子さんに、いつとはなしに感染《そま》ります。

日向野さんの記憶によれば、この歌は群馬県の樹徳子守学校からそのままもってきたものだという。

まだ、教育を受けるべき年齢にある子守りたちにすでに保育者としての責任を負わされていることが印象的だ。子守学校でうたわれたこの歌が、子守りの置かれた立場をよく表しているように思える。

佐野子守学校は昭和一六年まで続いた。子守学校が打ちきられたのは太平洋戦争勃発が原因ではなく、昭和八年から子守学校と平行して幼児部が発足しており、それまで子守りを雇っていた商店のおかみさんたちは子どもを幼児部の方へ通わせるようになったためである。それに子守奉公をする子も少なくなっての自然消滅であった。

福田さんは、三年の年季が明けてからは、年季を決めずに再び大金で二年ぐらい働いて、その後は、製袋会社に勤めた。二八歳で結婚し、二人の子をもうけたが、戦後、子どもがまだ小さい時に離婚してしまった。夫は農家の長男だったが、福田家にくることになっていた。けれど、福田さんの弟が戦死して福田姓の絶えてしまうような状況になっても、夫は決して福田家にこようとはしなかった。墓を守る人がいなくなるのも福田さんにとっては困ることだった。それに夫は道楽者だった。で、結局別れることになったのである。

「働けば生活できるんだものね」

と福田さんは確信していう。けれど、戦後の、二人の子どもをかかえての生活は決して楽ではなかった。マッチが配給になれば麦などととり替え、衣料切符が配られれば、金と交換した。そして、上の女の子には自分の長じゅばんやコートをきものや洋服に仕立直して着せた。仕事は、傘の骨を糸でつなぐのだが、昼間は子どもに邪魔されてはかどらない。それで、子どもが寝静まった夜中の二時までも起きて仕事した。いつも、家の中にばかりいて子どもがあきてしまうと、山へたきつけにするための杉葉をとりによく行ったものだが、息子が五つの時に天神様《てんじんさま》に連れて行ったら、とても風が強い日だったので杉葉がたくさん落ちており、それを見て、

「かあちゃん、拾って行こう」

という。子どもながらに母親がすることをじっと見ていたのである。

子どもが学校へ行くようになってからは、傘屋に勤めたが、それだけでは生活できなかったから毎日家でする内職の分を持って帰った。そんな福田さんに娘と息子は二人で、買物に行った時のつり銭などをこっそり貯めておき、暮にもちをついてくれた。その金でもちは三日分もつけた。そんな風にして育てた娘はもう二児の母になっている。息子も二九歳になり、あとは所帯を持つのを待

つばかりだ。

「育ち盛りに子守りをして肩をいじめてばかりいたから、育つもんも育たなかったんでしょうがね」

という福田さんは小さな、けれど少し太った身体で今でも傘屋に通っている。

「大人になってからの苦労の方が大きいもの、子どもの頃のことは忘れた。なにしろ五〇年もむかしのことだもの」

とため息をついた。

もう一度しわくちゃの黄色い写真を見る。そこには子守りたちのけなげさがいっぱいにつまっている。

海女笛《あまぶえ》の聞こえる島

「昔は簡単やもの、ほんな着飾ったりせん。祭りか正月かなんかじゃなし、嫁取りやっていったって、別に今みたいなあんなおとろしい打掛けやったら結婚披露やったら、あんなことはせんもの。わが身のまわりのものだけ、商売道具をね、たらいやとか、あわび金とか、眼鏡とか、わが持っとるだけの着物や布団だとか、そんなもんだけ持って、婿さんの家へいく。はあ、いった明日から嫁さんも働いた。家におってもよっぱら働いているもの、嫁にいったって働く。みんな身体健康やし」

佐渡チカさん、六七歳。つい五、六年前まで五〇年以上も海にもぐり続けた海女《あま》である。チカさんは、自分の若かった頃の嫁取りの風習をこんな風に語ってくれた。

ここ、石川県輪島市の漁港に近い海士町《あままち》は、むかしから海女仕事に頼って生活を支えてきた土地柄である。夏になると、沖合五〇キロメートルのところにある舳倉島《へぐらじま》と、その中間点にある七ッ島に渡ってあわびやさざえを獲る。冬の間の黒海苔とり、春のカジメやワカメとりとイワシの刺網等もあったが、それらの労働から受ける報酬はわずかなもので、なんといっても夏の間の舳倉島でのあわびやさざえ獲りに海士町の人びとの一年間の生活がかかっていたのである。

それは、夫が妻の、父親が娘の、兄が妹の、弟が姉の、そして息子が母親の息綱《いきづな》を引きあげてする男女一対の労働であったが、より多く海女の力に依存し、娘三人持てば家が建つといわれ、娘が生まれなければ農家から小さな女の子をもらってでも育て、あわびとりの上手い娘は上海女や、といってもてはやされた。いまでこそ、漁船が機械化され、魚の冷凍技術や運搬方法が発達して、男たちの漁の方が海女のそれよりも水揚げ高は上がるようになったが、かつては、海女の仕事に海士町の人びとの生活がかかっていたのである。

六月に入るとどこの家も戸閉めして、海士町からいっせいに舳倉島に渡る。学校の先生も、寺の住職も、診療所のお医者さんも一緒の、全村こぞっての島渡りであった。海士町に家を持てなくも、まず仕事場の舳倉島には家を建てろといわれて、それぞれ家を建て、そこで夏の間じゅう、海が凪《な》いでいる限り働き続けて、九月末に海士町に帰ってくるのだ。海士町に帰って一〇日ほどは、雑用などして過ごし、農家で稲が稔る頃になると灘まわりに出かける。イワシの小糠漬《こぬかづけ》、モダツ（オキタナゴ。北越地方での呼び名）の塩漬、ワカメ、テングサ、エゴ（海藻）などを持って行き、能登半島の村々で米と物々交換してくるのだ。古くは磯伝いに船で行き、普通正月前には帰ってくるが、長い人なら翌年二月、三月頃までまわってくる。男が船を操り、女が農家を一軒一軒まわるのだが、後年トラックでまわるようになると〝商い《あきな》〟（海女たちは物交することをこう呼んでいる）は女たちばかりの仕事になった。

働き者の海女たちが「嬶《かか》難儀で父楽《とと》や」といえば老いた男たちはだまってうなずくが、女たちに経済力のある機場《はたば》等で耳にする「嬶天下」の風潮は聞かれない。

「昔から見合やとか、なんとかというものはねぇやが。みんな自由。恋愛結婚やし、楽やわ。わが好きな者と遊んどってなるさけに。みんなわが好きでなるさけに」

海士町の祖先は、三百数十年ほど前、九州筑前国鐘ヶ崎（現在の福岡県宗像市鐘崎）の海人又兵衛ら一三人が能登の豊富な海産物をとりに来ているうちに前田侯（加賀藩主・前田利常）より千歩《ぶ》（一歩は一坪）の土地を拝領して住みついたといわれている。鳳来山を背にし、輪島港に挟まれて、家々は軒先と軒先をせめぎ合わせるようにして建っている。

そこの住人はもとを辿れば一三人で、グルーッと親戚のようなものだから、顔も家の内情もよく知られていて、見合いなどという手筈を踏む必要もなく、若い男女が自然に夫婦になり、そして周囲もそれを認めたのだという。

海士町では昔から〝連れ〟といって、仲の良い者同士グループをつくっていた。海が荒れて沖休みの日などには連れ同士、一軒の家に集まって男も女も一緒に唄をうたったり、踊りを踊ったりして遊ぶ。そうしているうちに、若者が一人の娘を好きになれば連れに頼んで自分の意志を伝える。連れは娘のもとに何回も通って二人の仲をとり持つ。親が反対すれば、連れは親をも説き伏せる。娘が若者の気持を受け入れれば、双方の親にそのことを告げて年季《ねんき》（婚姻を結ぶまでの期間）を決めるのだ。年季はお互いの家の都合で、若者の家の方に女手がなければ短くなったし、娘の家の方で、娘にすぐ嫁がれては困る場合は長くなった。年季は娘の親への恩返しでもあったし、また海女仕事を覚える総仕上げの時期でもあった。

「沖休みの日にはちょいちょいとみんな集まっては遊ぶさけ。盆になれば、ほれ、踊ったり、唄《うと》うたり、酒飲んでね、男とおなごと遊ぶ。遊びやすい家へいって遊んだもんやがね。連れっていうて、子どもの時からわが性《しょう》の合うもん同士、友だちになっとるが。で、好きなおなごがおるようになると、男の方から連れに頼んでいうわね。女からいわんね。（女は）好かにゃあ、いやっていうげし。なんも男が好きでも、女がいやならいやっちゅう、首振らんさけ、男もあきらめる。けど、一ぺんぐれぇじゃダメやし、何べんちゅうてはね、いうて、それこそしつこい人はどれだけかかってでもそうすりゃ、仕方なしゾローッとほれ、返事するようになるえ。そういう人もおるえ。友だちはほれに一生懸命肩入れてぇ、まあ、返事するまでっちゅうような。そうしたせにね、（返事すると）喜んで、その友だち酒買うてね、いよいよわが好きなおなご返事したというとこで、みな友だち同士集まって飲んだりしたわ」

年季が決まれば、お互いの家へ往き来して、嫁入りする時には子どもの一人、二人連れて行く、という風習もあったというが、チカさんはそれを否定した。

「ほんな時分、（相手の家へ）恥ずかしくて行かんもん。昔の人はそれこそ、（相手の）家の前通るがも恥ずかしかった。そして、わが男とでも逢うたせにゃ、恥ずかしくて顔パーッとしたこっちゃわいね。そやさけ、遠いとこからちょっと見て、はや来たな、と思ったらちょっと道こけたりしてわね……」

舳倉島は、小さな湾に沿った島の南側に海女の家がほぼ一列に軒を連ねている。島の北側は日本海の荒波に削りとられた岩がゴロゴロとしていて荒涼とした風景だ。ほぼ中央に真っ白い灯台がひとつ、島のありかの目印のように立っているほかは、平たい小さな島だ。この小さな島に奥津比《おきつひ》咩《め》神社や法蔵寺分院や観音堂や弁天様や恵比寿様等々があって、昔は、盆も祭りも舳倉島でしたのである。

「盆の時、祭りの時、嫁どりが一年にひとつやふたつあった。嫁取る家じゃ、友だちから親戚の人ね、家でごちそうしてね、嫁さん迎えに行って、それから送ってくる人みなごちそうこしらえして、酒飲んでうたったり踊ったりした。嫁出す家はよけい何もせん。ただ迎えに来た人に、向こうから三人来るか四人来るか、その人に肴《さかな》とお酒出して、ちょっとごちそうする。迎えに来た人、送ってく人みんな一緒にいって、送った人がその家の姑《しゅうと》さんにね、どうかまだ何も知らんさけ、何でも教えて、仲良うして面倒みてくれって、そうしてあいさつする」

海士町では同い年か、女の方がひとつふたつ年上の夫婦が比較的多い。女手がなくて困っている家では、年季の期間が短い年上の海女が喜ばれたためでもあろうし、そうでない場合でも、仕事の性質上、女の方がイニシアチブをとって生活する自然な成行きなのだろう。普通は長男に嫁取りして、次男、三男は新宅する。財産のある家では新宅すれば舟の一艘も分けてやり、家も建ててやることも出来たが、多くは、家のできるようになるまで二家族、三家族が一緒に暮らしたり、海女の実家の方で暮らしたりしていた。新宅するのは、家を建てたり、舟を持つようになるまで苦労しなければならないから、かえって長男と一緒になる方が喜ばれた、とチカさんはいう。

「海士町は嫁いじめちゅうちゃあんまりねぇもの。ちゃあんと気心知っとって、あっこの子ならこうや、ここの子ならこうやって、お互いにしょっちゅう見たり聞いたりしとるさけ、ほんな遠い所から、旅（他所）からポツンと在郷の人みたいに目顔も知らんとこへ仲人の口ひとつでいくっちゅう、ほういうことでねぇさけ、嫁いじめちゅうがなんもねぇでね、（長男に嫁ぐことを）かえって喜んだえに。（灘まわりをする時の）得意先のだんな場ちゅうがたくさん持っとって、あっこの家は米何十俵もとるったら、だんな（得意先）もあるさけ、いった方がいいわちゅうて……。新宅したって何もねぇやろ。得意先一軒もねぇやろ。新宅したせにゃ、わが実家のだんな場へ一緒にいってちいとでも分けてもらう。そして、ふり売りちいてね、知らんところへ行っては、新しく自分で（だんな場を）作ったりした。一ぺん行くとこ二へんも三べんも行ったりしちゃあ、顔なじみになってつくったもんや」

「いま服（ゴム製のウェット・スーツ）があるさけ、寒うはねぇわ。私ら時分なら裸で、モッコフンドシ一枚でどんよりする冷てぇ日に、三月の中頃になるとワカメとったえ。辛かったわな。裸で、ただモッコひとつやろ、ほんでもう、海からあがった後、身体じゅう真っ赤になってね、なんでこんな海女に生まれたかと思った。あがって火たいてあたらにゃ寒いでしょう。そしてワカメ干すやろ、干してすぐまた、まだブルブルと身体ふるえているがに入るやろ、一生懸命刈って、そしてまたあがって、私らの時は時間制限するじゃなし、めちゃくちゃやろ、朝八時頃から夕方六時頃まで、もう日い様が一丈《じょう》（三・三メートル余）も二丈もの、そういう時分まで入ったん。一日五回も六回もね、一回三〇分も四〇分も入ってあがって休む。そうして火にあたって身体あたためて、昼は一時間位寝るえ、舟の上で。昼休みしてまた午後から三回位入る。八月の下旬になると身体中刺すもんがおってねぇ、何より辛かったわ。海飛び込むと一面にクラゲがおるやろ。もうはやその時分になると海に入るんがいやぁになって、身体中赤《あけ》え刺されてブクブクとふくれて……。男たちでもえれえ商売やわね。（海女がもぐる時）息綱持って潮の速い時一生懸命舟漕がにゃならんし、櫓《ろこ》を漕いで舟が曲がんねぇようにして。昔は櫓を漕いでテクテクとね、遠い一里もあるとこまで押しては行って、夕方はまた、家へ帰って来るっちゃ。受け風やろ、そんな時にゃ、はよ男もおなごも息ついで、途中錨《いかり》打って休んで、そうしちゃ家へ帰って来た。お弁当持って行って舟の上で食べればおいしいもんやわね。凪《なぎ》の時なら錨打ってそこで休んで、波の荒い時には沖にかかっておられんでしょう、舟は揺れるさけ。岡まで来てみんな集まって、どれだけとった、という時はおもしろかった」

海女の家に生まれた娘たちは、もう五、六歳になると海にもぐることを覚える。そして学校を卒業する頃になれば、たらいを持って海に出て、カチカラ海女（陸から直接海へ泳いで漁をする海女）として稼ぎ始める。

けれど、体力はあるだろうに、一〇代、二〇代の海女よりは三〇代、四〇代の海女の方がよく稼ぐ。自分の子どもができて欲も出てくるし、仕事の知恵もついてくるからだ。そして、五〇代、六〇代になっても海に入ることをやめない老海女がいる。激しい労働なのに、海に入らないでいると寂しくなり、入りたくなる、というのだ。海女は、一日にあわびを一〇キロとる者もおれば、一キロきりとれない者もあって、その差が激しい。その落差がそのまま生活の貧富につながっており、しかもそれは自分の生活だけではなく、子どもも、大人も、姑《しゅうと》たちの生活もかかってくるのだから、必死に、意地も張って、海にもぐったのである。

「子どもを産む時でも昔の人は元気やわね。みんな産むが産むまで海に行って、沖で腹痛えになって、家に来てすぐ産む者もおったし……。産婆ちゅう者もおらんさ。医者もおらず、あたり近所の婆ちゃんたちが集まってきては手伝いしてもらって、舳倉島でみな産んだもんやわ。それこそ子ができて、長うなってでもおろうもんなら、子どもは太るっていって、難産するっていって、産むが産むまで仕事したもんや。私が二番目の子を産んだが七月一二日、それで九日ぶりに海に入った。夏のことならどうして養生しとられる、働かにゃならんし。おなか太けりゃ、身体えれえけれど、海ちゅうものは割となんともねぇものや。海にもたれてね、水にもたれるさけね、たいしたことはねぇ。けど、子どもを産んで九日目に海に入ったら身体が浮いて底に行かれんげに。それでもどうもねぇで、みな元気にねぇ、楽に産むさけ。朝、具合悪いなあ、今日は何やら子どもが産まれるなあと思う人は沖行かんわ。けど、どうもねぇ時沖行って、途中で腹病《や》めるやろ、そうすると、はや急いでもどってくる。それこそ産婆も何もおらんけど、近所からみな集まってきて、ほれ元気つけるやろ。そうしちゃあ、取上げ婆あちゅうて、年寄りで経験のある人呼ばってきてわ頼んでね、そうして子を産んだ」

激しい労働の日々の中で、沖休みは憩いの日である。若い者も年老いた者も連れ同士集まって遊ぶが、嫁たちは〝しんがい〟に行った。普段は、海女たちは、「どれだけとった?」とその日のとれ高を競いあっているのだが、しんがい日には、そうした労苦を嫁同士たがいにいたわりあって、とれる人もとれない人も、分け前を同じにするのだ。

「波荒えし、沖へ行かれんちゅう時は、今日はしんがいにでも行くか、といって、姉（嫁）同士集まってね、（海に）行くげに。まあ、朝早うからいかんけどね、午後になるとちょっと……。あわびたくさんとる人もとれん人も全部仲間に、共同に行くやろ、それが一番楽しみなん。とれん人はとれる人と分け前同じだから、おかげさんで儲けさしてもろうたちゅうちゃ、喜んだてっちゃ。そんなことが夏中に五回や一〇回あるえに。そうしたら嫁さん、しんがい銭持ってるさかい、子どもに菓子のひとつも食わしたり、自分の余分の金やさかいに、楽しみや。そういう日は、岡にあがると唄うたり、踊ったりして、滑稽なことという人もおるし、火たいてさざえ焼いて食べたりしたわね」

チカさんが結婚したのは一九の時だ。

「やっぱり友だちからせめられて、ちいと好きやったさけ一緒になったがだろ、縁があったがでしょうに。どんなだんなさんて、やさしかった」

とチカさんはいう。けれど、結婚して船乗りだった夫が出征するまでの一〇年間、一緒に過ごした月日は数えるほどでしかない。

「その時分、私らね、一緒になるったって別になんにもねぇ者同士やさかい。で、わが実家の方に一緒におったえ。みんな貧乏やったさけね、家建ててでもくれる親、よけいおらんもん。それこそ好きな者同士一緒になって、よくよく金持ちの人ならまたなんでも買って揃えてくれたけど、私らみたいな貧乏な者はそのまま実家に二人目の子どもができるまで一緒や。どうでもしたら小せえ家でも、わが入る家でもと思ってね、一生懸命働いた。そやさけ、二人新婚で暮らしたちゅう日はねぇもの」

夫は能登周辺を往来する運搬船に乗り、あるいは北海道へイカつりに行った。能登周辺にいる時には時々帰って来たが、北海道のイカつりに行く時には五月に出かけて一一月にならなければ帰って来ない。チカさんは夫の帰りを指折り数えて待っていた。夫もうれしそうに帰って来た。そしてしばらくぶりに目にする子の成長を愛しんでいた。

チカさんの夫が召集されたのは昭和一七年の一一月。ようやく小さな土地を買って登記をすませたばかりの時だった。だから、家を建てられずに出征してしまう。それを励みにもし、楽しみにもして働いていたのだが……。

チカさんは夫からの便りを待った。

「便りが来るかと思っちゃ、どんだけ待ったやらわからん。なーんも一年も便りねぇし、生きとるか、死んだかちうては二度も行ってみてもらったことがあるえ。長男が一〇で、二番目が七つ、三人目がおなかにおったに行ったえ。そやし、子どもの顔も知らんな。三番目を」

おなかの中の子は夫が出征した翌年の三月に生まれた。だが、夫からはやはり、便りはなかった。

「この子の親はどこに行っとるやら、どうしとるやらなあちゅうちゃ心配ばかりしとったげに。そしたら一ぺんはがきがポツンと来たもんでね、女の子が生まれて名前もこんながにつけたちうて出して、写真もやったけど、それが手に届いたもんかどういうもんか。なんも、それっきり、なんもない」

夫が戦死したという公報が入ったのは昭和一九年の五月、生まれた子は誕生日を過ぎて歩き始めたばかりだった。

「後から、一緒におった人が来て話聞きゃ、ラバウルにおったえ。泣いたわいね。涙の枯れるほど泣ぇたけど、自分ばっかじゃねぇ、日本人が戦争に行って、私らと同じ者がどれくらいおるやらわからんなあ、と思ってね、自分一人じゃなしちう、そういう気があって子どもを一生懸命育てにゃあと思って、そう思ってあきらめにゃあねぇ……。戦争中、兵隊に行かにゃあ、恥ずかしい位にしとったえに。どれくらい海士町から行ったと思ってる、あるぎり男手おらんくれぇになって、そして、六九人も戦死しとるげ。こん中に未亡人が二四人」

輪島は漆器《しっき》の名産地だ。海士町の隣、鳳至町や河井町には多くの漆器職人が住んでいた。兵隊検査の時、屋内で仕事をする漆器職人より海士町の漁師の方が、そしてまた、隣町の輪島崎の漁師よりも舳倉島で働く海士町の漁師の方が甲種合格者が多く、戦場へ行っても漁師の威勢よさがかえって災いして、戦死をする者の比率が高かったと、息子を亡くした老漁師は語っていた。

夫が出征した後、また戦後もしばらくチカさんは子どもを相手に仕事をした。長男と次男が学校から帰ってくると小さい女の子を舟に乗せて、母子そろって海に出る。長男は小さなうちから舟に乗っていたから六年生になる頃にはもう見様見真似で櫓を漕いだ。沖に出て、「ちゃんと合図したらひっぱるのだぞ」といっておくと、二人はかわるがわるチカさんの息綱をくりあげた。

息綱は命綱ともいわれ、文字通り海女の生命がかかっている。一二歳と一〇歳の息子は健気《けなげ》にチカさんの命をあずかっていたのだ。まだ小さかった三番目の女の子は始終舟の上で蚊に喰われて痒《かゆ》がって泣いていた。戦時中、男たちが戦場へ行ってしまうと、舳倉島の海は子どもを相手に仕事をする海女船ばかりが浮いていた。

チカさんら夫が戦死した女性たちは昭和二四年から一五年間、誘いあって敦賀湾《つるがわん》へ出稼ぎに行った。毎年七月の二〇日頃から九月いっぱい、一〇月初めにかかることもあった。日本海の真っ只中にある舳倉島は潮が早くて、一人で海へもぐるのはとても疲れる。敦賀湾は浅くはないが夏の間はいつも凪《な》いで身体は楽だ。男は船頭一人おれば、海女たちはみな舟につかまって海にもぐれる。夫に先立たれた女性ばかり一三人の敦賀湾への出稼ぎに敦賀の組合長は同情して、普通とれ高の三割は組合に納めることになっていたのだが、一割にまけてくれた。敦賀湾では、舳倉島ほどにはとれなかったが、あわびの値段はよかったし、いつも凪《なぎ》で毎日でも海にもぐれた。最初の年は七〇日いる間、休みはたった四日しかなかった。夏でも海が荒れる舳倉島では考えられないことだ。たまには時化《しけ》て休みになればいいと思うほどだった。だが、みな休まずに海に入った。

北海道へコンブとりに行ったことも、九州へウニとりに行ったこともある。

「一緒の者同士行けばおもしろいわね。はや家のことも忘れてもうて、ほやけど、夜さり床の中へ入る時は、子どもはどうしとるかなあ、ほれいわんことは一日もなかったわね。昼は忘れてもうて商売に一生懸命やけどね、夕方になって床敷いて寝る頃、寝転がったせえに、おたがいに、どうしてるかな、いうて……」

だれもが子ども二、三人ぐらいはいて、実家や親類にあずけてきているのだ。

舳倉島でのあわびとりは男女一対の仕事だったから、息綱をくりあげてくれる夫を亡くした海女たちは、出稼ぎに行かない時は深い所へは出られず、浅い所で女同士、盥《たらい》につかまって仕事した。海女にとって夫を亡くすことは、生活の連れあいも、仕事の相棒も失うことだった。

だが、「海女は身体さえ気ぃつけりゃ、なんも、生活能力はあるさけ、食うや何やは不自由せなんだ」とチカさんはいう。

「海女は働くさけね、海あがりゃ、商い。秋になると金沢へ魚かんで（背負って）通うたり、七尾へ通ったりした。儲けにゃどうもならんでしょう。子どもの顔もろくに見んこともあったわね」

海女たちの商いは、昔から灘まわりをしていて海にもぐるのと同じぐらい身についたものだ。チカさんは、まだ暗い、子どもたちが寝ているうちに起き出して、朝一番の五時何分かの汽車に乗った。その頃の汽車は遅くて、輪島から金沢まで四、五時間もかかる。帰ってくるともう日はとっぷりと暮れて、七時をまわってしまう。大急ぎで浜へ行って翌日持って行く魚を仕入れて家へ帰ると一〇時、一一時で子どもはもうみな寝ていて、子どもと話を交すこともない日が続くのだ。

金沢通いは戦後一～二年目から始めたが、その頃はまだ鯛《たい》や鱸《すずき》が統制されており、警察の取締りが厳しかった。

箱の下の方に鯛を入れ、その上にいろいろの魚を置いて、背中に背負い、両手にも下げて五、六貫（約二〇キログラム。一貫＝三・七五キログラム）を持って行く。汽車に乗ると四、五時間もあるから自然に眠くなって、金沢近くなると、「さあ」と声をかけあい、「今日は巡査出とらんかな」とホームの方を眺めて身をかくして行ったものだ。金沢の近江町の市場に魚を売る店が軒をつらねて並んでいるが、チカさんはその一軒の店に通った。そこのおやじさんが待っていてチカさんが値段をつけなくとも、必ずいい値段で買ってくれるのだ。帰りは荷は空になっているし、汽車は輪島で終点だから乗り過ごす心配もなく、安心して眠ってくる。気の合う者同士仲間をつくって冬の間中、三月のワカメとりが始まる頃まで、雪の降る日も風の強い日も、金沢通いは続けられた。

七尾（能登半島）からはイカや魚を仕入れてきて、それを在郷の農家へ持って行って豆と替えてくる。豆はその日のうちにゴミなどとってきれいにして七尾の豆腐屋へ持っていった。

「夜なべに豆ころがしちゃあ、きれいにしとって、明日朝かんで（背負って）行くでしょう。豆で儲け、魚で儲け、一日も休まれなんだ。一日休めばいくらの損やな、と思って。人間ちゅうもんは欲なもんで人に負けられんちゅう、そういう根性持ってるさけ、働いている時は父ちゃんのことも忘れるえ。どうでもしたら人の手にかからんと、一生懸命自分で生きようと思っちゃね、そういうことばっかり思うて、なんも、余のことども思わんね」

夫が出征した後生まれた娘は海女にならずに東京へ行った。

「あんな商売させとうなかったわね。服（ウェット・スーツ）でもはやっとればいやでも応でも海士町におるかもしれんけど、はやらん時だったし……。私らの時分はみな海士町におったけど、いまはどこへでも行くわね。昔はどこへ行くことも知らなんだ。海士町に生まれたら、海女になるもんやと思うて……」

チカさんの長男は漁師になり、次男は漁協に勤め、三番目の娘は東京へ行った。いま、チカさんは、舳倉島で働いている長男夫婦の子どもたちをあずかって、海士町で留守を守っている。

小学校三年になったばかりの一番下の女の子が学校から帰ってきた。

「大きくなったら海女になるの?」と聞くと、「ならん、婆ちゃんの側にいる」といった。海女になれば舳倉島へ渡らなければならない。留守を守るチカさんの力になりたいという、幼い者の思いやりであった。

姥捨《うばすて》紀行

現実の〝旅〟よりも遠い日の旅の回想の方が透明に見えることがある。

このところ、七年前のひとつの旅を辿《たど》ってみたい、という想いにしきりにとらわれるのは、その旅が旅を始めるきっかけになったからだろうか。

それは姥捨《うばすて》への旅だ。

七年前の姥捨への旅をもう一度辿りたいと思ったのは、黒田喜夫《きお》(詩人。一九二六〜一九八四)の『彼岸と主体』(河出書房新社刊・一九七二)を読んだからだ。

国鉄篠ノ井線《しののいせん》に「姨捨」という小さな駅がある。駅名を示す白い立札には「おばすて」と平仮名で書かれていた。「姨捨」なのか「姥捨」なのか、「おばすて」なのか「うばすて」なのか、諸説があり、いずれも通用している。

深沢七郎の『楢山節考』の〝信州のある村〟が姥捨であるのかどうかはわからないが、姥捨も、信州のある村であるには違いない。

信州の〝ある村〟というように村の名を特定していないのは、例えば、〝むかしむかし、ある所に……〟と始まる昔ばなしが、それを語るどこの村でも舞台になり得るように、『楢山節考』の〝ある村〟も信州のいたるところにあり得たのかもしれない。いや、信州とは限らず、『楢山節考』の〝ある村〟と同じような村に東北地方など、訪ねた山あいのいくつもの村で出遇った。だから、〝信州のある村〟を、姥捨のことだと規定することはない。けれど、くどくいえば、姥捨もやはり、信州のある村のひとつに違いなく、そうした意味で、『楢山節考』を「姥捨紀行」に重ねて考えあわせてもいいかもしれない。

『楢山節考』の中で、〝白萩様〟と呼ばれる白米が、山地ばかりで平地の少ない村では、盆や正月、あるいは病気の時ぐらいしか食べられず、粟《あわ》や稗《ひえ》、その他を常食としていることも、「仲人が世話をすると云っても年齢が合えばそれで話が決ま」り、「どこの家でも結婚問題など簡単に片づいてしまう」ようなことも、年をとっても歯が達者だと、それだけものをよく食べるので馬鹿にされるようなことも、「バカ野郎！　めしを食わせねえぞ！」というように、「めしを食わせねえぞ」とか「めしを食うな」という言葉が悪態のように使われることも「かやの木ぎんやんひきずり女　せがれ孫からねずみっ子抱いた」と早婚で多産が三代続くと、そこの女たちは淫乱だと嘲笑されるようなことも、〝山々の間にある村〟では聞きそうな話だ。『楢山節考』の中の〝ある村〟の中で、ただひとつ、あまり聞かない話は、〝楢山参り〟である。

楢山祭りが三度来りゃよ
栗の種から花が咲く

楢山祭りが近づくと、この盆唄がうたい出され高齢者に楢山参りが近いことを知らせるという。〝信州のある村〟の楢山参りは、七〇歳になった高齢者を奥深い山へ置きざりにしてくることだ。山あいの村にならどこにでもありそうな話で構築されている楢山参りは超現実にみえるが、超現実とは非現実ではなく、現実の鋭い形かもしれない。

「近年、親族の中に二人もの自死者をみた」

こうした形で始まる詩人黒田喜夫著『彼岸と主体』は、親族の中の二人もの自死者――それは、その辺りの人びとのいう「河ながれ」をした者であったのだが――を見たことから解き起こし、〈彼岸〉、実は人間の生と死、そして世界の変革を思考しているのであるが、その過程で『楢山節考』にふれている。

「『楢山節考』の老婆おりんのイメージとは、ほかならぬその作者深沢七郎の、人間と〈死〉に関する解放の夢、〈死〉への到達の幻である詩に違いない……」

おりんのイメージとは、まぎれもなく、楢山参りに行くおりんのイメージであるが、『楢山節考』の〝ある村〟は「いつの時代の何処の所在とも解らない（信州ということにはなっているが）現実仮構とするなら少しばかり民話風すぎる、民話空間とするなら少しばかり現実的すぎる性質の」村なのだが、もしそこに「或る近代性・現実性の脈絡を――例えば労働の疎外の関係を、私有・差別（経済、身分、性）の葛藤を、あるいは単純に領主や年貢の支配現存の関係等々を――差入れることがあるとするならば、そこでのおりんの〈死〉への合一は、実に現実否定となる超越ではないところの、支配現存の禁制・掟の極限化となるものとして、そのまま〈権力〉への合一に転化するものがあると考えざるを得ない……」ということを前提としながら、〝人間と〈死〉に関する解放の夢、〈死〉への到達の幻である詩〟について、もう少していねいに説いている。

「つまり天国的ということなら、そこでの人と物たちのどんなかかわりようにも天国的な救援の様相のひときれもなく、もしそれがあるのなら、ただそこにみちている飢えと残酷さを自らのやさしさの極みに集め逆転させて、わが身もろとも〈死〉へと合一してゆく老婆おりんの生き様、死に様のなかにだけ——その作者によっておそらくは民の母性の極致として夢みられたおりんの生＝死のなかにだけ、それはあるといえるでしょうが、しかし当のおりんの『死への合一』自体、先に見たように、その飢えの即物的な関係基盤に直接し規制されていて、おりんはみずからのやさしさの逆倒の極で〈死〉の世界、〈他界〉には入って行っても〈天国〉にはけっして入って行かないわけです。その世界では、人はみな七十歳を過ぎれば『楢山』に行かなければならない——『楢山』には『神さん』がいる筈だが、その神はまたどうしようもなくただの神さんであるのであり、そして人は『楢山』で死ぬのだが、みると、そこでは『楢山』自体が〈他界〉であることが明らかなのです。そこに行くとき誰にも見られてはならず、口をきいてはならず、そこから戻るときけっして振り返ってはならないところの『楢山』は、そのふもとの生者の〈村〉に対して、明らかに死者の世界＝〈他界〉にほかならないのであり、しかも、そこは〈村〉の飢えと物たちにもまして、ただ、岩と木と散らばる白骨、屍体にたかる烏だけの即物的な無残さをきわめた世界であるわけですが、それ故に、そのような非天国的な〈他界〉へ、ひとびとの飢えと残酷を集めて合一してゆくおりんの生＝死の軌跡は、その内に、夢みられた民のこころの天国・やさしさの極をはらんで架かって行き、そして同時に、それは直接しているニヒリスティックにひとしなみな関係基盤に押さえられて神性へと超越はせず、〈村〉の神である『神さん』のもとへ行くというより、それ自身、民の神、飢えの神とでもいうべきものへの民の生き難さの集中と顛倒を示しつつ、その現世否定の、〈他界〉への負性の解放を描いているとみえるのであるわけです」

『楢山節考』の〝ある村〟は食糧の不足が村の生活のすべてを律しているような、〝飢え〟が恒常的にある村だが、現実仮構とするなら少しばかり民話風すぎるのは、確かにそこに労働の疎外の関係、私有・差別の葛藤、支配現存の関係等々が描かれていないからだ。そのことを黒田喜夫は「『楢山節考』の作者の底深い現実（近代）嫌悪・否定の夢」だという。「底深い現実（近代）嫌悪・否定の夢」が、「人間の〈死〉への到達の詩たるそのおりんの〈死〉への合一」といった形で表れてくる。ただし、おりんの〝死〟が〝詩〟であり得るのは〝一種平等な飢え〟を前提としている。〝ひとしなみな飢え〟を前提とした時、おりんの楢山参りは詩となり得るし、見事に楢山参り——それは〝ある村〟の者にとって、その生の完結の時であるのだが——を果すおりんに〝民の母性の極地〟を見ることができるというのである。

姥捨への旅が、旅を始めるきっかけとなった、と記したが、姥捨への旅が、はじめての旅であったわけではない。だが、旅を続けさせるきっかけに確かになったのだ。

姥捨への旅は、『楢山節考』が文字通り、楢山節・考で、作品の中で唄がおりんを楢山参りに導いていく重要な役割を果しているが、そんな楢山節が、もしかしたら姥捨にあるのではないか、と思いついて出かけたのだった。だが、姥捨で聞いたのは、田毎小唄、という座敷唄だ。楢山節とはだいぶかけ離れた座敷唄にいくぶんがっかりもしたが、遠い記憶の底の、忘れかけておぼろげな節でうたってくれた田毎小唄よりも、老夫婦が、とりあげ婆さんが死んでしまって、妻が産む子を夫がとりあげた、と、こともなげに語ってくれた話に虚をつかれて、以来、人びとの話を聞く味を確かにしめ、それが旅をはじめるきっかけになったのである。

「死んでければいい」と念じながら子を産んで、自分で産んだ子の臍の緒を結んだ和賀町の藤枝なおさんにも、麻布を織ることは畑に種を蒔くことから始まる、と教えてくれた信州開田村の畠中たみさんにも、小さな沢の田しかなかったから、他の農家へ田植えや草とりなど手伝いに行った時に手間賃を藁でもらってきて、藁仕事をしたという八郎潟町の伊藤ナミエさんにも、決して自分で着ることのない越後縮を織り続けている塩沢町の一之谷タカさんにも、息子に息綱を引かせて海にもぐった輪島海士町の海女佐渡チカさんにも、その他数えきれないほど多くの、旅の先々で出遇った女たちに、黒田喜夫のいうおりんの〝民の母性の極地〟を感じていたような気がする。

女たちが住んでいた村は、確かにおりんの〝ある村〟に通じており、だが、現実には、近代の労働の疎外も、私有財産制・差別の葛藤も、支配現存の関係も彼女らは背負っていたに違いなかったのに、旅はうかつにもそれらをスッポリと脱落させてくれたのだ。

それは、『楢山節考』の作者の〝底深い現実（近代）嫌悪・否定の夢〟が私に意識的にあった、というわけではなく、旅が、そして、その先々で出遇った女たちの実存が、そうさせたに違いない。姥捨への旅は、そうした旅のきっかけになったと同時に、その旅そのものが印象的であった。楢山節のような唄を探す、といっても民謡同好会の会長さんたった一人をあてにして姥捨へ行ったのだが、「そんな唄はない」とあっさり断られると、あとはもう、まったくとっかかりを失って、だが、幸いにも、姥捨のふもとの八幡《やわた》の八幡様《はちまんさま》では祭りをしていた。

村の衆が帯刀はしていないが裃《かみしも》をつけて道々をねり歩いているから見にいったらよかろう、姥捨をくだって八幡様に着く頃には行列ももどってくるだろうから、と村の人が教えてくれた通り、八幡様の杜《もり》が見えはじめるとかすかに祭りの音が聞こえ、八幡様に辿りついた時には、行列も一の鳥居をくぐるところであった。祭りは新嘗祭《にいなめさい》（新穀の収穫祭。宮廷でも民間でも行われる）である。

「今年は淋しい祭りだなあ」

テープが流す、音のかすれた流行歌にまじってそんな声が聞かれる。八幡様《はちまんさま》は正式には武水別神《たけみずわけじん》社八幡宮《じゃはちまんぐう》で、殖産《しょくさん》（産業を盛んにし、生産を増やすこと）の神、軍の神を祀《まつ》っているから、兼業農家が多くなり、生計を農業にばかりはたよっていない今日では、また、とりあえずは戦争をしていない今日では八幡様のご利益も、とんと価値が下がってしまったらしい。戦前は近在の村々から三万ないしは五万にものぼる人びとがつめかけて、たいへんな賑わいを見せたという。

「サーカスや女相撲なんてのがきて、見に行ったもんよ」

と村人はいった。

いまは、参道に並ぶ昔ながらの商法の綿あめ屋や、お面屋や、風船屋や、カルメラ焼屋などの数々の露店商が、わずかに当時を偲《しの》ばせる。

七年前の姥捨紀行に、こんなことを書いていた。書いたことと記憶の強弱はだいぶ違って、たしかに八幡様へ行くと、村の衆が裃《かみしも》をつけた行列が、ちょうど一の鳥居をくぐるところで、私は、旅の荷物を一の鳥居の前の駄菓子屋にあずけて、三文記者よろしく、行列の写真を撮ったのである。けれどそれはおぼろげな記憶で、むしろ印象深く残っているのは、露店商が連れていた小さな女の子だ。露天商はあめを売っていた。だが、そこにはいず、女の子たった一人が、降り始めた雪が商品にかからないように天幕を張った中でポツネンと坐っていたのである。露店の女の子の記憶が強いのは、私の幼かった頃の姿に似ていたからに相違ない。

黒田喜夫は『死にいたる飢餓』で、故郷出羽村山地方に〝あんにゃ〟と呼ばれた男がいたことを記している。〝あんにゃ〟は兄《あん》にゃであり、若者、若い衆、兄さんなどの意を持つ呼称だそうだが、

〝兄《あん》つあ〟〝兄《あん》さま〟という言葉もあり、それとは厳に異なった使われ方をする。名前の下に〇〇あんにゃと呼ばれるのは、〝ガスタカリ〟だという特別な意味がこめられているというのだ。「ガスタカリとは、餓死タカリであり、飢餓病にかかった奴という意味である。彼は単に貧乏人であるのではない。ただ飢えた人間なのではない。彼は不治の飢餓病にとり憑《つ》かれた男だというのだ」と著者は記している。

「他家に隷属・奉公している男、いま自分の耕地をもたず他人の土地を耕している男」があんにゃであり、つまりガスタカリだと村山地方では呼ばれたというのだが、茨城県の貧農の四男として生まれた私の父なども、この類の運命を負っていたに違いない。ただ父は村を出て、横須賀の軍需工場で一三の齢から働き始め、そうしている時に、村で、たった三回顔を合わせただけの母が、飛び込んで一緒に暮らし始め、私が生まれたのであるが、戦争が終わって、ニューギニアから帰ってきた父と母の仕事は、行商や露店だった。父と母は別々に、あるいは一緒に様々なものを売った。キャンディ、せっけん、メリヤス、足袋、油、おでん……はじめは食べ物を、次にせっけんを、それから衣類に移った形跡だ。私の露店の記憶はせっけんや衣類の頃から始まる。父は、はじめは庖丁で、次に針金で、仕入れた大きな棒状のせっけんを切ることを試みたが、きれいに切ることができず、絹糸で切ることを発見した。棒状のせっけんの四つの角を大きさが一定になるように絹糸をかけて巻いて、締める。すると、絹糸は四つの角から中心に向かい、せっけんはきれいに切れた。父はその時、いつも呪文のような鼻歌をうたっていた。「儲からないから働かない、働かないから儲からない』。私は、妹と二人、小間物屋と織物組合の間の、人一人がやっと通れるぐらいのすき間に新聞紙を敷いて置かれていた。小間物屋と織物組合の間に出した戸板一、二枚ほどの露店は、下にどぶ川が流れる上に仕組んだから、冬は風が吹きあげてとても寒かった。その風を避けておかれたのが、日の射さない冬でもなお湿ったすき間だったのである、妹が二つ、私が五つぐらいの時だ。

八幡様の露店の女の子は三つぐらいだった。

姥捨は、山の斜面をきり開き、そこに築いたわずかな耕地を耕して暮らしてきた小さな村だ。古くは更級郡《さらしなぐん》八幡村《やわたむら》の一部であったが市町村合併で更埴市《こうしょくし》となっている（現在、千曲市）。山の斜面の中ほどに長楽寺があると聞いて、登っていった。どこかのおばさんが凍《し》みた柿をとり、持ちきれずにピシャッと落ちたアスファルトの道は、八幡から長楽寺へと続く道だ。途中、きた道をふり返ると段々畑がどこまでも連なっている。その道は長楽寺よりさらに登れば姥捨の駅付近まで通じていた。ふもとの方では薄くなっていた雪は上へ行くにつれて厚く残っている。

長楽寺には高さ一〇メートルもあろうかと思われる大きな岩がある。この大きな岩が姥石《うばいし》と呼ばれ、たとえば、むかしの人はこの岩から老人をつき落としたのだ、というように、棄老伝説の格好の材料にされた。長楽寺の雪は消えず、深く積っていた。姥石も雪を被っていた。

姥捨を楢山に見たてるなら、八幡から長楽寺への道は、楢山参りで踏み固められた道だと、ふとそんな考えが浮かぶ。段々畑には楢の木が蜿々《えんえん》と生えていただろう。だが長楽寺の姥石は、寺の庭木に囲まれて、箱庭のように配置されていて、『楢山節考』の楢の木と白骨と鳥ばかりの荒涼として広大な風景を想像することは難しい。

長楽寺の住職に姥石伝説をたずねると、住職は、姥捨が、姥石伝説よりは「田毎の月《たごとつき》」の名勝として知られたことを強調した。田毎の月は、四八枚の田をあわせなければ一反にならない段々畑の小さな田にうつる月だ。古くから歌人や俳人や画人が訪れ、いくつかの碑も残されている、と住職は案内した。

おもかげや姥ひとり泣く月の友

そのひとつ芭蕉の句碑《くひ》だ。村の人も仲秋の名月の頃にはよく月見をしたという。

「戦争前はなあ、よく姥捨へ行って月見をしたもんだ。八幡には芸者衆が六〇人位もいて、その芸者衆が三味線抱えて姥捨にのぼっていったもんだ」

ふもとの八幡に住む人はそういっていた。月見は、桜の花見ほども賑わって、酒を飲み、ごちそうを食べ、酔っ払いが姥石から落ちて亡くなったこともあるという。その頃流行《はや》ったのが田毎小唄だったのだ。

田毎〳〵に月かげうつる

ぬしの心は田にうつる
かかる山路の姥捨さいも
月のみやこと世に響く
月の笑顔はなお更級と
今宵にぎおう人の山

長楽寺の住職は、姥石伝説よりも、田毎の月の名勝として知られていることを強調していたが、考えてみれば、四八枚の田をあわせなければ一反にならない田毎の月の名勝であることは、やはり、姥捨が、『楢山節考』の〝ある村〟であることに違いなく、田毎小唄は、確かに姥石伝説に通じる姥捨の唄だ。

棄老伝説が事実に基づく伝説であるのかどうか。旅の先々で出遇った女性たちは、〝ある村〟に通じる自分たちの村の生活を語ってくれたが、決して聞くことがなかったのが、楢山参りの話であり、棄老伝説だ。では、『楢山節考』の楢山参りは、超現実のまま、現実にはもどってこない話だろうか。

たとえば、「死んでければいい」と念じながら子を産んだ藤枝なおさんは、北上川の向こうの村で子を膝カブ(膝頭)でつぶす噂を聞いた。それは、堕胎罪の取締りが厳しくなった昭和初期の頃だった。人びとは、「声をたてらへねばいい」と産まれて間もない子を、産声をあげる前につぶしたという。

死産に見せかけて。

なおさんが聞いた噂が、〝楢山参り〟に通じるたったひとつの話だ。

だが、〝楢山参り〟と死産に見せかけた間引きの決定的に異なる点は、一方が七〇年生きた者の死であり、もう一方が、まだ産声をあげるか、あげない者の死だ、ということだ。また、棄老伝説が、遠い時代のかなたに忘れ去られようとするのに対し、死産に見せかけた間引きは、伝説ではなく、事実だということだ。

〝楢山参り〟と死産に見せかけた間引きの間には、まだ様々な相違点があげられると思うが、状況だけは通じている。それは、〝飢え〟の状況である。

天明三年（一七八三）飢饉　冷害　物価高騰（東北地方餓死者十数万）
　上田領内百姓蜂起
四年（一七八四）旱魃
　千曲川洪水（八月）
六年（一七八六）千曲川洪水（七月）
　凶作
七年（一七八七）大飢饉　芽葉皮根を食す
　千曲川　犀川洪水

天保二年（一八三一）千曲川洪水（天保の飢饉）
三年（一八三二）凶作　米価高騰
四年（一八三三）凶作
七年（一八三六）凶作　物価騰貴
大風雨洪水
千曲川洪水
八年（一八三七）麻疹流行
米凶作
九年（一八三八）暴風雨で樹木倒る
十年（一八三九）豊作

八幡村が更埴市に合併される際編まれた村誌から、抜粋した。同じ年表に、天明の飢饉の約一〇〇年前、正確には一六九〇年に捨子禁止令が出され、一六九二年には、田畑の質入れを禁止する質屋取締令も出されていることが出ていた。

だが、それほど歴史を溯らなくとも、〝ある村〟の状況は、人びとの記憶の中に残っていた。藤枝なおさんと同じ和賀町に住む高橋リキさんは、岩手では凶作のことをガスというのだと教えてくれた。岩手の凶作《ガス》が、秋田の餓死《ガス》タカリの餓死と同じであるのかどうか、リキさんは、「さあ、どうかねぇ」と首をかしげたが、後に、やはり、凶作《ガス》は餓死のことだと、他の人から聞いた。遠く離れて八重山の竹富島が、古く、餓死島と呼ばれた、と、石垣に生えたヒンズ豆（フジマメ？）をとっていたおばあさんが教えてくれた。ヒンズ豆は白い花が咲き、荒地や石垣などに這うようにはえていた。他の作物が枯死しても残るしぶとい豆で、古く、竹富島の人びとは、凶作の時にはヒンズ豆で命をつないだと、これもおばあさんが教えてくれたことだ。竹富島は小さな島で、わずかな作物しか育たず、恒常的に飢餓におびやかされていた、と。

餓死《ガス》タカリ、凶作《ガス》、餓死島、この三つの言葉をつなぐガス考が、楢山参り考になるのかもしれない。

〝ある村〟の楢山参りが、七〇になったら誰でもが全うする〝ひとしなみ〟な営為であったのに対し、餓死タカリ、凶作、餓死島のガスあるいはガシは、〝ひとしなみ〟に一見みえて、決してそうではない。出羽村山地方の次男、三男、四男は、誰でも耕す田など親から継ぐことはできず、それが次男、三男、四男の宿命のようにも見えるが、それは、「農村ガ最モ優秀ナル兵力及ビ労力ノ供給源」（「人口政策確立要綱」）と考えられた日本の人口政策による人口過剰が原因であったのだし、凶作が人びとにおそれられたのは、凶作による飢餓状況は収穫高の四～六割にも及ぶ高率の小作料がより深刻にさせた現象だったし、竹富島は小さな島で作物の収穫は確かに少なかったのだが、八重山諸島は、薩摩藩と琉球王朝の二重の収奪を受け、納めなければならない税が収穫高の実に八割にも及ぶという、そうした条件が竹富島を餓死島状態にさせていた。

黒田喜夫は、『楢山節考』に〝近代の労働の疎外の関係、私有・差別の葛藤、支配現存の関係〟がさしはさまれていないのは、作者の〝底深い現実（近代）嫌悪、否定の夢〟があったからだと指摘している。確かに、〝ひとしなみな飢え〟を前提にした時、おりんの楢山参りは、残る村の人びとへのやさしい表現となる。死ぬことが人びととつながることだという逆倒した関係の中にあって、おりんの楢山参りに〝民の母性の極地〟を見ることはできる。

だが、私が出遇った女たちは、うかつにも旅がそれを忘れさせたのだが、〝近代の労働の疎外の関係、私有・差別の葛藤、支配現存の関係〟のまさに真っ只中にあって、なお、〝民の母性の極地〟ともいうべきやさしさを秘め持っていた。

未開の狩猟民族が、とってきたものは必ず等分に配分するというレポートをテレビで見て、懐しい、民のやさしい関係を見たような気がしたが、例えば藤枝なおさんの一人で子を産む話に、また、麻布を織るのは種を蒔くことから始まると教えてくれた畠中たみさん、麻布づくりの順序をていねいに教えてくれた北向キエさんに、ほのかに、未開の民族に通じる民のやさしさを感じたのはなぜだろうか。

麻布を織ることも、一人で子を産むことも、〝飢え〟と隣り合わせの、その時代時代の厳しい収奪の中で繰り返された女たちの営為であった。〝飢え〟が厳しい収奪によるものという残酷にもかかわらず、原初の民のやさしさに通じるものを、女たちが耐え持っていたのは、〝ひとしなみ〟への願望があったからではないか。身の内に原初の民に通じるやさしさを耐え持つことが、女たちの願望の小さな実現だったのではないだろうか。

それにしても、うかつにも見過ごした〝近代〟が女たちにとってはどんな意味を持っていたのか、さらに旅を続けなければならない。

旧版『つい昨日の女たち』あとがき

資本主義の発展途上で村から放り出されたルンペン・プロレタリアートの二世である私は、世の中が高度経済成長とかで浮かれ騒いでいる頃、なぜか両親の、そのまた両親の生まれ育った〝むら〟の状況が気にかかって、旅をはじめた。折りしもディスカバー・ジャパンのキャンペーンも華々しく、そんな風潮に便乗した格好であったかもしれない。列車の窓から見える風景は、私の幼い頃みた〝むら〟の風景とはだいぶ変わっていた。だが、アルミサッシの戸をたたいて訪ねたおばあさんたちは、新建材の壁にもたれながら、私の幼い頃みた〝むら〟の状況、いやもっともっとなつかしい、はるかかなたの時代から、女たちが耐え持ち続けてきた世界を展開してくれたのである。私にはそのひとつひとつが目新しかった。驚異だった。

女は家事以外の労働に従事しない、非社会的な存在であるかのような誤解があるが、それは、封建制下のほんの一握りの武士階級の俸禄生活者の妻女らの生活形態で、封建時代の支配階級の家庭観が、数の上からみれば現代ほどしみわたっていることはないように思われる。それは都市部のホワイト・カラー族の妻女らの間で最も多く実現されているのだが、都市部のあいまいな、だが確かに現代でも支配階級に都合のよい家庭像が誤解の原因であるのだろう。歴史上、女の労働力を必要としなかった時代は皆無である。ただ不幸は、女の労働が、多くの下層階級の労働とともに、決して正当に評価されることがなかったことだ。だが、かつて女たちは、現代の都市部のコンクリートの白い壁に閉ざされている女たちほど、非社会的な存在でも、非生産的な存在でもなかった。そのことを旅の先々で出遇った女たちは教えてくれた。激しい収奪のくり返しの歴史にもかかわらず、女たちが持ち耐えた願望、といったものにかすかに触れた思いがしたのだが、現代は、その糸がプツリと切られてしまったように思う。資本主義経済の発展の途上で、文明の近代化の過程で、何を見失ってしまったのか、何を持ち続けていなければならなかったのか、さらに旅を続けなければならない。

旅の者に快く胸襟を開いて話をしてくださったおばあさんたちに心から礼を述べたい。又、帯のことば（※）をくださった森崎和江さんに深く感謝申します。

なお、題名は元『わたしは女』編集長石井慎二さんに、この本の進行は大須賀裕子さんにしていただいた。

一九七九年　春　　　　　　川田文子

※女の原点にふれつつ旅ゆく著者の声がひびく／いま産みおとした子の臍の緒の感触を知っていますか／昨日の女の壮絶な産室から　心ゆたかな麻畠から　海辺から　また暗い明日の空へむかって（森崎和江）

女たちの子守唄

遠い日のアイヌモシリ
——和人《シャモ》のところへ子守り奉公に行った織田ステさん

川沿いに部落《コタン》をつくったアイヌの昔語り

「はじめてくるんだのに、ケラリ山の方さへでも登って迷うんでねえべか」

織田ステさん（八一歳）には六年前、一度お会いしたことがある。が、家を訪れるのははじめてだ。ステさんが心配してくれたように、なるほど昇り降りする坂道は曲りくねり、一人ではよほど家を探すのに苦労したかもしれない。バス停にはステさんの娘さんが車で迎えにきていてくれた。途中、大きな川沿いに車は走り、牧場地帯へと入った。日高平野一帯は競走馬の産出地として名高い。車の窓から見えた大きな川の名を聞くと、

「この辺ならルペスペっていうんだけんど、もっと下の方さ行けば静内川《しずないがわ》ってなるんだ」

娘さんは大きくカーブする道にあわせてハンドルを切りながら教えてくれた。

〝ルペスペ〟懐しい響きだった。六年前、ステさんの話を聞いた時、何度も登場した川だ。少女時代、そして結婚後も、その川沿いにあったアイヌコタンでステさんは暮らしたのだ。

新谷行《しんやぎょう》（詩人、文芸評論家。一九三一〜一九七九）は『アイヌ民族抵抗史』（三一新書・一九七二、河

出書房新社・二〇一五）で、アイヌ民族が北海道をアイヌモシリと呼び、そこには「誇りある人間の住む島」といった意味が込められていると述べているが、私はルペスペを中心に展開されたステさんの昔語りに、はるかなアイヌモシリを想い描いたのであった。

江戸時代、北海道内陸部に追いやられていたアイヌ民族は明治に入って「地租改正令」が発令されると、決定的な打撃を受ける。川沿いに部落《コタン》をつくり、広大な原野に鹿や熊を追い、魚をとって暮らしてきたアイヌ民族には土地私有の観念はなかった。明治政府の行なった北海道開拓は、狩猟民族であるアイヌの猟区を狭め、私有制を基底にした新しい土地制度がアイヌモシリを破壊していったのである。

「儂《わし》はね、生まれは東静内。お父さんは漁師でね、若い衆ら二、三人使って、自分で船持ってやっているうち具合悪くなって、儂の妹できて、這って歩く頃に寝込んだんだね。で、死んで……」

ステさんは父の顔を覚えていない。同居していた叔父叔母が合わせて五人、いま考えてみれば、母は小舅《こじゅうと》や小姑《こじゅうとめ》が多勢いる中にあって、幼児を二人も抱えて、その家にいられなかったんだろう、とステさんはいう。母は、子どもが学校へあがるまで、と体のいい理由をつけられて、実家へもどされた。

だが、間もなく、母も他界した。ステさんが六歳ぐらいの時だ。幼かったステさんは、死をりかいできなかった。床に伏している母の周りで人々が泣いているのが不思議であった。その晩、ステさんと妹は孫婆さん（祖母）の家へ連れて行かれた。

「孫婆さんの家さ行って、絶対外に出るんでない、妹と二人で孫婆さんの寝床に寝てれ」

ステさんは孫婆さんの床でいつしか眠り、ふと目が覚めてみると、あたりは真っ暗だ。が、耳をすますと、暗闇の向こうから、シクシクと人のすすり泣く声が聞こえた。昼間家へ来ていた叔父さんや叔母さんたちだ。ムックリ起きて、「自分の家さ行く、お母さんのとこさ行く」ステさんは周囲の人々にそういってせがんだ。

母と一緒に住んでいた家《チセ》が焼かれたのに気づいたのは次の日の朝である。家はすでに焼けて柱だけが残り、残り火が時折淡い炎をあげていた。ステさんは母が家ごと焼き殺されたのだと思った。

「ハボー、ハボー（お母さん）」

ステさんは母を呼びながら泣いた。

「ハボのチセも焼いて、ハボどうした、ハボどこさ持ってった、エムカ（こわいよ）ハボー、ハボー」

叔父や叔母たちが帰ってからもステさんは泣き続けた。泣くステさんに孫婆さんがいった。

「そんなに泣いたらハボも辛い思いするからあんまりハボ、ハボって泣くな。泣いたらハボ、カムイ（神の国）さ行けないんだから」

祖父母のもとにあずけられたステさん姉妹

かつて、アイヌの習慣では女が死ぬと、生前使っていた道具類も家も焼かれた。男なら家をつくることもできるが、女はそれができないから、カムイコタンで不自由なく使えるようにと家も道具類も焼いて故人を送ったのである。

両親を失ったステさんと妹は祖父母に育てられることになった。祖父母はわずかな畑を耕して暮らしていた。

ステさんが和人《シャモ》に雇われて子守りをするようになったのは七、八歳の頃である。ルペスペという川の向こうに御料牧場《ごりょうぼくじょう》（皇室の牧場）があり、そこに仙台や南部などからきた人びとが働いていた。仙台であったか、南部の人であったか、ステさんにはもう記憶はないが、夫は木挽《こびき》（きこり）、妻は御料牧場の農園で働いていた夫婦に請《こ》われて子守りをしたことがある。夫婦はステさんのことを、「親がいないので孫婆さんに養われているおとなしい子がいる、あの子なら守りさせても心配ない」と近所の人に聞いてきたらしいのだ。「この秋いっぱい、穫り入れが終わるまで貸してくれれば、この子ら姉妹《きょうだい》で着るだけのもの持たしてお金もやるから婆さん頼む」と三回も来られて、孫婆さんも本人さえよければ、と返事した。

「家にいれば遊んでばかりいる。他所へ出せばものわかるべ」孫婆さんはそう考えたのだ。ルペスペの向こうの御料牧場を中心とした和人の世界は、ステさんにとっては見知らぬ世界であった。孫婆さんをはじめ、叔父や叔母、また馴じみのある同じコタンの人々とは異質な肌合いを、ルペスペの向こうの人々に、幼いながらステさんは感じていた。ステさんは知らない世界へ入って行くのがこわかった。けれど、孫婆さんにいわれて川を越えて和人の家へ子守りへ行くようになった。孫婆さんに育てられたステさんはアイヌの言葉しかわからない。何かいわれれば思わずその言葉が出るのだが、和人にはそれは通じない。ステさんは何かいいたいことがあっても寂しく口をつぐんでいた。言葉も通じない異質な世界でステさんをたまさか喜ばせたのは、貧しい孫婆さんが決して与えることができなかったいくつかの品々である。ステさんが頼まれて守りをしていた子は初子だったから、着るものは何もかも新しくつくられた。その子のために肌着をつくるような時、雇い主はついでにステさんの分までつくってくれたのである。真新しい肌着がステさんにはとてもうれしかった。

また、和人の女たちがつくった食べ物もステさんにはもの珍しかった。ルペスペの川沿いにあった御料牧場の農園には和人の子持ちの女たちも働いていた。ステさんは次第に雇い主の隣近所からも子守りを頼まれるようになり、朝早く女たちが仕事に出かけると、一緒に行って、農園で三人の子の守りをした。昼休みにはそれぞれの母親が弁当箱や重箱を開いてステさんを呼ぶ。

「ステちゃん、おいで。ホラ、これ食べれ」

その中味は決して豊かなものではなかったが、三人から少しずつもらえば、それぞれに味が異り、孫婆さんと一緒に食べていた粟《あわ》や稗《ひえ》の粥《かゆ》に比べれば、やはりたいしたご馳走であった。また、隣の婆《ばば》が餅《もち》をつくって売り歩くようになると、ステさんに必ず餅を二つくれた。

「今日、また頼むぞ、うちの孫頼むぞ。明日また餅搗《つ》いてやるからな」

そういって婆は出かけて行った。ステさんは餅をもらうと、妹と分けて食べたい、孫婆さんにも食べさせたい、と思って雇い主の家の茶碗やら鍋やらを置く棚の上にのせておいた。すると、「どうしたの？　このお餅」

雇い主の農婦が怪訝《けげん》そうに聞いた。農婦は、ステさんが盗んできたのではないか、と疑ったのだ。

「隣の婆ちゃんからもらった。妹と食べたいと思っておいてある」

ステさんはいった。

「なあんだ、食べれ、食べれ。餡子《あんこ》入ってるから明日まで置いたら腐るぞ。食べれ、食べれ、もらったらすぐごちそうさん、て食べるんだよ」

穫り入れがすっかり終わり、間もなく雪が降り始めようとする頃、子守りを終え、ステさんは、綿入れや袷《あわせ》、単衣物《ひとえもの》など、たたんでも相当の嵩《かさ》の着物をみやげにもらった。それは小さなステさんの労働に対するはじめての報酬であった。迎えに来た孫婆さんも叺《かます》（むしろを二つ折りにした袋）に入った味噌やら醤油をたくさんもらった。

「うちの子ばりでない。隣の子らも大事に守りしてもらって、これで仕事きりあげた。来年もまた頼むな。いや助かった」

隣の家からも礼の金品が届いていたのだろう、孫婆さんは涙をポロッポロッと落としながら、もらった金を懐の巾着の口をひろげてしまい込んだ。そして、叺に入った味噌や醤油、それに着物を大きな風呂敷に包んで背負うと、川を渡り、大喜びで家へ帰ってきた。家へ帰ると妹も大喜びだ。もらった着物をひろげて、二人で交替に何度も何度も繰り返して着ては、脱いではしゃいだ。

季節はずれの晴れ衣裳

二、三日して、その喜びもいったんおさまると、孫婆さんのおもわぬ怒りがステさんに飛んだ。

「だめだ、だめだ。そういう言葉使いしたらだめだ。和人の言葉直せ」

ステさんの孫婆さんは、周囲の若い人たちが、生活の仕方も、言葉使いも考え方までもじわりじわりと和人に侵蝕されていく中にあって、牢固として、先祖から受けついだ習慣を守っていた。ステさんが入墨をする年頃になり、近所の同じ年格好の娘たちも、その親も「入墨を禁ずる」という和人のつくった法律に従い、それに逆らおうとしなかった時、孫婆さんは頑としてステさんに、長い年月を経てきたアイヌのしきたりを踏襲させるような人であった。孫婆さんは、ステさんが和人の言葉を使いはじめた時、いいしれない危機感を抱いたのかもしれなかった。ステさんが子どもながらに他人の所で働き、それなりにその報酬を得てきた時、涙を流して喜んでいたのに、「来年は和人の所には奉公はさせない」とステさんにきつくいい聞かせたのだ。

ステさんが学校の門をはじめてくぐったのは一四歳になってからだ。一年生に入って六月にもなるのにまだ、一四、五日しか学校へ行っていなかった。その日もステさんは畑に出て叔父さんの仕事を手伝っていた。すると農屋（地名）の方から来る級友に、「あれ、あんた、今日、遠足だよ。遠足だから行こう。先生たちも今日はここ通るんだよ。稼いでるの見られたらおこられるよ」

そういわれて、ステさんは叔父さんに「今日は遠足だから学校へ行ってもいいか」と聞いた。よい天気だった。叔父さんの許しは出た。ステさんは一度家に帰り、行李をあけた。そこには子守りをした時もらった綿入れが、大事にしまわれていた。他の袷や単衣は四つ身で小さくなってしまったが、綿入れは大ぶりにつくられていたのでまだ充分着られる。他の生徒たちもきっといいきものを着てくるに違いない。いまではたった一枚の綻《ほころ》びのない着物となってしまった綿入れを、ステさんは晴れ着と思って遠足に着て行ったのである。この季節はずれの晴れ衣裳は、顔見知りの小作連中、また御料牧場のだんな方の息子や娘たちの目にすぐとまり、「どうしたの、あんた。今日暑いのに綿入れ着てどうしたの」と揶揄《やゆ》された。

それからステさんは学校へ行ったことはない。一度だけ叔父さんに連れられて行き、「孫婆さん伏せっていつ逝くかわからない。孫婆さんの守りしないばないし、親のない子らだから自分で粟稗って食わねばない。学校に行けば行くほど苦労するから……」と学校にあいさつし、先生も簡単にそれを了承した。

「馬鹿くさい。同じ年の人ら、本見たり、新聞読んでいるのに、情ないもんだな……」と、いまのステさんは思う。

自然の神々と共に生きたアイヌの人びと

元気だった孫婆さんが伏せるようになり、着るものや食べるものの心配をステさんがしなければならなくなった冬の一月末だったか、二月のことだ。その季節になると、しばれた（凍った）土が割れる音がバーン、バーンと冷気に響いた。大きな立木が割れる音も聞こえてくる。

夜水を汲んでおけばしばれてしまうから、孫婆さんが飲むだけの水を鉄瓶に入れて枕元に置き、炊事に使う水は朝汲むことにしていた。ステさんの家には出面《でめん》（他家の仕事の手伝《い》い）して得た四〇銭位で買った手桶《ておけ》がひとつあった。ある朝早く、まだ日も昇らず、空気まで凍てつきそうな中をその手桶を持って水汲み場に出かけた。いつもなら氷を割ればその下にきれいな沢の水が流れているのに、あまりの寒さに下の方まで凍てついてしまって水は一滴もない。「あれ、困ったな、婆飲むだけしか水ないのに」と思いながら沢を伝って、隣の家の水汲み場、またその隣と登って行ったが、氷を割って穴をあけても、どこも凍っていた。そしてついに、一番上の家の水汲み場まで登って行った。そこには大きな木の根っこがあり、その下に水が流れていた。ステさんはまたゴンゴンと氷を叩いて割り、中を見ると、そこもやはり凍てついていた。が、よく見ると、木の根っこの下の石に大きなやまべ（やまめ）がびっしりとくっついて、どれもみなコロンコロンと眠っている。ステさんはそれを見ているうちに急に怖ろしくなって、ぶっ飛んで坂を下り、孫婆さんに告げた。

「いや、たまげた。木の下、やまべばっかりゾロッと横になって、腹出して……。おっかねえから逃げてきたんだ」

それを聞いて孫婆さんはいった。

「おっかないもんでもない。その魚眠っているんだから鍋持って行って、魚残さないで拾ってみれ」

ステさんは鍋を持って再び坂道を登って行った。そして木の根っこの下のやまべをとると、やまべは棒《ボ》ッコみたいにしばれて固くなっていた。「死んでるんだべか」固い棒ッコのようなやまべは、一升《しょう》（約一・八リットル）ではきかないほどあった。かじかやどじょうもカチンカチンにしばれている。

「死んでるんでない。寝てるんだ」

また、孫婆さんが教えてくれた。やまべを家に置いて、炊事の水を汲みに行かなければならない。一番上の家を通り越して、沢がもうひとつの沢とぶつかるところまで行けば水はあるだろう、と考えながらまた坂を登った。それは家からはだいぶ離れたところだ。けれど幸いに、日は昇り、凍った沢水も溶け始めたのか、魚をとった手前の水汲み場に水がチョロチョロと流れ出していた。「やれやれありがたい、神さん見ていてくれた」そう思って手桶にいっぱい水を汲み、大急ぎで帰って鍋の中を見ると、やまべはやはりしばれたままである。そこへ汲んできた水を入れると、急に魚はバチャバチャと水をはねた。ステさんはまたびっくりして鍋の中をみると、魚はモヤモヤとみんな動いている。

「いやいや、本当にこの魚眠ってた。折り曲げても石みたいになってたもの、よくこれ動くもんだな。かわいそうに水出たから川さ持ってって放そうか」

すると孫婆さんは、

「魚でもなんでも眠るんだ。お前は困って苦労してるから、川の神さん眠ってる魚、お前に授《さず》けたんだ。せっかく神さんにあたわってもらってきた魚、放したらバチがあたるから焼いて食え」

笑いながらそういった。

それからしばらくして孫婆さんは亡くなった。人々が自然の神々と共に暮らしていた遠い日の、ステさんのアイヌモシリの思い出である。

冬の山仕事を命がけでやったステさん姉妹

「親亡くして、今度孫婆さんも死んでいないし、私のお母さんのバッチ（末）の弟の叔父に扱われて。孫婆さんみてた叔父さんであったからな。その叔父さんを手伝って一六から馬使って畑おこす」

幼い時に両親を亡くし、孫婆さんと暮らしていたステさんは、孫婆さんが晩年、動けなくなると、妹と二人、叔父の仕事を手伝っていた。

病んで一年程も床についていた孫婆さんが亡くなったのは、ステさんが一七歳の一一月に入って間もなくだ。

それからは住居は別であったが、叔父は姉妹の保護者のような形になった。叔母は近所から頼まれての針仕事に明け暮れ、畑仕事はいっさいしなかったから、ステさん姉妹の労働は、叔父にとってだいぶ手助けになったに違いない。

「今だらどんな大木でも丸太のまま車に載っけて降ろすけど、昔は真四角に削って、きれいに鉋《かんな》でもかけたようにして山から出したもんだ。小っちゃい角の細い材木であっても三つも四つも太い鎖でつないで。山急なとこ走る時だら、馬はケツから押されるから、雪煙出して吹っ飛んで行く。平らなところ来たら今度、一寸もひっぱれないの。本当に泣きながら男みたいな仕事やらされて苦労した。昔はもんぺはないし、ズボンはないし、脚絆《きゃはん》だけつけて、雪中こいで、川中ジャブジャブ、わらじ履いてたもの、一日歩ったらわらじはボロボロになる。追加を一足持って、馬のともからぶらさげて、切れたら履くように、毎晩、明日履くわらじ寝ないで作って……」

冬の山仕事は男のする荒い仕事だ。急勾配の斜面を、馬を繰って材木を降ろすのは命がけの作業であった。一歩踏み違えば死さえもまぬがれない荒山で、神経をとぎすまし、身を張りつめ、大声をあげて馬を操作した。そんなステさんに、

「お前、ものいう時も、馬にどなる時も男みたいに大きな太い声出して。格好悪いから女らしい、娘らしい声出せ」

叔父はある日、こんな注意をした。ステさんは、

「おじさんがそういうふうに仕上げたものを、直せっていったって直るわけないでないか」

と笑って受け流したが、それはそろそろ年頃を迎えたステさんを気遣う叔父なりの思いやりであったのかもしれない。

が、この叔父によって仕組まれた結婚は苦い体験をステさんに残すことになった。

同じコタンにはいとこが多勢いたが、その兄貴たちが常々ステさんにいっていた。

「一九では絶対嫁に出るなよ。一生苦労するからな」

厄年に結婚すれば一生苦労することになる、という年長のいとこたちの教えを、ステさんも固く信じていた。

強いられた結婚話に身を固くして抵抗したが

ところが、正月が明けてしばらくして、ある晩、叔父が、

「用事ある人が来てるから家さ行くべ」

と迎えにきた。

「いや、何事だべ。馬の用も終わして帰ってきたのに何いってるだべ」

ステさんは馬に飼葉をやってから寝ようと思っていたところだ。叔父の家へ行ってみると顔見知りの人が二人来ている。

叔父は、年若い男を指して、その人の嫁に行け、という。今年一年叔父さんを手伝えば妹も大きくなる。厄年も過ぎる。ステさんは叔父にその話を断った。

「あと一年、一生懸命働くから。畑おこすから。おじさんのおっかあはいっさい畑へは出ないべ。妹と二人でやってるのおじさんわかってて、オラ嫁にやったら畑の仕事誰やるんだ。おっかあ畑さ出して稼がすのか。なんぼ本人たちそこに来て、ひっぱって行くったって、オラ、行かん。なに、あちこちにたくさん娘さんいるのに、ほしかったら行ってもらってくればいいのに」

ステさんは身を固くして男たちに抵抗した。すると、そのいい方が気ままだといって、太い鉄の火箸でワッシワッシとステさんを叩く。太い鉄火箸が曲がるくらいに叩かれた。孫婆さんも他界したし、親もいないからつけ込んでやるんだ、いっそ殺せばいい、ステさんはそう思って声も出さず、

叩かれるにまかせた。何をいわれても返事もしない。叔父の「鋏で髪切るから鋏出せ」という声が聞こえる。

傍らにいた叔母は「やめれ」とも「叩くな」ともいわない。この畜生、腰巻の一枚も、着物一枚も買ってくれないで一年中畑おこしたり、とりあげ（出産の手伝い）までやっても何も買ってもくれないで、拾《ひら》い仕事頼まれて、あっちこっち手伝ったおかげで腰巻買ったり、反物一反買えば妹と半分わけして着て暮らしているの、わかっていながら、叩いてもこのおかっあ「やめれ」ともいいもしない。

鋏出して来て、叔父は坊主にしてしまうという。

耳元でカチャカチャと鋏の音がする。ああ、切るものなら切ってみろ、生きていれば髪はおがる（長くなる）んだから切ってもかまわん。涙も出ず、歯をくいしばって、身動きもせず、ステさんは手を組んでいた。冬の間は馬を使っての山仕事、雪の消える春から秋のとり入れまでは畑仕事、そして、その合間に少しでも手があけば近所の農家に出面《でめん》（手伝い）に行ってわずかばかりの報酬を得てきた。

その頃の出面賃が一五銭からよくて二五銭。叔父はステさんら二人を食べさせるだけで精いっぱいだったから、小遣いらしい小遣いももらえず、他所に出面して得た金で塩や砂糖や醤油等をようやく買うという心細い暮らしを妹と二人、していたのである。

ステさんは叩かれたなり、うつぶせになって、背中の痛みを身動きもせずこらえていた。

男たちはとうとうあきらめて帰って行った。叔父もあきれかえって寝てしまった。あたりは静まりかえり、囲炉裏の火もいつしか消え、火の気の失せた家の中は深々と冷えてきた。寒さが身体の芯まで凍えさせた。モッソリと起きあがり、ようやくのことで家に帰ると、涙が急にこみあげてきた。

「シャボ（姉さん）、どうしたの？」

「ステ、どうしたんだ」

その頃一緒に住んでいた伯母と妹がただならぬ気配に驚いている。

「嫁に行けって……、今年一年手伝うから嫁にやらないでくれっていったっけ、手いっぱい叩かれて、鉄の火箸も曲がるくらい叩かれて、背中じゅう痛いんだ」

妹が静かに衣服をとってステさんの背中を見た。火箸があたったところが紫色にはれあがっていた。

そんなことがあって、三、四ヵ月も経たない頃だ。夜も更けて、三人寝ているところに叔父が入ってきた。

「お前たち寝てるのか」

「ああ、びっくりした。なんだって眠ってるとこ、叔父さん来たの？」

寝床から見ると、客が座っているのが見える。ハッ、また始まったな。

「また嫁に行け、始まったど」

ステさんは妹と伯母に耳打ちした。三人で起きて火を燃やすと、今度は叔父が先手を打った。

「前には手ェいっぱいおじさんに恥かかしたから、今度また恥かかせたら承知せんぞ」

いやいや、繰り返し繰り返しまた叩くんだべか。ステさんはヒヤリとした。妹は、「シャボ（姉さん）、行かないば叩かれるし、殺される。また叩かれて身体動かなくなったら困るから返事せぇ」

という。

「オラ、いままで男みたいに馬使いばっかりやって、針仕事も何もできない。家のことわからん、っていったら、オラいわれるより叔父さんいわれるんだから。それでも行けというんなら行くよ」

ステさんの結婚はそれで決まった。

初婚の夫と別れて再婚、五人の子を産み育てる

夫は「道楽な、道楽な男で、なにひとつやらない。いいお天気に本見て寝て、薪ひとつ割るんでない」ような人であった。その夫との生活は三年しか続かない。いや、子どもが生まれる前に出稼ぎに行ったまま行方不明になって、共に暮らした日数はわずかであった。

舅姑《しゅうと》は息子の行方不明はステさんの責任だという。そんな生活に見切りをつけたのは妹の死がきっかけだった。

急性肺炎で亡くなった妹の葬式の日にどこへ行っているのかもわからないような男とは手を切れ、といったのは伯父伯母やいとこたちである。ステさんは子を置いて、その家を出てきた。

オーイス　ハオーハオ　　早く眠れ眠れ
オーイス　ハオ　　早く眠れ
エムコタモコロハオーハオ　　声を出さずに眠れ眠れ
ココッパイカナエムコタモコロ　　こわいものがくるから声を出さずに
ハオーハオ　　眠れ眠れ
オーイス　ハオーハオ　　早く眠れ眠れ（大意）

初婚で苦い経験を経たステさんがこんな唄で子を寝かせつけたのは、二度目の夫との生活の中である。

離婚後、一人で山仕事をしているのを心配して、伯父たちが決めてくれたその人は、ステさんの父の姉の息子、つまり、いとこであった。温和な性格の働き者の夫と、ステさんは共に働き、五人の子をもうけた。子をとりあげてくれたのはいつも伯母である。

仕事をしていて途中で腹が痛いなと思えば伯母に知らせに行ってもらう。伯母はすぐにとんで来た。ステさんを寝せ、稗《ひえ》などを搗《つ》く杵《きね》に敷物を巻いて、それで足をふんばるようにと、足元に置いた。上からは荷縄を吊して力綱にする。伯母はそんな方法で子をとりあげたが、ステさんが見たいとこの姉たちの出産は座産であった。藁《わら》束などを横に置き、それに寄りかかって座り、後から他の人が腹を押さえてやる。ステさんは伯母がしてくれたように、寝た方が母子ともに楽だと思った。

後産《あとざん》は人の踏まない、日のあたらない陰、例えば縁の下を深く掘って犬などに掘り返されないように塩をまいて埋めておく。後産の始末をきちんとしないと、その子にできものができたり、得体の知れない奇妙な病気にかかる、と厳しくいわれていた。

夫の死と二人の男の子の死をのりこえて

長女が生まれた頃は夫とともに山仕事をしていた。子を背負って山子《やまご》(木樵など山仕事をする人)さんたちの炊事をしたり、木を伐り倒した後の丸太切りなどを手伝っていた。

子どもが二人になってからは、山へ連れても行けず、ステさんは畑を借りて粟《あわ》や稗や大豆を蒔《ま》いて、自家用の分ぐらいは収穫できるようになった。

子を連れて畑仕事に行く時、重宝したのがシンダである。棒を三本立てて、板で橇《そり》のようなものを作り、おしめやぼろきれを敷いて縄で吊るす。そこに赤ん坊をのせ、紐《ひも》で落ちないようにくくりつけて、ねんねこや着るものをかけておいたが、板のところにも縄をつけて、それを引いてゆすってやると、子は気持ちよさそうに眠った。

長女が四つの時、弟をよく守《も》りさせた。畑の傍らにシンダを仕組み、赤ん坊を寝せておくと、長女は赤ん坊が泣く度に縄を引いてシンダを揺り動かしていた。はじめのうちは、そうしてやれば間もなく泣きやむのだが、腹が空《す》いてくると、乳を呑《の》みたくて泣く。あまり泣くと長女も手に負えなくなって「知らん、知らん」とシンダから離れ、だが、やはり、放っておけずにまたもどって一生懸命守りをした。土の上にじかに寝せて置くより安心だったし、また、家へ帰ってからも、梁《はり》から縄で吊るしてシンダに入れて置けば、傍らで仕事をすることもできた。

だが赤ん坊が這って歩くようになると、シンダの上でじっとしていないから、くくった紐で窒息して死んだ、という噂を聞いたこともあった。

夫が山で怪我をしたのは、まだステさんも一緒に山で働いていた頃だ。スーッと真っ直ぐに伸びたシナの木が沢の側の斜面にあった。夫は伐り倒した沢の側のシナの木を、

「これ、三つ（三本の材木）とれるな」

などといいながら眺めていた。そこにもう一本の太い丸太が倒れてきた。

山子たちは切った木がビクビクッ、ビクビクッと音をたてて倒れる時は、「ハァー、オイ」とか「ハイッハイ」と傍らにいる同僚たちに声を出して合図するものだ。その時、その合図がなかったのだろうか、それとも夫が合図を聞きもらしたのだろうか。ステさんが気がついて行って見た時には、丸太が浮きあがって鋸《のこ》しか見えない。反対側にまわると夫は丸太の下になっていた。

ステさんは夢中で丸太を持ちあげた。夫も苦しまぎれに身体を動かし、ようやく、這い出てきた。

その日はすぐに山を降りて家へ帰ってきたが、晩になると同僚の山子たちが次々に来た。

「たいがいの男方でも、あんな太い丸太おこせるものでない。子ども背負って、女の力でよくおこしたものだ。やっぱり神さんが手伝って木をおこして、親父助かったんだ」

山子たちは口々にそういって帰った。

それから夫の左腕は肩からすっかり肉がおち、まるで棒ッコ《ボ》をつけたのと同じようになってしまった。あばら骨が三本折れ、腸にささり、それでもその後六年は生きていた。

夫が亡くなったのは長女が小学四年の時だ。ステさんは、その後、二人の男の子も亡くしている。一人は急性肺炎で、一人は脱腸で。

そしてまた、三回忌がすんだ頃、女手ひとつで三人もの子を育てるのは容易ではないからと、周囲の人びとが心配した。この人に世話になったらよかろうと、折ある度に家の手伝いをさせられたその男には妻も子もあった。

手伝いをしているうちにその男との間に女の子が一人でき、ステさんはいま、その子と一緒に暮らしている。

ステさんは七人の子を産んだ。一人は家を出る時、置いてきた。二人の男の子は病気で亡くした。いま残っているのは女ばかり四人である。そしてさらにステさんにはもう一人の女の子がいる。それは、戦争中、親を亡くしたのを不憫《ふびん》に思い、もらって育てた子である。

ステさんの人生はコタンの人びととともにあった。それは現代の和人の社会とは位相の異なる世界である。

いま、コタンの多くの人びとが和人の世界へ散って行った。

ステさんは一年のうち約半年、暖い季節を、観光用につくられたコタンで暮らす。ステさんが過ごしたはるかなアイヌコタンの遠い日々を偲ばせながら――。

ある開拓農婦の痛恨
——夫とともに原生林を切り拓いた高野スエさん

原生林を切り拓く夢を馳せ、新潟から夫婦で入植

日高山脈を西に望む、ここ、北海道大樹町《たいきちょう》拓北《たくほく》。牧草地がなだらかにうねりながら視界の果てまで続く。

高野重之・スエ夫妻が拓北へきてから、もう四〇年余の年月が経っている。

スエさん（明治四四年生まれ）が一ヵ月前に祝言をあげた夫・重之さん（明治四〇年生まれ）に連れられてはじめてこの地を踏んだのは昭和九年三月一五日、柏《かしわ》の大木の林立する原生林は一面の銀世界であった。新潟の豪雪地帯に生まれ育ったスエさんは、雪には驚きはしない。むしろ、猫の額のような段々畑とせめぎあうような山々に囲まれた故郷大積村《おおづみむら》（現在・新潟県長岡市に編入）に較べれば、広々と展けた視界がさわやかであった。

それより一年前、十勝《とかち》拓殖実習所に入所した重之さんが郷里の大積村へ帰ったのは入植するにあたって妻帯するためである。

人を通じて重之さんはスエさんを知った。スエさんにとって重之さんは好印象であったが、父も

母も娘が遠い北海道で暮らすことを心配した。不安気な両親を振り切るようにして来たのは、「まあ、新しい土地へ来て、先祖になるんだからいいんだ、と思ってね。一番先の先祖になるんだから、そんな気持ちでね」

スエさんもまた、未墾《みこん》の地を拓《ひら》く、という新しい仕事に夢を馳《は》せたのである。スエさんが二二歳、重之さんは二六歳であった。

拓北へ入植したのは一八戸である。そのほとんどが入植するために結婚した新世帯であった。入植者たちは、道庁が建てておいた二棟の移民小屋へ二手に分かれて住んだ。井戸は一ヵ所だけ掘られていた。柏の大木の原生林の中に入植者たちのために用意されていたのは、二棟の移民小屋と共同井戸、ただそれだけである。電気は通じていない。道さえなかった。

昭和九年は雪の深い年であった。

春になるのを待って、すぐにも伐木《ばつぼく》を始めなければならない。

柏は、木皮が非常に厚く、山火事で他の木がことごとく焼けてしまっても、しぶとく残る木である。また、バラス（石）の多い、地味の悪い火山灰地などに生える木だ。その柏の木が一〇アールに六本、多い所では一四、五本も生えている原生林を切り開いていくのである。

男たちは一年の実習訓練を受けていたが、女たちにとってははじめての体験である。木を伐り倒した後、枝を落とす仕事は女たちにまわされた。枝葉を密生させた大木を前にして、女たちはどこから手をつけてよいかとたじろいだ。だが、ともかく、枝を切って、太い枝は炭焼き用にとっておき、あとはどんどんその場で燃していった。わずかずつ切り拓かれてゆく原生林のあちこちから、同じ作業をしているだろうことを思わせる煙が見えた。

木を倒し、原野を焼いた後、馬を入れて土をおこす。

「ぜんぜんこの部落、一町だってやわらかい所なかったね。萩《はぎ》の根っこやら、茅《かや》の根っこ、びっしりでしょ。そこ馬でおこして、チビチビと毎年二町か三町ぐらいおこしたんだわ」

また、原生林の木を一本一本伐り倒していくのでは、なかなかはかどらない。そこで、木に登って枝だけ落として、ともかくも種子を蒔《ま》いてしまう。そうしておいてからおいおいに木を切って一四、五年も放っておくと、木かぶは楽に抜けるようになっていた。この辺りでは冬、地表から一メートルぐらいの深さまで凍る。その凍った土が春になって溶ける時、土砂が木の根の下へ下へと入って、自然に木かぶを押しあげたのである。

入植した年の六月までは、何も実りはしない。最初に馬鈴薯《ばれいしょ》（ジャガイモ）が食べられるようになったのがようやく七、八月、大根や二十日大根《はつかだいこん》の類も八月以降、そのうちトウモロコシができ、九月、一〇月にはカボチャも食卓にのぼるようになった。

北海道外から入植してきた者には住宅補助金五〇円を含めて、移住補助金三〇〇円が支給された。また、荒地を一反おこすごとに一円七〇銭であったか、一円七五銭であったか、補助金が出た。はじめの頃、入植者たちの生計を支えたのは、これらの補助金と、炭焼きであった。八月頃になると、どの家でも炭窯《すみがま》を築き、伐木した柏で炭を焼いたのである。

開拓部落共同の託児所を設け、交替で育児の当番

スエさんが長男を産んだのは入植して一年後のことである。

開拓部落には年寄りが一人もいない。幸い産婆の免許を持った人が入植していたので、部落の女たちはその人に皆世話になって子を産んだ。だが生まれた後、頼りになる女手はない。

高野家では重之さんが赤ん坊を湯につかわせ、襁褓《おしめ》を洗い、炊事をした。重之さんの故郷の家でも年寄りがいなかったため、母は、産後身体をこわして苦しんだ。重之さんはその母から「お産の時には二一日間、嫁を起こしたり、使ったりしてはならんよ」ときつく遺言されていた。重之さんはその教えを守った。それが母の遺言だから、ということもあったが、乳飲児もいるのにもしスエさんが無理をして身体をこわしたら、医者もいない開拓地で誰よりも困るのは重之さんだったからである。

「私、一回もお湯つかわしたことないの。五人も六人もいるけど、みんな爺ちゃんなの。あんな不器用でも、石けん、盥《たらい》のそばに置いてさ。頭、ちゃんと耳持って、いやあ、男の産婆さんだね、なんて、見てて笑ったの」

開拓地に入職した一八所帯は、ほぼ同じ時期に結婚して、子どもが生まれたのも同じような時期で、入植二年目には一七所帯が子を持った。開墾作業は軌道にのり始めたばかりである。足手まといになる子どもたちのために女たちの労働力がそがれるのは大きなマイナスだった。そこで考え出されたのが共同の託児所である。

それぞれの家が建てられてから、集会所に使われる程度でふだんは空いていた移民小屋が託児所にあてられた。そして、各家庭で五円ずつ出しあい、保育者を頼んだ。まだ経済的基盤の整っていない入植者たちにとって五円という額は大きな負担であった。だが、子どもが伸びやかに育つことを願う若い親たちは、託児所に大きくふくらむ希望を託した。

保育所も託児所もほとんど普及していない時代である。保育者といっても、資格を得ているわけではなく、ただ子どもたちをあずかって、危険のないように遊ばせておく程度であった。

それでも、身を粉にして働く母親たちにとっては大助かりだ。弁当を作ってあげて、朝七時半頃には託児所へ子どもを送っていく。

「弁当持って行くと、おしめの箱がずらーっと並んでいるさね、名前書いて。そして夜迎えに行く時は汚れたおしめ、もらってくるの」

夕方は六時までである。だが、雨が降りそうで、どうしてもその日のうちに豆を穫《と》ってしまわなければならない、というような時には遅くなることもある。遅れて行くと、他の子どもたちはみんな帰って、スエさんの子だけがポツンと一人で残っていた。

託児所ができた頃は、各家庭に子どもは一人であったが、年とともに二人、三人と増えていき、きょうだい揃って託児所へあずける家も多くなっていった。

託児所の経費のうち三、四割は道庁から補助金が出たが、他はすべて親の負担である。

経費節減のため、冬期間の燃料は親たちが共同作業で薪《まき》を集めるなどした。また人数が多くなってくると、保育者一人では手がまわらない。そのため、母親が交替で保育者の手伝いをした。

「(託児所へ)出たたって、ふだん働いているでしょ。行ったら眠くて眠くて。骨休めに行くようなもんだった。いやあ、子どもらごはんこぼして、拾うのがたいへん。保母さん、鶏《にわとり》飼ってた」

保育者が鶏を飼ったのは、子どもたちが床にこぼしたごはん粒をついばませるためである。

スエさんは当番の日、託児所へ行くと、重労働に追われる毎日の疲れが急に出た。託児所の当番の日は、めったに休むことのできない女たちにとっては格好の骨休めの日となったのである。

託児所は日曜は休みである。だが、農業は天気次第だ。雨が降らない限り畑に出る。ふだん託児所に行っている子も日曜日には畑に連れて行き、近くで遊ばせておく。すると子どもたちは泥んこになって遊んでいるが、一度、こんなことがあった。仕事を終えて夕方帰ろうとすると、子どもの姿が見えない。重之さんと二人であちこち探しても、どうしても見つからない。その頃は肥料を叺《かます》に入れておいたが、子どもはその、空になった肥料叺の中に入って眠っていたのだ。

「保育所があったからあれでも幸せの方だったけど、やっぱり今からみれば、子どもはお粗末な育て方だからね、かわいそうだったんだ」

幼くして逝《い》った二人の子

スエさんは六人の子どもを育てあげ、畑仕事からもだいぶ前に解放され、孫も大きくなり、楽隠居の身になった今、身の内深くに澱《おり》のように残っていた苦渋を噛みしめる。スエさんの身の内深くにとどまっていたのは、まだ幼いうちに亡くした子の霊である。

「(他の子が) みんな大きくなったら、死んだ子どもいたわしいな、と思うんだ。その時は忙しいし、たいしていたわしいとも思わなかったけれども、今頃になって、いたわしいだの、かわいそうだのと思ってね」

子を亡くした時には悲しみに沈んでいる暇もない程に日々の労働に追われ、そして、次の子が生まれた。だが、六人の子どもたちが成人し、家庭を持ち、まがりなりにもそれぞれの生活を営んでいる現在、幼いまま、決して大きくなることのないまま去った子らが、憐れに思えてならないのである。忙しさにまぎらしてきた悲しみが遠い空白を超えてじんわり甦《よみが》えってくる。

スエさんは乳脚気《ちちかっけ》(母乳のビタミン不足による乳児の脚気) と未熟児で二人の子を続けて亡くした。

「乳脚気っていうのかね、もう吐いて吐いて、寝てても枕ビショビショになるものね。それでも母乳の方がいいと思って、飲ましたけどね、コロッコロッと死んでしまう」

もう笑うほどに育っていたのに、乳を飲ませる度にもどして、いつも枕を濡らしていたのは三番目の女の子だった。その子は、六ヵ月目にひきつけをおこして、そのまま亡くなった。医師の診断を受けると乳脚気であった。

その後、四番目に生まれた男の子は未熟児だった。その子は乳を吸う元気もなく、間もなく亡くなった。

二人の死に、さらに九年間、脊髄を病んで逝った長女の死が重なる。

戦争が激しくなると、男たちはほとんど出征し、開拓地には女と子どもたちだけが残された。せっかく開墾した五町歩（一町歩＝約九九一七㎡）の畑も、女手だけでは二町歩ぐらいしか耕作することができなかった。十勝《とかち》ではもともと米は穫れない。配給米は極度に減り、薯《いも》とカボチャとソバばかり、それも充分な量ではない。

長女は、雨が降り始めると腰が痛い、と訴えた。そして、熱を出して、三、四日学校を休んだ。スエさんは風邪でもひいたのだろうと思っていた。だがその後もしばしば腰を痛がる。子どものくせにおかしい、と思いながらも、その後、学校へは行っていたし、また、帯広まで出なければ医者はいないこともあってそのまま放っておいた。

三年間ギブスの中に寝ていた長女

戦争が終わり、除隊して返ってきた重之さんが最初に気になったのが長女の健康がすぐれないことであった。裸にさせて見てみると、背骨が曲っていた。病院へ連れて行くと、脊髄《せきずい》だといわれた。長女は長い間、札幌で病院生活を送る。そして、一時はよくなって自宅療養に切り替えた。ギブスをはめ、ベッドに横たわったままの生活がさらに続いた。

「寝台から動かしたらだめでしょ。だからトイレだってすっかりとってやって……。私ら畑で仕事してても下の妹が呼びにくるんですよ。お姉ちゃんがシッコだと、なんて。ソバ畑の真ん中かき分けて教えにくるの。そうすると、とんで行ってトイレとったり。それが長く続いたからね。骨が腐れるんですものね。膿《うみ》が出るんだね。それ脱脂綿あてて、とりかえて……」

病院から帰ってきてから、まる三年ギブスの中に寝ていて、「もう、三年も寝たからいいだろ、少し起きたら」といったら、喜んで起きて遊んだ。ちょうど仔豚を飼っていて、それが見たくて小屋を覗いたら、仔豚がとび出してしまった。長女は逃げる仔豚を追いかけた。長女の身体には、それがまだ無理だったのか、その後急に病状が悪化した。

長女は兄妹の中でも一番利発な子であった。再発してからの長女は、自らの死とじっと向きあっていた。

「もう、長く生きたくない、って、はっきりいったもんね。死んだ方がいいっていうくらいに。死ぬこと何もいやがらなかったもの。たまげたもんだ、一七や一八で」

小学三年生の時に発病して、ギブスをはめられた長女はほとんどそのまま大きくはならなかった。少女のままの身体つきの娘が、死を目前にして、どう動かしようもない自らの運命をじっと見据えていた。

「もし身体が丈夫だったら、どこに嫁に行こうかな」

いじらしくいった長女の言葉をスエさんは忘れられない。

開拓時代の重労働も、夫の出征中雑炊さえも満足に食べられなかった苦しさも、とうに意識の外に薄らいで、その逆に、フツフツと胸に拡がってくるのが、三人の子を失ったことへの深い悔恨である。

秩父の機織り唄　その1

——一二歳で年季奉公に出された青葉はるさん

山国、秩父の人々の暮らしを支えた養蚕《ようさん》と機織《はたお》り

バスを降りると小雨が降り始めていた。三〇分も約束の時間を遅れて気にして電話をすると、はるさんの張りのある声がはね返ってきた。四年程前、会った時には開腹手術をした後で療養中だった。その時の印象とはうって変わって傘を持って迎えに来てくれたはるさんは元気そのものであった。

麦がわずかに伸びた畑の中の道はもう春の気配である。ある中年の女性がはるさんのもとに機を習いに来て、その人が昨年、織物のコンクールで賞をとったことなどを、その後の日々の暮らしを語るひとこまとして、道すがら話してくれた。

「今ごろは、機織りを趣味でやる人もいるんだね」

ただひたすら、親のため、自ら生きるため、そして、子を育てるため、機を織り続けてきたはるさんには生活のためではなく、趣味で機織りを習う人がいることが、ひどく不可解のようであった。けれど、自分が生活のために無我夢中で織った機を、平穏な日常を飾るいろどりに習う人がいる、

ということにいくぶんとまどいながらも、もう役立てることはあるまいと思っていた技を分かつことができるのは、やはりうれしそうだった。

青葉はるさんは大正二年の生まれである。埼玉県児玉郡金屋村《こだまぐんかなやむら》（現本庄市《ほんじょうし》）から秩父野上村《ちちぶのがみむら》（現長瀞町《ながとろまち》）の村田工場へ年季奉公に出されたのは尋常小学校六年の夏休みである。

「周旋屋《しゅうせんや》っていうんだがな、斡旋屋《あっせんや》っていうんだがな、夏休みにこのおじさんと行けなんていわれて、秩父へ連れてこられたんだいね。今日からここん家《ち》にいるんだってことでね、年季がどういうものであるか、ぜんぜん知らないよね」

秩父は山国である。山また山の、その襞《ひだ》あいに今でも所々桑の木を見ることがある。古くから養《よう》蚕《さん》と機織《はたお》りは、山間のわずかな耕地にへばりつくようにして生きてきた秩父の人々の暮らしを支えてきた。江戸時代、秩父、長瀞《ながとろ》、吉田、小鹿野《おがの》の各地には秩父絹市《ちちぶきぬいち》がたって賑《にぎ》わい、いまでも盛大に行なわれる一二月三日の秩父夜祭りは、お蚕《かいこ》祭りともいわれる絹取引きの市日《いちび》だったそうだ。明治以降、大正から昭和初期にかけて絹織物の生産はさらに盛んになり、秩父銘仙《ちちぶめいせん》は全国にその名を知られた。

周旋屋とか斡旋屋、あるいは桂庵《けいあん》と呼ばれた女工募集を生業《なりわい》とする男に村田工場へ連れて来られた一二歳になったばかりのはるさんは、まだその時、〝年季〟がどういうことを意味しているのか知らなかった。はるさんは四年年季で二〇〇円で村田工場に入ったのだが、〝年季〟というその言葉の意味合いを知ったのは、寄宿舎生活が始まって、同じような境遇の仲間たちとともに暮らすようになってからのことだ。

寄宿舎に入った時には、はるさんは最年少だった。だが、はるさんと同じ名前の、越後から来たおはるさんは、九歳の時に年季に入ったと聞いた。他にもはるさんより幼いときに働きに来た娘たちが何人かいた。

「はるちゃんな、いい方だ。両親《ふたおや》揃ってるから、なんて……」

仲間たちからはるさんは羨《うらや》ましがられることがあった。村田工場には片親や両親ともに亡くしている子が少なくはなかったのである。

内職に明け暮れる母の手足となって働いた日々

はるさんの父・飯島甚一郎は鋳物《いもの》職人だった。父が働く鋳物屋は家の隣にあったが、母・ヨネもそこから仕事を受けて、鍋のミミや鍋底につける三つの小さな支え等の鋳型を粘土でつくる内職をしていた。

はるさんは一〇人兄妹の二番目である。といっても一番上の兄は祖母にかわいがられ、祖父母の元で育てられていたから、はるさんが一番上のようなものだ。内職に明け暮れる母は、はるさんを手足のように使った。使い走りや御飯炊きや弟妹の子守りばかりではなく小学二年生の頃から賃仕事もさせたのである。

「自分ん家《ち》の子、子守《こも》ったんじゃ一銭にもならねえから人ん家《ち》の子を子守ったんだよ。子守った駄賃に夕飯なんか食べてくるからね、それでも親が助かったみたげね」

下の弟妹は妹が守りし、はるさんは近所の染物屋に赤ん坊がいたのでその子を守りしに行った。守りをして、夕食をご馳走になってくる、その一飯が親の助けになったようだとはるさんはいう。

また、蚕の季節になると、母は農家へ繭掻《まゆか》きの手伝いに行く。その時、はるさんを連れて行くのだ。当時は、藁《わら》で作った〝しまだ〟の中で蚕が繭をつくるようにしてあったが、その〝しまだ〟から繭をはずす仕事である。子どもは手が早いから、はるさんを連れて行けばその分多く稼げると母は思ったのである。

編物もした。児玉町は編物の盛んな町で多くの女たちが内職に編物をしていた。はるさんが編んだのは輸出用の人形の小さな帽子や靴下である。

「貧しいったら、本当に貧しかったんだいね。朝、その日の米買いに行ったり、おしょうゆや何かはもちろんのことさ、親の吸うたばこなんかも、夕べ持ってきたお金で朝買いに行くようなことでね。買いに行かされて、仕事場の窓から、お父っつあん、お父っつあんなんて渡すようなことして……」

はるさんは、子守りをしたり、繭掻きをしたり、編物など、子どもながらに賃仕事をしたこと自体を辛いとは感じなかった。むしろ、編物などは大きい人たちに負けまいと、一生懸命覚えて競い合うほどであった。

はるさんが辛かったのは、時々学校を休まされることだった。

朝早くから母親が忙しそうに内職の鋳型作りをしていると、はるさんは「今日はおっ母さんが学校休めっていうんじゃねぇか」と内心ヒヤヒヤしながら御飯炊きも洗濯もさっさとすませてしまう。そして、「学校へツン逃げちゃうんだよ。休ませられるんがいやで。そうすると、帰って来なくちゃだめだ、なんて話が（学校へ）きたりね。学校へ行きたくて、休ませられるんがなんといやだったかわかんねぇ」

寄宿舎と工場の中での一日

はるさんが村田工場へ入った頃は、男女あわせて三〇人位が寄宿生活をしていた。通いの者はほとんどいない。たとえ家が近くにあっても皆寄宿舎に入れられた。寄宿舎の生活は〝お勝手のおばさん〟の鳴らす鐘の音で始まった。女工たちの食事を作る賄婦《まかないふ》を誰もがそう呼んでいたのだが、そのお勝手のおばさんが毎朝、男衆《おとこし》の寄宿舎からチリンチリンと鐘を鳴らしながら渡り廊下を渡ってくるのだ。

はるさんはまだ義務教育を終了しないうちに村田工場へ来たので、六年の後半は寄宿舎から学校へ通った。そして、学校から帰ってくると工場で働いた。

知らない人ばかりの中に放り込まれての寄宿舎の生活は、寝ることや食べることなど、ごく日常的なことにまでも気を遣わなければならなかった。

食事の時には、大きなお櫃《ひつ》が二個、飯台がいくつも並べられるが、飯盛りはより若い新参者がしなければならない。箸に手をつける間もなく、次から次に碗を出され、それがおさまった時にはもう工場へ行っている。新参者にとっては年長者の飯を盛りながら皆と同じペースで食事をすますことがまずひと苦労であった。まごまごしていると、お勝手のおばさんに、

「いつまで飯食ってるんだ」

と追い立てられる。

娘たちが機織り工場に入って、最初に習うのが糸返しである。はるさんは、学校から帰ってくると、絣《かすり》を染める時に使う絣糸を返す仕事を教わった。絣糸は太いから扱いやすいのである。次に経《たて》糸《いと》返し緯糸《よこいと》返しと進んで、管《くだ》巻《ま》きを習ったり、綾通《あやとお》しを覚えるまでにだいたい三年はかかる。それらの仕事は誰が教えてくれるというものではない。周りにいる先輩にその都度聞いて覚えていくのである。

夜、一日の仕事が終わって、洗濯をする時には、井戸端で先輩の水を扱んだり、また、冬になると、小さな行火《あんか》を機の下に置いて仕事をするのだが、先輩の行火に熾《おき》を入れておくなど仕事を教えてもらう先輩にはるさんは気を配った。

はるさんは勝気な方である。

「幾度教わってもうまくできねぇ時があるとさ、いい顔されねぇし、何かいわれるといやだから、本気で一生懸命で覚えるわけだけど、二度人に聞かずにいっぺんで覚えてぇと思った」

〽糸は切れる役　わしゃつなぎ役　いくら役でも腹が立つ

はるさんは、始業時間が何時であったか、はっきりとは覚えていない。朝七時半か、遅くても八時には始まって、夜は八時、九時まで働くのは珍しくはない。入浴したり、洗濯したり、髪を結いあったりしていると、それでもうその一日は終わって、また次の日は朝から機にとりつかなければならない。そんな日々の中ではるさんをなぐさめてくれたのは唄である。

鼻唄のように口ずさんだ機織り唄

「私はうんと悲しい時もうたうの。悲しくってもくやしくっても、唄にまぎらして。唄うたっているうちにだんだん反省してくるんだよ。自分で自分の気持ち直すわけね。涙ポロポロこぼしながら唄をうたっていると、だんだん自分の気持ちがおさまってくるから」

機織り唄の多くは、声をはりあげてうたう唄ではなく、機を織りながら娘たちが鼻唄のようにそれぞれ口ずさむ唄だ。

「自分の気持ちで、自分でうたうんだから機に合うわけだいね」

はるさんの隣で仕事をしていた〝お里のおばあ〟はたくさんの機織り唄を知っていた。まだ三〇歳にもならなかったであろうにその人は、工場の近くに年とった老婆と暮らしていたのでそう呼ばれていたのである。もともと唄の好きなはるさんは、〝お里のおばあ〟のうたう唄を数限りなく覚えていった。先輩たちが口には出せない日頃の憤懣や、悲しみや、怒りや、時には喜びを機にあわせ、リズムをつけて口ずさんでいるうちにできた唄だ。中には主人や監督にあてつけて聞こえよがしにうたう唄もある。また朋輩同士唄で喧嘩することもある。

〽唄でかするなら　仕事かすれ　まさか仕事じゃかすれまい

口うるさい先輩をいまいましく後輩が思っているだろうこんな唄もある。

〽主人様さえおお目に見るに　年季っ子野郎がそうら意見

意見される側も常におとなしく聞いているわけではない。少々気の強い娘は、

〽いくらデッカイたって大面《おおづら》するな　お前だって年季の身じゃないか

といい返す。また、こんな唄もある。

〽主人様よりご朋輩様の　ごきげんとるのがわしゃ辛いよ

〝主人様〟は娘たちにとっていわば遠い存在である。けれど、常に一緒に仕事をし、寄宿舎でともに暮らす朋輩との間に気まずいことがあれば、一日一日が過ごしにくくなる。

「一緒に働いている人に憎まれるっていうことが年季は一番容易じゃないってことだいね」

とはるさんもいう。

けれど、仲間同士、ふとしたきっかけで小さないさかいをすることはあるが、あたりを見まわして、よく振り返って考えてみれば、似たりよったりの境遇の者ばかりである。せめて長い年季の期間中、互いの心で支えあわなければ一日たりとも過ごせないような閉ざされた日々である。

「境遇が似通った、切《せつ》ねぇ家の子ばかりがくるんだから、いいもの持っている子がいるわけじゃなし、仕着せ(雇い主が与える衣服)でもらったり、小遣いで賄っているんだから。小遣いだって何も買えやしねぇ、買い食いもしないもんね」

小遣いを貯めては弟妹たちにみやげを買う楽しみ

年季に入った年のはるさんの小遣いは月に一円であった。二年目になると一円五〇銭、それが長く続いて、二円になったのはだいぶ後のことである。仕着せとして、最初の年に羽織、次の年にきものと腰巻と下駄、三年目に羽織ときものが与えられた。娘たちが家に帰れるのは、盆と正月、それぞれ三日ずつ年に二回だけだ。はるさんも他の娘たちも、月々のわずかな小遣いを使わずに貯めておいて、家に帰る時には弟妹たちにみやげを買って持って行くのを何よりの楽しみにしていた。はるさんは、帽子や下駄など、細々《こまごま》としたものをたくさん買って持って帰った。

〽親のためだと一〇年年季　主のためだとまた二年よ

四年というはるさんの年季は短い方だった。糸返しから始めて、三年でようやく機に上がれるようになるから、雇う側からすれば少なくとも五、六年は使いたかったのである。はるさんは、六年生の後半を学校へ通ったそのかわりに八ヵ月の礼奉公をした。

はるさんに限らず、娘たちは年季が明けてもそのまま家へ帰れるわけではなく、一、二年の礼奉公をするのが常とされた。また、年季が明けるころを見はからって、再度の前借をしに来る親もいる。すると娘たちはその額によってさらに二年、三年と追加年季をつとめなければならない。だから、親が主人のところへ来ると娘たちは内心ヒヤリとしながらなりゆきを見ていた。

年季を伸ばされるのだろうか。早く家に帰りたい。けれど、「屋根が落ちたから娘に手伝ってもらうべ」とか、畳替えをする、などを口実に、五〇円、一〇〇円といった、娘の長い労働に較べればささやかな、だが決して他に得る方法のないその親にとってはまとまった額を持ち帰ったのである。

「昔は親もとりか（収入の手だて）がなかったんだいね。とりかがないから、子どもを喰う以外なかったんだいね」

〽早く行きたや年季が明けて　好きなあの人　待つ村へよ

年季が明けて礼奉公もすんで晴れて故郷へ帰る者、前借《ぜんしゃく》が何度も重なって追加年季を続ける者、反織《たんお》りといって年季が明けてからも出来高で稼ぐ者、娘たちの多くは嫁入り前に工場を辞めて寄宿舎を出ていった。だが、はるさんは、同じ村田工場で働いていた若者トクどんと一緒になって、昭和四四年、工場が解散するまで働き続ける。

双方の親から反対された徳重さんとの結婚

同じ村田工場で働いており、皆から〝トクどん〟とか〝トクちゃん〟と呼ばれていた四つ年上の青葉徳重さんとはるさんが結婚したのは一七歳の時である。といっても、トクどんはその時召集を受け、応召前にあわただしく入籍だけすませたのだ。

トクどんははるさんよりもっと小さな時、九歳で村田工場に入った。はるさんは後に一緒に暮らすようになってから、トクどんが雇い主の息子を子守りしている頃の話を何度か聞いたことがある。まだ、自分自身が遊びたい盛りだし、男でもあったので、多少乱暴なところもあり、赤ん坊を逆さに背負ったりしたこと、駅前に赤ん坊を置き忘れてきたことなど……。子守りたちは子どもたちに汽車を見せに、また自分でも見たくて駅の近くによく遊びに行った。トクどんも乳母車を引いて行き、子守り仲間との遊びに夢中になっているうちに赤ん坊のことをすっかり忘れて帰ってきてしまった。すると駅前で小さな店を商っていたおばさんが、「こんな立派な乳母車に入れられてるんじゃ村田工場の息子だんべ」と連れてきてくれたのである。当時、乳母車はごく一部の資産家の家庭でしか使われていなかったからすぐに村田工場の子だと分かったのだ。そんなことがしばしばあったとはるさんは聞いた。

　そのトクどんは、はるさんが村田工場に入って、二、三年した頃、「デッカクなったらお前《めえ》をおっ母《かあ》にすべぇ」といい放った。だが、はるさんは、「そんな染色屋なんかと一緒になるもんかい」などといっていた。その頃トクどんは糸を染める仕事をしていたからいつも手を真っ黒にしていたのだ。

　トクどんは気持ちのやさしい人であった。だから他の娘たちからも好かれていた。けれどいつしかトクどんとはるさんは〝なれあい〟として工場内では公認の仲になっていた。トクどんの召集が決まった時、はるさんの入籍は自然のなりゆきだったのである。トクどんが二年間の兵役を終えて帰って来ると、二人は寄宿舎の一番端の空いた部屋を借りて所帯を持った。だが、二人の結婚は双方の親から反対された。トクどんの母方の家系は士族の出で、「血筋が正しくなけりゃもらっちゃいけねぇ」とか、「不義はお家の法度」などといい、また、はるさんの父親も「そんな者、帰ってから女郎に売っとばす」という剣幕だった。若い男女の恋がもちろん不義であろうはずがないのだが、当時は、本人同士の意志で結ばれる者を〝くっつき者〟などといってはばかる風があった。

いや、二人の結婚に反対する親の真意は双方とも、息子や娘が〝くっつき者〟と呼ばれる世間体より何より、所帯を持てば家への仕送りがなくなる、そのことをおそれたのである。

「親は使いてぇから早く結婚されちゃ困るわけ。どの親でも二〇歳ぐらいまでは金とって使いてぇわけよ」

機織りの最中に陣痛が

はるさんが入った頃はもう辞めていたが、トクどんの母親は村田工場に織り子として最初に入った人である。トクどんの兄も妹も村田工場で働いており、親は三人の子の働きをあてにして、かわりばんこに前借していた。まず最初に兄、それからトクどん、次に妹とそれぞれ工場へ入れてその都度前借する。そして三人のうちの一人が前借分の年季を終えると、またその子の年季をのばして前借し、それを順ぐりに繰り返すという具合である。はるさんが入籍してからトクどんの母親は、

「赤ん坊ができるまでは所帯を持たんたってよかんべ」などともいって、新しい所帯にトクどんの給料をまわすことを少しでも遅らせようとしたのである。

「いま思うと無鉄砲だいね」

とはるさんはいう。

「好きで一緒になったんだから、親も何もくれないよね。勘当みたいなことされて。好きで一緒になる者なんか、かまうことねぇってなもので……」

寄宿舎の一番端の部屋に、茶碗が二つ、箸が五膳、汁碗二つ、茶呑み茶碗五つ、急須、お盆、菓子盆、お櫃《ひつ》、釜、鍋がそれぞれ一つずつ、それに小さな茶ダンスと布団一組、年季が明けた時に主人からもらった整理ダンス、それだけで新しい生活が始まった。その時もはるさんには親が借りた五円の前借があった。その五円の前借を返すのに骨折ったが、それを返し終わってからも、はるさんはトクどんに内緒で親に仕送りしていた。トクどんも、やはりはるさんには内緒にしていたが親へ送金していたのである。

はるさんとトクどんは、数ヵ月後に工場の側にあった蚕室が空いたので、そこを改造して、寄宿舎から移り住んだ。長女が生まれたのは二人が一緒に暮らし始めてから一年後のことである。はるさんはそれから二年おきぐらいに五人の子を産んでいる。その間、夫は予備の兵役を終わり、さらに昭和一二年には約一年間召集されている。

はるさんの最初と二回目のお産の時には姑が手伝いに来てくれた。だが、姑に来てもらったものの、気疲れするばかりで落ちついて寝ていられずに産後三日目には起き出して、身のまわりの仕事を始めた。

また、二回目の時には、夫にバス賃を持って行ってもらって、早く来てくれるように頼んでおいたのだが、姑は一〇キロも離れた吉田という町から歩いて、お産がすんでからきて言ったものである。

「おらぁ、歩ってきた。あんな小ちぇえ箱みたいン中へ乗ってくるんな苦しくってしょうねぇ。歩けばせぇせぇいい」

その時には産婆も間にあわず、ふだんからはるさんに機や機織り唄をよく教えてくれて、いつも一緒に仕事をしていた〝お里のおばあ〟が生まれ出る子をとりあげてくれた。

姑は、「お産は病気じゃねぇ」と口癖のようにいっていたし、またそれが当時のごくあたり前の見方であったから、はるさんは、子どもが生まれるギリギリの時まで働いたのである。

三番目の時は、夫は召集されて留守だった。はるさんは夜なべに〝綾通し〟という、筬《おさ》に経糸《たていと》を通す根気のいる仕事をしていたが、途中で陣痛が始まった。三本の筬《おさ》のうち二本は通し終わり、もう一本で仕上がるという時、陣痛の間隔は次第に縮まり、痛くて痛くてどうしようもなくなった。が、はるさんはもう一本あげれば終わる、と仕事を続けた。その頃家に泊まってくれたり、二人で組んでする綾通しの相手にもなっていた娘、とくちゃんの方が、

「産んじゃいやだよ、産んじゃいやだよ」

とおろおろするほどであった。

「とうとう残りの一本はできなかったけれどね」

陣痛に抗い、歯をくいしばってがんばったのに仕上がらなかった残りの一本の筬《おさ》のことが、その時の腹の痛さとともに、はるさんの胸に甦えってくる。

決して豊かな暮らしではなかったが、次々に子どもが生まれ、家事を気軽に手伝ってくれて気持ちもやさしいトクどんとの生活ははるさんにとっては幸せだった。だが、時代は刻一刻と底知れない暗黒へと崩れ落ちていった。

日中戦争はすでに火蓋を切っており、戦局は中国大陸から太平洋戦争へと拡大していったのである。

秘密召集で、わずか数日後に出征した徳重さん

村田工場は昭和一二、三年頃から軍服用の毛織物も生産するようになり、規模も倍になってしばらく好景気が続いたが、戦争が激しくなるにつれ、絹織物の需要は激減し、奢侈《しゃし》禁止の動きが強まる中、生産は止められた。そして、「翼」という飛行機の部品を作る軍需工場にきり変えられたのである。

トクどんは「翼」の一人目の社員となった。トクどんは、現役で昭和五年から二年間、昭和一二年にも一年間応召しているのだから、もう召集されることはあるまい、と思っていた。いや、そう願っていた。だが、三三歳のトクどんに三度目の召集がかかったのである。

その晩、はるさんはトクどんから唄を教わっていた。はるさんも唄は好きだし、上手だが、トクどんも負けず唄好きで、また美声だった。

「お前、今度、こういう兵隊の唄が流行《はや》ったの教えるからな」

トクどんはそういって、紙と鉛筆を持ってきて歌詞を書いてくれた。それは深く沈んだ旋律の軍歌であった。

一、〽心おきなく国のため
名誉の戦死頼むぞと
涙も見せず励まして
わが子を送る朝の駅
（二番、三番略）

四、〽生きて帰ると思うなよ
白木の箱が届いたら
でかしたわが子　あっぱれと
お前の母はほめてやる

その時である。

「母屋《おもや》の方から、トクどん電話だよ、なんて。こんな遅く電話っていうんじゃ、召集だっていうんでね」

昭和一八年八月のことである。昭和一二年の召集の時には七〇人もいる村田工場の織り子や男衆に、紫色と黄色の小旗を振られ、盛大に送り出されたのに、この時は秘密召集で、知らせが入ってから出征するまでわずか数日の猶予であわただしくひそやかに出ていった。

一一歳になる長女を頭に幼い子が五人、末っ子の三男は九ヵ月で、ようやく這い這いをするようになったばかりである。トクどんは、同じ野上でも一回も召集されない人もいるのに、そして金持ちの息子は召集されないのに、どうしてこんな生活の苦しい、五人も子どものいるところに召集がくるんだか、と歯ぎしりして家を出ていった。

しばらくして、戦地へ向かう前に撮ったという写真が甲府の連隊からはるさんのもとに送られてきたが、それは悲壮な顔のトクどんである。

はるさんは、戦地へ向かう前に面会に行きたいと思ったが、五人の子どもを抱えていてどうにもならず、ついに行くことができなかった。他の人たちは次々に妻子が面会にくるのに自分の所には来ないので寂しい想いをした、といった内容の手紙が後に戦地から送られてきた。トクどんはビルマ（現・ミャンマー）へ行った。

はるさんは、村田工場が飛行機の部品を作る軍需工場にきり変えられて以来、機の仕事がなくなって、雑用を手伝って暮らした。

いよいよ戦争が押しつまると、使われなくなった機台《はただい》が、こわれてもいないのに古物商に解体された。金属の供給が底をつき始めて、あらゆる金属類が供出させられたためである。機台が解体されて間もなく戦争は終わった。こわされた機台は軍需品に再生されることはなかっただろうとはるさんは思った。

「もう少しで戦争は終わったのに……」

戦地へ行っていた男たちは、続々と帰ってきた。だが、トクどんはいつになっても帰ってこない。はるさんは焦った。八方手を尽して夫の行方を探した。

はるさんのもとにトクどん戦死の公報が入ったのは戦争が終わって三年もたってからである。トクどんは昭和二〇年四月に戦死していた。

「もう少しで戦争は終わったのに……」

とはるさんはいう。はるさんにも子どもたちにも、トクどんが死んだ、という実感はなかった。

だが、女手ひとつで五人の子どもを育てあげていかなければならない一日一日が、はるさんにトクどんの不在をいやおうなくつきつけた。それは子どもたちにとっても同様である。男手のない家族に課される試練を、子どもたち一人一人も受けなければならなかった。

はるさんはあらゆる配給品をすべて食料に換えた。米軍払い下げの服も少量の砂糖も、ありとあらゆるものを、腹にたまる食料品に物々交換するのである。

「着るものがないなんていうのは、まだいいんだいね」

冬になると、下着がわりに夏物を着せて冬物を重ね着し、夏になれば、上から順にはいでいくという具合だ。着るものはそれでも過ごせるが、食料がなければ一日も過ごすことはできない。はるさんは五人の子どもたちの食料を確保するため、必死に働くのである。

戦争が終わると村田工場もいち早くもとの織物工場にもどり、ホームスパン（太い羊毛で織った布）

を織り始めていた。

「筵《むしろ》みたいなホームスパン、さんざ織った。寒中でもね、じばん（木綿地の下着）一枚でも汗が出るよ。晒《さらし》のじばんがビッショリ。おおく夢中になって織るとあげるんね。胃が踊るっていうんか、何ていうんか、夢中になって織ったんだもの。だんなにおだてられてね。お前が一番だ、あそこの人が一番だ、なんて……」

戦争中、日常生活に必要なあらゆる物資の生産が低下し、何もかも不足していた。だから、どんな材質でも布でさえあれば売れるという時代が敗戦後、数年続いた。

はるさんは夜昼なく働いた。下の二人はまだ幼かった。仕事を終えて帰ると、幼い二人がこたつの中でシクシク泣いていることがしばしばあった。はるさんは、そんな子どもの姿を見ると、明日は工場へは行くまい、と思う。だが、働かなければ、もうその月から暮らしが成り立たなくなってしまう。

はるさんは翌日になると、後髪をひかれるおもいで幼い子二人を家に置いて工場に出かけるのである。だが、はるさんが身を粉にして働いても、食べることが精いっぱいの貧しい暮らしであった。乏しい家計をやりくりして一〇人の子どもを育てあげたはるさんの母がよくいっていたものだ。食費を少しでも浮かそうと夕食をうどんにすると、翌日の朝は、皆腹を空かせていて、弁当の分がなくなってしまうほどにごっそり御飯を食べられてしまう。だから、米は高いようでも一番腹にたまって結局得なんだ、と。

はるさんは、麦飯に大根やサツマイモを入れて炊いた。その弁当を子どもに持たせると、子どもは恥ずかしがって、学校一〇〇メートルほど手前にあった墓場で、もの陰に隠れて大根やサツマイモだけを先についばんだ。そして、麦飯だけになり、六分目ほどに減った弁当を学校に持って行った。

そんなふうにして、はるさんは混乱が続いた敗戦後、五人の子どもたちとともに生き抜いた。

家族ぐるみ村田工場の中で子らは……

はるさんが貧困の切なさをいやというほど思い知らされたのは、長男が高校へ進学したい、といった時である。長男はある高校を受験して合格した。中学の教師が二人、学費ぐらいなら援助するからと、進学をすすめに来た。だが、短い期間なら二人の教師の親切を甘受することができるだろうが、教師にも家族の生活もあることだろうし、はるさんはそれはできない、と思った。教師は定時制高校への進学をすすめた。だが、はるさんにはそれもできなかった。村田工場でははるさんの子どもは皆村田工場で働くものと思っていた。長女はすでに中学卒業と同時に村田工場で働き始めていた。織物屋で働くなら高校を出るまでもない、と思われていたし、また、たとえ定時制でも、夕方早く仕事を終わらせて学校へ通えるような余裕のある労働条件ではないところではるさんたちは働いていたのである。

昭和一八年のトクどんの出征以来、特に戦争中の物のない時に、はるさん一家は村田工場の世話になって暮らした。そのしっぺ返しが長男の高校進学の時にきたのである。いや、戦争中ばかりではなく、トクどんの親も、トクどんも、そしてはるさんも、村田工場にとってはいわば子飼いの使用人である。青葉家は家族ぐるみ村田工場に抱えられていた。その情実にからめとられて、はるさんは長男を定時制高校へも進学させることができなかった。長男は三年間村田工場で働いて、それでもどうしても高校を出たいといって、自衛隊に入隊し、自衛隊の寮から定時制高校へ通った。そして、大学へも中途まではあるが、進んだ。それが長男にとっては進学を可能にする唯一の方法に思えたに違いない。

はるさんは、似たような職種であればどうしたって息子たちを村田工場へ入れなければならないが、自衛隊か警察なら、村田工場への義理もたつ、と考えた。次男は高校卒業後警察官にした。

はるさんは、小学二年で内職に編物をし始めた頃から、生涯働き通してきた。村田工場では戦後のホームスパンから、再び絹織物、そして、新しい織機を入れて多様な織物を手がけていった。

「馬鹿みてぇに本気でやったんだよ。食う仕事だからね。これがだんなさんでもいて、ただ勤めるだけならしないやね。それが自分の職業で、生活だからやるんでさ。ただ、金が余分にもらいたくって行くだけならしないかもしれないね」

はるさんは、残業手当もつかないのに、夢中で夜遅くまで働いた理由を、それが職業で、〝食う仕事〟だからと語った。

秩父の機織り唄　その2

――機が織りたくて、越後から家出してきた柿境ミヤさん

鶴の恩返し

少女時代、群馬県桐生市の西堤町から水道山という小高い丘のふもとの東堤町へ引っ越すと、近所に清子ちゃんという同い年の子がいた。清子ちゃんは末っ子で、上にお姉さんばかり三人いた。その三人のお姉さんたちが近所の子どもたちを集めて子ども会をつくり、幻灯や紙芝居を見せてくれた。

「鶴の恩返し」という昔ばなしをはじめて聞いたのは、清子ちゃんのお姉さんが見せてくれた紙芝居でである。

猟師に矢で射られ、傷ついて畑に倒れているところを親切な農夫に助けられた鶴が、恩返しをしようと、人間に姿を変えて、ある晩農夫の家を訪れる。一人者の農夫は美しい女の姿の鶴を迎え入れて夫婦のような暮らしが始まる。鶴女房はくる日もくる日も夜になると、機を織った。それは、以前には見たこともないほど美しい布であった。

その布を都へ持って行くと高い値で売れた。農夫の懐は次第に潤い、が、機を織る度、鶴女房は

げっそりと痩せた。織っているところは決して見ないで、といわれていたのだが、この世のものとは思えないほど美しい布をどのように織るのか不思議でたまらなかった農夫は、ある晩ついに機織小屋を覗いてしまう。すると、機を織っているのは女房ではなく、鶴ではないか。姿を見られた鶴は、翌朝早く、はるかな空へ飛んで行った。

長い歴史を通じて、布を作りだすことが女たちの力に依っていたことを知るにつけ、「鶴の恩返し」という昔話には身を細らせるようにして布を織った女たちの想いがこめられていることに思いいたった。

機《はた》が機械化され、大量生産されるようになる前は、村の女たちは夫や子どもや親のために糸を績《う》み、機を織った。また、耕地の少ない山あいの村や、半年近くもの間、雪に閉ざされる村々では機を織った女たちの働きが大きく家族の生活を支えた。さらに、日本が機械文明の洗礼を受けた時、真っ先に紡績、紡織機が導入され、綿布や絹織物は、明治政府の富国強兵策遂行の経済的基盤となったのだが、そこに投入されたのは、やはり、女たちの労働力である。

閑散とした雪の里で女たちは麻糸を績んだ

柿境《かきざかい》ミヤさん（明治二七年生まれ）には三年程前、何度かお会いしたことがある。機が織りたくて、越後から秩父へ家出してきた、というミヤさんの話を聞いた時、私は、「夕鶴から女工哀史へ」という仮のタイトルを思いついたものだ。

女たちが身近な者のために機を織っていた時代から、〝商品〟としての布が機械化された工場で大量生産される「女工哀史」の時代への移り変わりをミヤさんの人生を通して見ることができる、と思ったからだ。

けれど、越後の人に聞いてみると、「鶴の恩返し」は新潟でも、佐渡の民話で、ミヤさんの出身地ではない。仕方なく、私はテーマを変更して、越後上布を織り続けるある一人のお婆さんにあった。そして、そのお婆さんが織っている上布の糸を紡いでいる里、松代町を訪ねた。（八五頁「苧績みの話」参照）今回再び、ミヤさんに話を聞いてみると、偶然にもその里はミヤさんの故郷だったのである。

私が松代町を訪ねたのは、一一月末の頃だったと思う。曲がりくねった山道を、バスは登り続け、山の上の小さな町、松代に着いた時には晩秋の陽はまたたく間に暮れて、訪ねた人に「こんな時期にきて、晩にドカ雪が降りゃ、山を降りられなくなるよ」と叱られた。

一度ドカ雪が降れば、翌朝はもうバスは止まり、山の上の小さな町はすっかり外界から閉ざされてしまう。男たちは秋の穫り入れがすめば間もなく都会へ出稼ぎに行く。女子ども、年寄りばかりが残された閑散とした雪の里で、かつて女たちは麻糸を績《う》んだ。まだ電気は通じていない時代、囲《い》炉裏端《ろりばた》の薄暗がりで手に触れる苧麻《ちょま》の感触だけを頼りに績み、よりをかけたという。わずかではあるが唯一現金が得られる苧績《おう》みで嫁と姑が競争し、敗けた嫁が首をくくって死んだ、という雪の冷気に凍りつくような話も聞いた。

「（松代町の女たちは）みんな麻糸紡《あさいとつむ》ぎします。家なんかでもね、麻を紡いで麻の反物を織ったもんだ。冬は雪が降って何もできないとこでしょう。一晩に六尺ぐれぇ降るよ。雪が積もって冬場仕事がねぇから、冬中かかって麻を紡いで、夏うちに一反か二反……」

ミヤさんの家では母が冬の間紡いだ麻を夏になって、草とりも終わり、田畑から手を離せる時期にいざり機で織っていた。蚕《かいこ》も畑の囲いにわずかに植えた桑で飼う程度で、四〜八キロ程もとって、絹糸を経《たて》に、麻糸を緯《よこ》に使って織ったりなどした。だが、それは一家の衣類をまかなう程には織れない。冬中かかって麻を紡いでも、わずかに一、二反分。織るよりは、糸を紡ぐ方がよほど手間がかかった。一年にようやく一、二反織りあげられる新しい布は、一〇人姉弟の七番目というミヤさんには決してまわってこなかった。それは上に六人もいた姉たちが次つぎに年頃になった時、つつましい晴れ着となっていたのである。

ミヤさんが松代町から秩父へ来たのは一四歳の時である。

「本当に九つから田んぼに入って、馬のさせとり（牛馬の鼻についた「させ」を引いて誘導すること）やら何やらさせられて、百姓がいやで、もう夢中で家出してきた。松代町に大きな酒屋があって、その酒屋の新宅に一三の頃から飯炊きに行って、その飯炊きに行っていた先から親にだまって家出してきたんだから」

ミヤさんは、大きな造り酒屋の新宅の方で家族四人の飯炊きをしていたが、時どき本家の方に使いにやらされた。本家には秩父で機織りをして年季が明けて帰ってきた人が、やはり飯炊きをしていた。また、ミヤさんの姉・シゲさんも、年季が明けて秩父から帰っていた。ミヤさんは姉たち二人の話に山深い寒村にはない華やぎを感じた。なんとしても秩父へ行こう、秩父へ行って機を織ろう、と思った。

造り酒屋で働いていた男衆も、冬を迎える頃には東京や川越あたりの酒屋へ出稼ぎに行く。ミヤさんは、姉が働いていた久喜文《くきぶん》という織物工場へ紹介状を書いてもらい、酒屋の男衆の後について、松代町を出た。

「大寺という所に一晩、直江津に一晩、本庄へ一晩、三晩泊まって、その酒屋へ行く人と次の日別れて、秩父へ行くにゃ、本庄から児玉の町へ入って、人力（人力車）を拾って、秩父の大淵っていう所まで七銭、大淵から秩父へ馬車があったん。その馬車に乗って、ここまで二七銭。六〇銭持って出た金が二十何銭か残った」

数かずの機織り唄にたくした織子たちの想い

ミヤさんは無事に紹介状を書いてもらった久喜文に辿り着くことができた。

久喜文ではおシゲの妹なら、とすぐに雇い入れてくれた。けれど、両親には内緒で秩父へ来ている。奉公先をミヤさんが辞めていたのを誰かに知らされた両親が、警察に捜索願いを出したのだろう。寄宿舎に入ってしばらくすると、警官が調べに来た。

「警察が来たんだけど、どうしても機織りたくて来たんだから、帰らねぇ。そういう強情はってねぇ。いま八七だから、秩父へ来て七三年」

ミヤさんは四年年季四〇円で雇われた。が、四年の年季が明けると一年位は礼奉公をするのが慣例となっていた。

胸はずませて来た秩父であったが、

「初めて来た頃は秩父の町だって殺風景なもんだった」

毎朝五時半起床。朝食をとって六時には仕事を開始、夜の九時まで働く。その間、昼食に四〇分、夕食三〇分、一〇時と三時の休憩が一五分あるだけだ。そして、休日も、正月は三が日、盆が七月一五、一六の二日間、蚕祭りといわれた秩父の祭りが一二月三日と四日の二日間、一年のうちで休めたのはこれだけである。

最初入ったばかりの頃は糸返しをさせられる。織子の使う緯糸《よこいと》の糸繰《いとく》りや管《くだ》巻《ま》き等をするのである。糸返しをしているうちは小遣いは一ヵ月に五銭、織子になると二〇銭が支給された。

「それで、一番辛いんが食べ物だったな。粗末も粗末、馬の食べるような、飯っていっても皮とったばかりの麦に米が少しぐらい入った、それが一番辛かったね」

おかずはいつも大根葉か菜っ葉の漬け物、粒味噌の汁には白サツマが入っていて、それがひどく渋かった。

漬け物にはしょうゆさえかかってはいない。市日《いちび》（市が立つ日）にはマスの切身が添えられたが、それも、「焼いてなんかくれやしねぇ。煮て、小さいのを一切れずつ」

それで、ミヤさんらは樽《たる》で買い置きされていた味噌を持ち出してはなめ、市日になると、米を盗み出してすり餅《もち》を作ったりして食べた。

年がら年中働かなければならなかった女工たちの唯一の楽しみは市日であった。一と六のつく日、つまり、一日、六日、一一日、一六日、二一日、二六日には、六時に仕事がきりあげられた。

「それがいまの日曜がわり。髪の結い返しして、小ちゃい子はちょんまげに結うし、大きい娘たちは銀杏《いちょう》返しに結ったり、桃割れに結ったり……」

けれど、仕事が早く終わっても、大きくなった娘たちは外には出られない。子守りをしたり小間使いに走ったりしている少女たちが三人位組んで、織子たちの使いに出されたのである。五銭や二〇銭の小遣いではたいしたものが買えるわけではない。織子たちは元結いやざんざ（銀杏返しなどに使う薄い木の髪飾り）を小間使いに頼んで買ってきてもらい、親しい者同士、髪を結い返しするのが、唯一、ささやかな楽しみだった。正月や盆、祭りの休みの時でさえも、一人での外出は許されなかった。何人かで組を作って、はぐれると五銭の罰金がとられた。

「なんの楽しみもねぇんさ。仕事するのが楽しみ」

一日一三時間もの労働にミヤさんが耐えられたのは、何よりも、機織りが好きだったからだ。

「わしは人に負けるんが嫌いだから人は話して遊んでたって、機を織る。話してるんなんか見つかると、向こうで、長火鉢でたばこ吸っちゃあ、夫婦がいるんな、話しちゃあいけねぇよ、って」

勤務中、おしゃべりをしていると、主人夫婦や監督にすぐに注意されたが、唄はうたってもよいことになっていた。

〽話はごめんだよ　仕事の邪魔よ
　唄は仕事のツマになる
　　チャカトンチャカトンチャカトン

と、唄にもうたわれたほどだ。おしゃべりをすれば、つい夢中になって手を休めるが、唄はほどよいリズムで、かえって機織りの能率があがるからだ。秩父の銘仙《めいせん》が市場を賑わすのは、明治中頃から昭和三〇年頃までであるが、バッタン機と呼ばれた手機《てばた》の時代には、無数の機織り唄が生み出されたのである。話すことを封じられた織子《おりこ》たちは、様ざまな想いを唄にたくしてうたった。

〽早く糸繰《いとく》り管《くだ》巻《ま》き習い
　機織《はたお》り習えば主《ぬし》の側《そば》
　　チャカトンチャカトンチャカトン
　　　　　　　　　（この節以下略）

〽機は織れない機神様《はたがみさま》よ
　どうぞ日機《ひばた》の織れますように

厳しい監視下の生活、忍ぶ恋に燃えた娘も
入って間もない頃は、次の新入りがくるまで子守りや掃除等雑用に使われる。小間使いの娘たちは早く糸繰《いとく》りや管巻《くだま》き、さらに機織《はたお》りを覚えて一人前の織子《おりこ》になりたいと夢見る。

〽越後出る時ぁ涙で出たが
　今じゃあ麻裏　紺の足袋

麻裏というのは、平たく編んだ麻を足の裏にあたる面につけたぞうりである。それは、年季の明ける頃にならなければ履くことができなかった。足袋も、年に一足、えびす講（商売繁盛を祈って恵比寿神を祭る行事）にならなければ履かせられない、衣服の類はいわゆる仕着せで、雇い主から娘たちに与えられたのだ。夏は単衣《ひとえ》物に帯と晒《さらし》のじゅばん。冬は袷《あわせ》と半天《はんてん》、それにネルのじゅばんと腰巻き。

〽糸は千本切れてもつなぐ
　主さんと切れればつなげない

〽来るか来るかと上下《かみしも》見れば
　川原柳の影ばかり

〽川原柳は何見てなびく
　水の流れを見てなびく

〽水の流れは止めようで止まる
　とまらないのは恋の道

「いまの流行歌っていうのはない。そんな唄ばっかし自分たちで作って、それがなんとも楽しみ」外出も、男と言葉を交わすことさえ不自由な厳しい監視下の寄宿舎生活の中で、一日中機《はた》にとりつきながら、娘たちはしもせぬ恋の唄をバッタン機にあわせてうたった。いや、ミヤさんは、「厳しいから話もうっかりできねぇ。男となんか（外へ）出ると罰金とるなんていって、五銭ぐらいもらったの、とられちまう」といったが、その禁を破って忍ぶ恋に心震わせた娘もいたに違いない。

〽誰か来たそうな　流しの外へ

鳴いた松虫　目をとめる

こんな唄がそれを語っている。

四年の年季が明け、一年礼奉公すると、仕着せが出て、汽車賃も出されて、家へ帰される。ミヤさんは、松代町に帰って、もう一度親をだますようにして秩父へ来たが、年季が明けた者が再び秩父へ来るのは新潟や富山、雪に閉ざされた村の出身者ばかりで、地元の秩父の者は数える程しかいなかったという。

以来、ミヤさんは秩父で結婚し、五人の子を産み、育て、その間ずっと機を織り続けてきた。そして、間もなく九〇歳に手の届きそうな今も、自分が教えた孫娘と二人、機を織り暮らしている。

舳倉島の海女

――カチカラ桶をたよりにアワビをとる白崎三枝さん

輪島港から二時間一〇分

舳倉島《へぐらじま》は輪島港から定期船のくれない丸で行けば二時間一〇分のところだ。途中、七ツ島の側を通って舳倉島に着くと、真っ白い灯台が空を突き刺すように立っているが、島は真っ平で、家々は海に向かって浜に一列に並んでいる。

白崎三枝さんの家は、一列の家並みが少し折れ曲がったところにある。石ころがゴロゴロしている路地を行くと、洗濯物が干してあり、縁側に魚網が積んであった。海辺のまぶしい光のために家の中は真っ暗で、そこにいる人の顔を判別できない。声をかけると、三枝さんの夫の一番下の弟さんが顔を出した。三枝さんの船に初めて乗った時、三枝さんとこの青年とを新婚の夫婦と間違えてしまった。

「新婚の夫婦でしょう?」

というと、三枝さんはケラケラ笑い、弟さんは、

「俺はまだ結婚するような年じゃないよ」

とぼやいた。今年成人式を迎えたばかりなのだそうだ。

濡れた髪を手拭いでしばりあげた三枝さんは、まだ海から帰ったばかりで部屋を掃除していないから散らかっていると恥ずかしがり、それでも快く家の中に招き入れてくれた。一〇〇年も前に建てられた家は梁《はり》や柱がどっしりと太く、煙にいぶされて黒々としている。三枝さんの家族は夫の吉春さんと小学校一年になる秀樹君、舳倉島には来ていないが、海士町《あままち》にいる吉春さんのお父さんとお祖父さん、あわせて五人である。それに今、出稼ぎにでている弟さんが仕事がなくなって舳倉島に来ている。

グイ、グイと命綱があがる

舳倉島は、輪島市海士町に住む漁師や海女《あま》たちの稼ぎ場所である。昔は全村こぞって海士町の家に板を打ちつけて舳倉に島渡りしてきたが、今では働かなくなった年寄りは海士町に残してくる家が多いようだ。それに、漁船が機械化されてからは、舳倉島には渡らず海士町で漁をする家も増えている。

舳倉島がアワビの産地であることは、万葉集にうたわれ、今昔物語に語られているけれど、舳倉島の海女に先祖の話を聞くと、永禄一二年（一五六九）に筑前宗像《むなかた》郡鐘ヶ崎（現在の福岡県宗像市鐘崎）の漁人が能登国羽咋《はくい》郡赤住村の知人を頼ってきていたのが始めという（一説には漂着したという）。それ以来鐘ヶ崎の漁人は能登の豊かな海産物をとりに毎年くるようになり、文禄三年（一五九四）

には鳳至郡《ふげし》鵜入村《うにゅう》に借家して住み、元和三年（一六一七）、海人又兵衛は藩主利常侯に願い出て、光浦に居住し、七ツ島、舳倉島で魚貝や海藻をとることを許された。そして慶安二年（一六四九）前田侯より輪島鳳至郡内の土地を下賜《かし》されて住みつくようになった。それが現在の海士町である。光浦にいた時には海士一統一五〇人が一棟の家に男女混合して住んでいたといわれる。

海士町の人びとは昔から八十八夜の頃になると舳倉島に渡り、夏の間アワビやエゴ草をとって九月半ば過ぎには海士町に帰ってくる。そして、農村で稲の刈入れが始まる頃、船に海産物を積んで能登の灘をまわり、米と交換してきたのである。春には海士町近辺の浜や、あるいは七ツ島へ行ってワカメや海藻をとったが、なんといっても夏の間の舳倉島での漁が、長い間海士町の人びとの生活を支えてきた。

三枝さんの船に乗せてもらうことにした。三枝さんは日焼け止めクリームを顔に塗り、ウェット・スーツにパウダーをはたいて、海に行く仕度をしている。吉春さんも朝食を食べ終わったところで口をモグモグさせながら出てきた。

「秀樹！　さあ、行くぞ！」

きょうは秀樹君も一緒に船に乗る。

空は明るく晴れていたけれど、風があって、海はやや波がある。船は、時々、深い碧い海に落ち込んだかと思うと浮いた。三枝さんは船上で海にもぐる仕度をする。鉛でできたハチコというおもりを腰につけ、そこにアワビを岩からはずす長さ四〇センチほどの貝金をはさみ、命綱をつけ、白布で髪を整え、眼鏡は、出がけに浜小屋の近くで秀樹君がとってきたもちぐさでふいた。もちぐさで眼鏡をふくとくもらないのだそうだ。まわりを見渡すと、何艘か、船が浮いている。やはり海女船だ。

三枝さんは海の中にこともなくつかり、顔をピシャピシャと海水でぬらすと、クルッと足で水面を蹴って海の中にもぐっていった。吉春さんが命綱を海に投げると、水面で輪を描いた綱が、一巻き、二巻き、三巻き、スルスルと消えて、その分だけ、三枝さんは深くもぐったのだ。ややあって、吉春さんが腰を二つに曲げて命綱をグイ、グイ、グイと引きあげる。黒いスーツがゆらゆらと水中に見えたかと思うと、三枝さんはボコッと顔を出し、船の中にコトンとサザエを三つ、入れた。もぐってからあがるまで一分あるかなしかだった。

「うーッ、目がまわる」

海の底の潮の流れが速くて、目がまわるのだ。

箱眼鏡で海の中を覗くと三枝さんの姿がきれいに見える。三枝さんはからだをまっすぐに伸ばし、一かき、二かきして海底に着くとからだを水平にして海藻をかきわけ、アワビやさざえを探した。腕が背にまわって貝金をつかんだ時はアワビを見つけた時だ。海の中が見えているはずもない吉春さんが、

「アワビをとったろ」

という。命綱の手ごたえでわかるそうだ。三枝さんが命綱をグイとひっぱって合図すると、吉春さんはそれを引きあげる。三枝さんは海から顔を出した時、ヒュー、ヒューッと海女笛を吹いた。

「もう、ちょっと、あっちに行ってくれ」

三枝さんが指さしていうと、吉春さんはその方向にあわせて船を動かす。船を移動させる間、三枝さんは海の中を覗いて、アワビやサザエのありそうなところを見ている。潮の速い日は、もぐる海女も、海女を引きあげる方もくたびれる。その日、三枝さんのとれ高はあまり芳《かん》ばしくなかった。

時間になって浜にあがる海女たちは、

「稼いだかー?」

「なーんも、きょうは潮が速いげに調子が悪い」

と声をかけあった。

三枝さんはふだんは、親戚の人や親しい友だちと組んで、カチカラという盥《たらい》よりももっと大きな桶《おけ》を持って海に出かける。吉春さんは吉春さんで船に乗って漁に出かける。夫婦共稼ぎだ。吉春さんが三枝さんの命綱を引いて二人でアワビやサザエをとるよりも、吉春さんは漁に出、三枝さんは一人で海にもぐった方が水揚げがあがるのである。

嬶難儀《かかなんぎ》で父楽《ととらく》なところだった

三枝さんがカチカラ桶を持って海に出た日、吉春さんの船に乗り、迎えに行くと、三枝さんと相棒の海女はカチカラ桶にいっぱいサザエをとっていた。一人がもぐると、もう一人の海女は海の中を覗いていて、もぐった海女があがってくるところにカチカラを持って行って待っている。カチカラ桶は浮きにもなり、とれたアワビやサザエの入れ物にもなるのだ。一人があがると、もう一人の海女はそれと入れかえに海にもぐる。それはリズミカルで調子のよいテンポだ。けれど、深い碧さが拡がる海で、船があり、命綱をあげてくれる人がいる時よりも、ずいぶん孤独な作業に見える。カチカラ桶ひとつにすがって、二時間、三時間と海にもぐり、そして、浮いているのだ。

三枝さんにそのことを聞くと、

「カチカラの方がいいわ。命綱がついていると自分の力を使わないからからだが冷えてしまうげに。カチカラだと自分でもぐって自分の力であがってくるから運動になってからだが冷えん」

と教えてくれた。

古老に聞けば、

「カチカラ海女が本来の海女や。昔は磯伝いにカチカラ桶を持っていって、岩場近くの、ほんの二、三メートルの深さのところでとったげに。アワビが少のうなって海女がだんだん深くもぐらなければとれんがで、命綱をつけるようになった。今の海女は昔の海女より難儀やわい」

そして老海女は、

「おらがの時代にはサザエなんていうものはとらん。アワビばっかでぇ、アワビはちゃーんとわが棲みかのでけるような、美しいところへ坐っとった」

と五〇年前の海の様子を語った。

「海女は目がはしこくて、息が長いのがいい。上海女《じょうあま》がアワビを一〇貫もとれば、一貫しかとれん海女もいる」といわれて、海女の力量には大きなひらきがあるが、海女の稼ぎは、普通の人で一日七〇〇〇円から一万円（一九七六年頃）、稼ぐ人なら三万から、それ以上の時もある。戦前までは海士町では、人びとの生活は海女の稼ぎにかかっていて、嬶難儀《かかなんぎ》で父楽《ととらく》なところだといいならわされてきたが、漁船が機械化されると男たちの漁の方が上まわるようになった。男の漁は、普通の人で一ヵ月五〇万円から六〇万円、多い人なら一二〇万円から一三〇万円の水揚げをする。けれども、船や魚網に資本がかかり、浮きやおもりや油代などの経費もバカにならなくて借金の返済に追われるから五、六〇万円の水揚げでは生活をするのにいっぱいだという。それに比べれば海女の稼ぎは裸一貫で、丸々儲けになるから分がいい、と海女も漁師たちも考えている。吉春さんは一三、四の頃からお父さんの漁船に乗り始め、だから中学校にろくろく通わなかったけれど、舳倉分校の先生に卒業したようにとりはからってもらって、

「勉強の方はちーと出来が悪い。けど、海はわが家の庭みたいなもんで、輪島周辺の海も、舳倉島周辺の海も隅から隅までわかっとる」

と潮風に吹かれながら話す生粋《きっすい》の漁師だ。

海士町は昔から自由恋愛じゃ

三枝さんが秀樹君を生んだのは一九歳の時だ。三枝さんは親に結婚を反対されて、結婚をするには子どもを生んでしまった方が手っとり早いと、それで秀樹君を生んでしまった。この流儀は、生活をするのに自信のある海女の流儀らしくて、他にもいくつか、そんな話がある。

「(吉春さんを) 好き、とか、早く一緒になりたいとか、なーんも、そんな甘いもんではないわ。親に反対されればされるほど意地になって、意地で結婚したげっちゃ。けど、その頃、家には金なかったから早く嫁にいってしまったら親の困るのわかってたし……」

海女の親たちは、どうしても娘が大きくなると、その稼ぎをあてにして親の元から離したがらない。なにしろ、かつては、娘三人持てば船が買えるし、家も建つ、といわれていた土地柄だ。だから、昔は、〝年季〟といって、結婚することが決まってからも自分の親への礼奉公に一、二年、長い人なら三年も実家にいて、一人二人子どもを連れて、相手方の家に移ったのである。そんな〝年季〟の名残りがいまでもあるのだ。それで、三枝さんも結局、秀樹君が三つになるまで親元にいた。

ある老夫婦に、

「昔は結婚はどんなふうにしたんですか？　お見合いですか？」

とたずねると、

「なんも。見合いなんぞという都会風のことはせんとこや。相手いうても海士町の者の顔は全部知れとる。海士町は昔から自由恋愛じゃ」

こんな返事がかえってきた。

秀樹君が一〇月に生まれたから、お腹に入っている時、六、七、八、九月と、ちょうど海女が海にもぐる季節と重なって、それでも、海女のだれでもそうするように、海にもぐった。

「海にもぐっても、なーんも、特別に変わったことはないげっちゃ。けど、ちぃーと息がつまるような気がする。お腹が大きくなっても、ウエット・スーツは太った人から借りればいいし、古いスーツに鋏を入れて、まちをつけて着たりする人もおるわ」

臨月まで海にもぐって

ある老海女は、海の中にもぐればからだが軽くなるから、陸《おか》にいるよりはかえってせえせえする、といっていた。海女たちは、海にもぐれる季節は短いから臨月までも海にもぐり、子を生んで、二〇日も過ぎればまた海にもぐる。

吉春さんと三枝さんは、まだ結婚していなかった頃、男女あわせて十数人で北海道の松前の近くの小島というところに出稼ぎに行ったことがある。この小島は、明治時代、ガラスの水中眼鏡が出来始めた時、眼鏡が普及すれば舳倉島のアワビはなくなってしまう、と先を読んだ人びとが一五所帯、新しい漁場を求めて移り住んだところである。

「男たちは一階に寝てるし、女たちは二階に泊まって、まるで修学旅行みたいよ。昼は働いているけど、夜になると唄うたったり、ギター弾いたり、ここらの者はみんな唄うまいげっちゃ」

三枝さんの話を聞いていると、光浦の海士屋敷に、海士の一統一五〇人が起居を共にしていた三五〇年前の姿が髣髴《ほうふつ》としてくる。海士町の人びとは、しばしば一団となって出稼ぎに行く。ウニをとりに九州へ行ったり、ワカメをとりに北海道へ行ったり、アワビをとりに青森へ行った話も聞いた。もともと海士町の人たちの先祖は九州の鐘ヶ崎から出稼ぎにきているうちに能登に住みつくようになったのだから、船一艘あればどこへでも稼ぎに行く、そうした海人の気質をひき継いでいるのかも知れない。また、戦前までの海士町の人びとの生活形態をみてみれば、夏は舳倉島で稼ぎ、秋は灘まわりをして、冬から春にかけてだけ海士町で過ごす。一年の半分近く、人によってはそれ以上の期間、労働の場を海士町以外のところに求めたのである。戦前の灘まわりは船に乗って一ヵ月も、二ヵ月もかけてまわってきた。一二月近くになると海がしけて、帰れない場合もあり、行った先で正月を迎えたり、身軽な若夫婦などはそのまま三月まで賃仕事をしたり、商いをしてくることもあった。ある老海女はいう。

「何時何日《いっいっか》は灘まわりやっていうこと決めて、やっぱ、凪《な》いでる時、ここから七尾《ななお》までいく人おるげに。てんでにみんな得意先、得意先の在所に入って……、船からみんないった。船で走っていって、ノマ（船の屋根のようなもの）かけて、船ん中で煮炊きも、寝泊まりもしたげに。いま、あんた、自動車ではや三日四日もおってくりゃ、家にすぐ来《こ》お。おらがはそんな風でねえもの。ひと月もふた月もおったげに。アラモトち言うて、米でねえ、アラの混じった米をとっちゃあ、イワシを売ったり、モダツを売ったりして、そうしておったげに」

海女ちう者はジメジメしとらん

戦後、灘まわりもトラックで行くようになって三、四日もあればまわれるようになった。だから海女たちは一〇月に入ると仕事がなくなってしまう。けれど働くことを当たり前に思っている海女たちの何人かは遊んではいられず、金沢や、穴水や、七尾へ、ちょっと年のいった人なら料理屋の女中、若い者ならスナックやバーへ働きに行く。海女たちの季節労働に水商売が多いのは、限られた期間、手っとり早くできる仕事は他にないからであろうし、また、海女たちの夏の間の稼ぎ高に匹敵するような仕事も、なかなかあろうはずがない。客商売に海女は、気性がさっぱりしていて、こだわりがないから喜ばれるそうだ。三枝さんも吉春さんと一緒になる前に七尾のバーに働きに行ったことがある。

「海女ちう者《もん》は普通の女みたいにジメジメしとらんげに、店へ行っても賑やかにして、もといた女の子たちの客をみんなとってしまうわ。何人かグループ組んで行っとるげに馬鹿なことはできん。鼻の下長くしておる男はからかってやる。助平な顔した男が〝今夜一発どうや〟いうから、〝今夜はダメや〟いうけど、また次の日しつこうて〝今夜はどうや〟ていう。〝今夜もダメや、けど、明日ならいい〟て返事しとると、また来る。〝今夜は約束の日や〟〝わかっとる。どこでごちそうしてくれる？〟って、うまいもん食わせる高い店で待合わせる約束して、店閉めたら男が待ってるげに、海女の仲間、三人も四人も連れてって、おごらせてしまうわ」

「海士町の女は天真爛漫というか、なんというか、誰かの家に集まって、夜遅くなってこたつで寝てしまうこともあるげに。寒いから隣に男がいてコロッと抱き合うようにして寝ても何も起こらん、ケロッとしてる」

天真爛漫でありながら男女の間は周囲の者が監視しあっていて、

「あの海女は誰々の女だ、ということを知っとれば他の男は誰も手ェ出さん」そうだ。

また、古老の話によれば、

「海士町いうとこは隣近所の目のうるさいところで、男が死んでも再婚ということはせんがで。子どもの三人や四人、育てられんような甲斐性なしじゃ、海女はつとめられん」といわれる。

戦争の時、輪島の中で海士町は甲種合格者を一番多く出した。漆器業者たちは毎日家の中で仕事をしているからからだは強くはなく、隣の輪島崎の漁師に比べても舳倉島できたえた海士町の男の方がからだは強くて、それがかえって災いして、戦争に行った者も多いし、戦死者も輪島で一番多く出した。夫が戦死した女性は七、八〇人いるが、再婚していない。

九州の鐘ヶ崎から海士が移り住んで四〇〇年弱、海士町に生まれた女たちは、そのほとんどが海女になった。

「海の中は美しい」

と海女たちは語るが、海になじんで魚のように遊泳する海女の姿も美しい。けれど、アワビやサザエとりは一回一回海にもぐって、わずかな数だけを手にとってくる気の遠くなるような作業だ。

また、冬、少しでも陽の射した日には胸までもある胴付のゴム長をはいて、腰まで海につかって海士町の浜で黒ノリをとる。

「冷たくて、指なんかガチガチにちぢかんでしまって、動かそうもどうもできないわ」と三枝さんは語っていたが、冬の淡い陽射しの中で、北陸の海はどんな色をしているのだろうか。

春は、四月から六月にかけて、七ツ島へ行ってワカメをとる。この時にはすでに、ウェット・スーツを着て、海にもぐる。春とはいえ、水温はまだまだ低い。

日本海の荒い海に海女は身ひとつでぶつかってゆく。

小作農民の暮らしを支えた女たち

――〝産めよ殖やせよ〟の時代を生きた土田カメさん

他人《ひと》が忙しい時には手伝う

若葉の季節であった。ジージーと鳴る機械の音が、春の畑に響いていた。それは後で気がついたのだが、茶を刈る音だった。

ここ、宮崎県東臼杵郡西郷村《ひがしうすきぐんさいごうそん》（現在、東臼杵郡美郷町《みさとちょう》）は、さして高くはないが、小さな山々に囲まれた山あいの村だ。この辺の農家の主な生産物は茶と椎茸《しいたけ》だそうだが、それは起伏の多い、したがって狭小な耕地しか持たないこの村の人々が、より多くの収穫をあげるために選んだものであったろう。

西郷村へは、日向《ひゅうが》市から椎葉《しいば》行のバスに乗って山道を一時間あまり揺られてきた。西郷村から椎葉の方へ向かえば、さらに山深い里になる。西郷村の中心地田代《たしろ》には、電気器具店や肉屋や魚屋や理髪店、美容院、日用品店などがあり、近隣の山里から人々は買物のために降りてくるのだという。そういえば、前夜泊まった宿は商人宿風で、交通の便が現在ほど発達していなかった時代、商店のない村々へ向かう行商人らが利用していたに違いない。

土田カメさん（七五歳）と芝原ハナさん（七八歳）は自家用の茶摘みをしていた。いや、より正確にいえば、ハナさんはカメさんのところの茶摘みを手伝っていたのである。昔の者は、自分が手が空いていれば、遊んでいるのがもったいないような気がしてあたり前のように手伝うものなのだ、とハナさんはいった。現在のように農機具が発達していなかった時代、田植えや刈入れなど、重要な仕事は人々の共同作業で行なわれた。カメさんもハナさんも他人《ひと》が忙しそうにしていれば手伝うという習性が身に備わっているのだろう。

丘の斜面に櫟《くぬぎ》の林があり、その薄暗い木陰には丸太が八の字に立てかけられ、椎茸を栽培していた。その櫟林と丘の斜面の畑を区切るように茶の木が植えられており、二人はそこで茶摘みをしていたのである。

「自分でこさえた茶を飲むと、もう製造した茶は青臭みがあって飲まれん」

摘んだ茶の新芽を揉んで、二回程度炒《い》ってから莚《むしろ》にひろげて天日で干し、それを籾《もみ》とおしという粗い篩《ふるい》にかける。

「昼はしとられんから晩に炒って、手合いのおらん人はそんなんせにゃね。他人が田を植えたり、麦刈ったりするまでに摘んでおかなければよういかんのじゃから。もう、晩の仕事のエラ（きつ）かったからね。子ども寝せといて……」

山の木々が芽ぶき始めると、農家は急に忙しくなる。苗代作り、畑の種蒔き、麦刈り、田植え……。茶摘みは麦刈りや田植えが始まる前に済ませておかなければならない。麦刈りや田植えが始まれば、もう猫の手も借りたいほどの忙しさになるからだ。そして、それは何にもまして大切な仕事でもあった。田植えが済んで一段落すると、二番茶の季節になるが、茶作りを専門にしているような農家でなければ二番茶はほとんど摘まない。

「昔は自分の手でしなきゃあ、何もできなかったから……。炒る焚きものからないでしょ。山に拾いに行ってね。たきぎを集めんとお茶も炒れんからね。たきぎ集めがエラかったとよ。雨の降らん日にたきぎも集めとかにゃ、よっぽど心がけのいい人じゃないとやっていけんかったわね」

今日のような流通機構が村々に浸透しておらず、人々が自給自足的な暮らしをしていた頃、自らの〝心がけ〟がささやかな楽しみを作った。

戦時、わずかな収穫のじゃがいもも麦も供出

「財産持たん人は、本当、火の地獄じゃった。いつも油断せず働かにゃ、追いつかんからね。雨が降りゃ、田んぼに行き、日よりなら畑に行きよったとよ」

戦前、財産のない農民を苦しめた主な要因は高額な小作料である。カメさんが耕していた田畑はほとんど小作地、収穫高の五割近くを地主に小作料として収めなければならなかった。

「土地のないところで分家したんですからね、自分たちで財産を求めなければならなかったですから」

小作料を収めた後、何割かは現金に換え、税金などを支払うと、残る米はわずかなものである。

自分で作った米を食べられないという小作農民の体験はカメさんやハナさんにも共通するものであった。

「昔は税金の滞納でですね、奥《おっく》の辺でも滞納者が多くて役場からちょいちょい来おったですよね、差し押えに。電灯料でも未納で電気切られた人おった。一灯ぐらいの電気ね」

奥と呼ばれるのは、さらに山深い、したがって耕作地も狭小な地域である。一軒の家にたった一灯ぐらいしかなかった、その電気料の支払いさえ大きな負担となっていたという小作農民の暮らし、それは、満州事変をきっかけに太平洋戦争まで戦局が拡大していった、軍国主義が時代をひた走る昭和初期の話である。

高額な小作料と同様、カメさんやハナさんに不条理に思えたのは、戦時中の供出米《きょうしゅつまい》である。

「あの戦争中、少しばかりとったじゃがいもでも麦でも供出だった」

「やっと自分たちは食べもせんで（米を）送ればね、行く道（途中）にゃ、船が沈められるでしょ。がっかりしよったですね」

高齢者や病弱な者を除けば男たちのほとんどが戦場へ狩り出され、主要な労働力を失った農家に過重な供出米が課され、女たちが懸命に作り、そして自らは食べるものも食べず供出した米は、途中で敵襲にあい、戦地には届かなかった。

カメさんとハナさんはこうした時代に子を産み、育てた。「農村ガ最モ優秀ナル兵力及ビ労力ノ供給源」（「人口政策確立要綱」一九四一年一月二二日閣議決定）と考えられ、産めよ、殖やせよのスローガンのもとに、明治憲法以来の堕胎罪が最も効力を発揮していた時代である。ハナさんは八人の子を産んだ。カメさんは六人の子を産み、育てた。

「子どもはほんの虫あしない（虫けら同然の扱い）だったとよね。莚《むしろ》やら傘やら持って行ってね、畔《あぜ》に寝せて。眠ったら田を耕したり、畑を打ったり、草取ったり、そんなにして子どもを育てた」

茶摘みが終わり、昼食間際に、そんなことをいいながらハナさんは帰って行った。午後からはカメさんの家へうかがった。

畑で自分の便を食べてしまった長男

カメさんが結婚したのは二〇歳、その翌々年、昭和二年に長男が生まれた。続いて昭和五年に次男が、八年に長女が、三男は一一年、次女が一六年か一七年、そして四男は敗戦後の二二年に生まれた。

カメさんは、農家の女たちが誰でもそうであったように、田畑を耕しながら子どもを育てた。六人の子どもそれぞれの、まだ幼かった頃の思い出がある。長男は畑へ連れて行って草の上に置いといたら、自分の便をつかんで食べてしまったことがある。一人でおとなしくしていたので、カメさんはよく遊んでいるな、と思い、仕事に夢中になっていたのだ。カメさんは長男をあわてて田んぼへ連れて行き、田んぼの水で口をすすがせたり、洗ってやったりした。また、次男を麦刈りに連れて行った時のことだ。麦藁《むぎわら》をひろげて畑に寝かせて置いて、しばらくすると、オーオーと泣き声がする。行ってみると、口のまわりいっぱいに蟻《あり》がたかっていた。乳の臭いで蟻がたかってきたのでである。

「三番目頃が一番きつかったですね」

三番目の長女が生まれた時は長男はやっと六歳、まだ子守りをするような年ではなかった。だがカメさんは長男に三番目の子を背負わせた。母からもらって使っていた半天《はんてん》を着せると、間もなく裾《すそ》がすり切れた。まだ身体が小さく、半天をいつもひきずって歩いていたのだ。四番目の三男も長男が子守りをした。この頃になると、長男は自分が遊びたい一心で、赤ん坊を背負うのを嫌って、知恵を働かせた。石油缶が二つ入るくらいの石炭箱があったが、それを店からもらってきて、車をつけ、その中に赤ん坊を入れて引き歩いたのである。赤ん坊にとっても石炭箱はまんざら居心地悪くないらしく、その中でスヤスヤとよく眠った。長男は、赤ん坊を入れた石炭箱のすぐ傍で友だちとしばしばパチンコ（メンコ）をしていた。長男はめっぽうパチンコが強かった。カメさんが新しいパチンコを買い与えてやることはめったになかったのに、勝負に勝って、たくさんのパチンコを持っていた。洋服を買えずにきものばかり着せていたから、きものの裾に風をはらませて、うまい具合にパチンコを返していたようだ。

買い与えてやることはできなかったが、長男が小学校へあがる時、夫の弟が着た学童服をもらってきて、洗って物干し竿にかけておいたら、それを見て、長男は「あ、学校へ行く服がある」といって大喜びだった。それは霜降りの学童服だった。村の子の多くがきもので、洋服はとてもハイカラに見えた時代である。

〝子守り〟同士で羽をのばして遊んだことも

カメさんは子どもの頃、子守りをしたことがある。小学校時代、カメさんは勉強が好きで成績もよかった。そのため先生が高等科にあがるように勧め、父も反対はしなかった。カメさんは内心では高等科へあがりたいと思っていたのだが、周囲には高等科へ行く友だちはいなくて、一人で行く勇気はなかった。友だちから妬《ねた》まれるような気がしたのだ。それで、尋常小学校を卒業した直後の二年間、子守り奉公へ出された。

最初に奉公したのは飲食店だった。よく泣く子だった。いま考えれば乳が飲みたかったのだろう。その子の母親は、飲食店のかたわら、村中をまわって魚を売り歩いていた。ある日、カメさんは、子があんまり泣くので、魚売りに行った後を探しに行ったことがある。だが、行く先々で、「いま、帰ったところだ」という返事ばかりで、結局、村をひとまわりして、カメさんも赤ん坊と泣きながら帰った。上の女の子がおしゃべりで、なにごとにつけ、親に告げ口されるのも辛かった。カメさんは、半年でその家の子守り奉公をやめて帰ってきた。仕着せに腰巻と、一〇円程の給金を得ただけである。

次に行ったのは造り酒屋だ。村には二軒の酒屋があったが、そのうちの一軒である。

この辺では、秋の穫入れが終わると、上等な米は酒参りと称して、まず一番に造り酒屋に持って行く。そのかわり、酒屋では、新米で最初に造った新酒は、一瓶ずつ村中に配達したものだ。

造り酒屋の朝は早く、夜は女中さんたちが寝なければ、カメさんも床につけなかった。赤ん坊が寝た後、女中さんたちの仕事を手伝っていたのである。

「おしめ洗いがいやだったねぇ。便洗うのがいやでよ」

一人前の働き手になる前の村の少女たちは、弟妹の守りをしたり、あるいは他家へ子守り奉公へ出る者も少なくなかった。まだ遊びたい盛りの子守りたちは自然に集まって一緒に遊んだ。

だが、他家で子守りをしている者は子どもながらに奉公先の親の目を気遣った。村のはずれに地芝居などをするために作られていた〝舞台〟があったが、そこが子守りたちの格好の遊び場になった。そこなら子の親たちの目がとどかなかったからだ。

村の中では、赤ん坊同士喧嘩などされても困ったし、また怪我でもさせたらたいへんだと、めったに背中からおろすことはなかったが、子守りたちは〝舞台〟へ行くと、誰もが子をおろして遊んだ。年長の子守りたちは舞台に立って踊った。カメさんは踊りはさっぱり苦手で、見ている方が余程よいと思った。広い観覧席で他の子守りたちが踊るのを見ていた。〝舞台〟は子守り奉公の少女たちが、ひそかに羽をのばせる場所だった。

カメさんは、小さな頃から赤ん坊が好きだった。六人兄妹の末っ子だ。妹も弟もいなかったから、赤ん坊のいる近所の家へよく子を背負いに行った。

子守りは、自らすすんでやる場合には、〝ままごと〟のように、大人の真似事の遊びの一種だった。

遊びの中で、将来、大人になってやるべきことを、自然に身につけていったのである。

農業はすべてカメさんの双肩にかかっていた

カメさんはお産は軽い方だった。村の女たちの多くは、産婆にもかからず、周囲の経験ある年寄りたちに頼んで子を産んだが、カメさんは、ちょうど友だちが産婆になりたての頃で、その友だちに診てもらった。診察料といってもわずかな額であったが、一度には払えず、何回かの分割で支払ったのを覚えている。

三男が生まれたのは七月三日だが、臨月がちょうど田植えにぶつかった。カメさんの家の田んぼはおおみね山という高い山の麓にあったが、その田んぼは家からは遠く、昼食には必ず弁当を持って行かなければならなかった。

遠い道のり、弁当が重く感じられて、何度、途中から引き返そうと思ったか知れない。その日はやっとの思いで田植えを終えて帰ってきたが、翌日はどっと疲れが出てしまった。

「今日は洗濯をすませておこう、ニガタケの竹の子が出ているから、あれもとりに行かにゃあ」と思って休んでいた。ニガタケの竹の子は細いが、湯がいて味噌あえにでもして食べると美味《うま》いものだ。洗濯をしているうちに陣痛がきて、ニガタケはとうとう取りに行けなかった。

出産前、子が生まれる直前まで働く農家の女たちも、産後二、三週間は、水を使ってはならない、水を飲んではならない、油物を食べてはならない等々、いくつかの禁忌《きんき》があった。これらの禁忌の中には不合理なものもあったが、産婦の身体を気遣って人々の間で伝えられてきたことも少なくない。

夫が郵便局の集配の職を得るようになってからは、農業はカメさんの肩にすべてかかってきた。カメさんは、子どもたちが学校から帰ってくるのを待って、田畑へ連れて行って子どもに手伝わせて仕事をした。夜暗くなって、仕事を終えて一人で山から帰ってくると、寒いのに子どもたちは火も焚かずに待っていることもあった。また、教えもしないのに、いつの間に覚えたのか、帰りの遅いカメさんにかわって、長男が味噌汁を作って待っていた。

末っ子が生まれたのは敗戦後二年目、食料不足で、西郷村でもワラビの根を掘ってまでも食べた年である。栄養不足のために母乳はとまり、御飯を炊く時にふき出る糊をとっておいて飲ませた。砂糖でも加えれば飲みやすかっただろうに、砂糖もなかったから、サトウキビを植えて、汁をしぼって炊いて飲ませたが、汁はわずかしかとれなかったし、その汁さえ、あまり飲まなかった。

その末っ子は、高校卒業をひかえて家出し、歌手になるのだと東京へ行った。夫は「勝手に出て行く奴は放っておけ」といって怒っていたが、カメさんは、

「あげな子ほど親がめんどう見てやらんと、どげな子になるか知れん。親が見放したらなんにもならん」

と思って、せっせと手紙を書いた。西郷村で起こるちょっとした出来事や、友だちのこと、家族のこと、すると、末っ子からもおもしろい文面の手紙が返ってきた。老いた母と、ちょっとグレた

息子の文通は、息子が東京で歌手志願をしていた一年間続いた。

「お父さんも歌はあまり上手じゃない。私も音痴で、どうしてお前が歌手になるということがあるもんかい」

とカメさんは常々思っていた。息子は案の定、歌手修業に敗れて帰ってきた。その息子はいまは宇治でサラリーマンになっている。

満州移民　その1――戦後、四人の子を連れ帰った高橋たけさん

自分で産んだ子のヘソノオを切る

大島渚監督の、あれは何という映画だっただろう。敗戦後の荒廃した村へ満州から引揚げてきた少年が、（そう、あの映画は『少年』と題していたかもしれない。――『少年』一九七六年公開）地面に耳をすりつけて、地の中から響いてくる何かを聞きとろうとする場面があった。少年は何を聞きとろうとしていたのだろう。

少年の不可解な動作には満蒙開拓者の引揚げ時の経験が前提になっていた。少年は、満州の地に生埋めにしてきた妹の声を聞こうとしていたのだ。もちろん、海をへだてた日本の農村で、しかも死んだ妹の声が聞こえるはずはない。

が、少年は地面に耳をすりつけて地中からの声を聞こうとする。それは少年の、満州での飢餓体験以来の習性となっていた。

ここにひとつの詩がある。「高橋たけさんのお産」と題する詩だ。

その年の秋奥さんのお産がはじまった

三人目の子だからと旦那さんがいない
子供二人にわたし
奥さんはウンウンウナッテいる
そのうちに暗くなった
ランプをつける
ウスグライところでウナル
わたしはキミがわるい
ウロウロしている
「ミツ子さん出たあ早く来て！」
大きな声でさけばれたわたし
ウスグライところから
おばけが出たのではという
サッカクをおこし
よういにはゆけなかった。
「わたしをおこして頂戴」という
用意しておいたハサミ　アサイト　アカチン
自分のうんだ子供のヘソノオを切るのだった

子供を生む
手伝いなどなど
自分が子供なのだ
ましてや　産婆さんも頼まず
自分の子を自分で
あまりにもひどいしぐさ
よういにはくらしてゆけない
ここからわたしの人生が
はじまった。

（折居ミツ詩集ノート『開拓のかがり火』より）

この詩は、ソ連国境線近くの免渡河《メントカ》という町からさらに徒歩で一時間もかかる呼倫貝爾《ホロンバイル》開拓団に加わったばかりの折居ミツさんが、同郷の岩手県和賀郡藤根村出身の高橋たけさんの出産を手伝った時のことを、戦後三〇年を経て書いたものだ。

呼倫貝爾開拓団は、免渡河近くの国境の町ハイラルに駐屯していた騎兵隊を除隊した者が主に入植した自由開拓団である。あたり一帯は遊牧民が季節に応じて家畜を放牧して移動する草原が続いていた。その辺の遊牧民は土地私有の概念を持たないため、開拓者らには、開墾可能な広大な土地がひろがっている、と思えたのである。その広大な草原に国境警備の騎兵隊の除隊兵らが築き始めた開拓村に、日本から花嫁が迎え入れられ、ごく一部の妻帯者の妻子が呼びよせられた。

開拓団指導のため、満州に渡った夫を追って

高橋たけさん（大正三年生まれ）がこの呼倫貝爾開拓村に来たのは昭和一四年三月である。たけさんの夫は、以前盛岡の騎兵隊に入隊し、軍曹まで進んだことから、この開拓団で指導的役割を果たすためにと誘われ、すでに二年前に呼倫貝爾に来ていた。

たけさんは、藤根村にいる頃、夫との手紙のやりとりの中で、この辺にはロシア人の産婆しかいないから、出産時の処置の仕方を身につけておくようにといわれていた。たけさんは産婆に一人でお産をする方法を教わり、本を借りて読み、夫が満州へ発った後、長女を産む時には試みに産婆の手を借りずに自力で産んだ。その長女とたけさんを夫は約二年ぶりに迎えに来たが、その時たけさんはまた身籠り、身重の身体で満州へ渡ったのである。船で釜山に渡り、途中、知人のいる奉天に寄り、姉のいるハルピンに一泊し、八日間の旅の間、たけさんはつわりに苦しんだ。その子を産む、満州での最初の出産は夫が手伝った。次の子が産まれる時は、夫は開拓村から遠く離れた農場の仮小屋に泊まり込みで仕事をしており、留守だったので、満州に来たばかりのミツさんが手伝ったのである。

呼倫貝爾開拓村では、出産の予定があると、ロシア人の産婆からヨードホルムやチンキなどの消

毒液をあらかじめ分けてもらっていた。夫の手を借りて、あるいは、気の合った女同士で無事出産がすませられればそれでよし、夫や女たちの手には負えなく、難産が予想される時には男たちが馬をとばしてロシア人の産婆を迎えに行った。

たけさんは開拓村で生まれた子の臍の緒を四人とも自らの手で結んだ。特に安産だった、というわけではない。手伝いに来たミツさんが、年若く、初めての経験だったにしろ、たけさんの苦しむ姿にいたたまれず逃げだしたほどである。長い陣痛の末、子が生まれると、たけさんは子の臍の緒を麻糸でぎっちりと結わえ、後産の下りるのを待ちながら、夫のいない時にはミツさんに湯を沸かして側に持ってきてもらった。そして、赤ん坊に産湯をつかわせてもらう。自らの消毒をし、臍の緒の仕末をもう一度確認するとはじめて安心して、産床を片づけ、眠りについた。

「気持ちがはっているから疲れなんかどうということないけど、もう、床とりかえて寝ると、どっさり眠れたのが、あれが安心というもんだったんでしょうね」

四人の子のいずれの場合も無事に生まれたが、ただひとつ、心配なことがあった。後産が下りるのがとても遅かったことだ。

「三時間後に出たのが一番遅かったね。だから、ここ（臍の緒からつながっている後産を太股に）結わえるの、もうね、結わいた麻糸がビンと張って、ビクビクッ、ビクビクッっていうんだよ。のぼりたがって。これがのぼったら命とり。だからのぼらないように、昔は麻糸で臍の緒結んで切ったもんだから、これで結んだの。ビッチリ結んだの」

子が無事に生まれても、後産が母体に残れば、それが腐敗して高熱を発し、場合によっては命とりになることがある。だから、後産が完全に下りきるまでは、決して安心はできなかったのである。たけさんは、赤ん坊の臍の緒からつながっていた、そしてまだ自分の体内に残っている後産を、逆もどりしないように、太股に麻糸でギッチリと結わえつけた。もうすでに胎盤は機能を停止しているはずなのに、時折、ビクビクッと動いて胎内にもどりたがっているようにたけさんは感じた。

藤根村で夫の祖父母や舅姑や兄夫婦やその子どもたち五人という大家族の中で嫁つとめをしていたたけさんには、厳しい開拓生活であったとはいえ、満州では親子水いらずの家庭らしい営みを築くことができた。

開拓村の男たちにも、召集の手が

だが、戦局は日々悪化していた。昭和二〇年になると、開拓のために日本からはるか離れたソ満国境近くまできていた男たちにも召集令状がきた。男たちが次々現地召集されると、草原の中にできあがったばかりの開拓村には、若い新妻と幼い子どもばかりが残された。そして、八月九日、ソ連が日本に対して突然宣戦布告。翌一〇日に避難命令が出された。夫は心臓が悪く、召集はされなかった。だが、引揚げ者に残された数少ない男性であり、また、指導的な立場にいたことから常に全体に目を配っていなければならなかった。たけさんは幼い子を五人も連れていた。大事なものだけを持って無蓋車に乗り、チチハルまでは無事に南下した。だがその夜、空襲を受け、暗闇の中で荷物をまとめ、再び無蓋車に乗る。

野宿をし、無蓋車は途中で何度も止まり、ついに、ハルピンの手前で動かなくなってしまった。敗戦を迎えたのはハルピンに着いて間もなくである。一行は、ハルピンの満拓関係の建物に入り、そこがそのまま引揚げ者の収容所となった。

それから半月もしない八月二八日、突然ソ連兵がドヤドヤッと入ってきて、収容所にいた男たちは捕虜としてほとんど残らず連れていかれた。女と幼い子どもたちばかりが残され、日本への帰国のあてもないその日暮らしが始まった。

収容所の中は、床があればよい方で、土間にアンペラ（むしろ）一枚を敷き、真ん中を通路にして、頭を向かい合わせて寝ている。一番隅の一坪程がたけさんの六人の家族に与えられた空間だった。シラミが媒介する発疹チフスが流行し、すでに多くの死者が出ていた。病人は別室に運ばれて行く。

だが、注射液も薬品も乏しく、治療らしい治療は施されない。何日かして運よく回復する者もいたが、多くは別室に運ばれたまま息絶えてしまう。たけさんの一番末の子も、収容所生活が始まって間もなく他界した。

夏は去り、満州の短い秋も間もなく通り過ぎようとする一〇月、夫はヒョッコリ帰ってきた。だが、以前にもまして身体を弱くしていた。

心臓の悪い夫は時々発作を起こして、歩いていても突然立止まってしまうことがある。

「父さん、どうしたの」

たけさんが声をかけても返事もできない。そしてしばらくして、大きくフーッと息をふいて、「動悸がひどくなって、息切れがして苦しかった」という。

「どうもよくねぇな。俺はこれで終わるんだなぁ。一緒に引揚げられればいいが……」

夫は、満州の厳しい冬を越せるかどうか、不安を抱いていた。それは収容所で暮らす引揚げ者の誰もが抱いていた暗い予感であった。

栄養失調のため、夫と五ヵ月の子を亡くして

夫は翌二一年一月、他界した。心臓発作のためではない。栄養失調死である。枯れて、消えるように息絶えた。

その翌月、たけさんは六人目の子を産んだ。着の身着のままのズボンの中に産み落とすみじめな出産であった。ハルピンで生まれたからというそれだけの理由でハル子と名づけた。

粗末な食事で乳は出ない。たけさんは生まれたばかりのその子にその日の食事がおじやであればおじやの汁をしぼり、高粱粥《こうりゃんがゆ》であれば、またその汁をしぼって与えた。そして、毎晩、夜泣く時のためにと、湯呑み茶碗にしぼった汁をとって置き、赤ん坊に冷たい汁をそのまま飲ませるわけにはいかないから、昼間、その辺に紙屑等が落ちていればすかさずとっておいて、土間にレンガのかけらを並べ飯盒《はんごう》で温めて飲ませた。だがその子は、すっかり肉がそげ落ちてしまった。まだ、すわっ

ていることもできなかった。仕方なくたけさんは椅子に帯でグルグルと巻きつけておいて仕事をした。

「五ヵ月たつと、いっくら栄養が不足しても知恵がついてくるからね、親の顔見て笑うようになったよ」

おじやと高粱粥の汁で、その子は五ヵ月生きた。そして死んだ。

「やっぱり栄養失調となって、もう、手足の甲がね、プッとふくれてきたら最後。栄養失調の徴《しるし》は足からプッとふくれる。あと、どっこも干《ほ》しきってしまったような格好でね」

たけさんは、水汲みに行く時、「この子、日暮れまでもつかなあ」と思った。だが、団体生活の中で誰もがそれぞれの役割を受け持っている。たけさんだけがその役割を投げ捨てて子の側についているわけにはいかなかった。死はそれほど収容所生活の中で日常化していた。誰もが生きるためにだけ日々を過ごしていた。たけさんが予感した通り、水汲みを終えて帰ってくると、その子は死んでいた。

多くの子どもが死んだ。大人より、より多くの子が死んだ。

たけさんらの団は、他の団に比べて子どもの数が多かった。どの子も栄養失調であったが、親を亡くした子はよりいっそう病状の進度を速めた。

「親に先立たれた子どもら、日に日に衰えて、栄養失調にかかって、もう、地蔵様並んでいるようなもんだったんだ」

親が亡くなった後の床に、ぽつねんと残された子どもがすわっている。それでも兄弟姉妹がいるうちはまだよい。一人欠け、二人欠け、友だちも死んで、遊ぶ力をなくした子が、起きあがりもせずに床にコロンと転がっている。

「寝てばっかりで、だめよ」

まわりの者が声をかけて起こしてやるが、無表情にされるがままにしているだけだ。親が生きているうちには無理にも食べさせた高粱粥を、親を亡くした子たちは食べる意欲を失なって、水ばかりを欲しがって息絶えていった。

故郷へ引揚げ、農業をした戦後生活

引揚げ生活が始まったばかりの時に末の子を亡くし、夫に死なれ、その後間もなく生まれた子も育てることができなかった。それでもたけさんは、一〇歳、八歳、五歳、四歳の四人の子どもを連れて帰ってきた。

たけさんは、子どもたちの寝顔を見ながら、せめて一人ぐらいならなんとか連れて帰れるだろうにと何度も思った。多勢連れていたのでは、親子共倒れになる可能性もある。だが一度、ある人に、

「高橋さん、クニ子ちゃん欲しいっていう満人があるからやらないか」

といわれた時、腹がたって仕様がなかった。その人にしてみれば、子どもをたくさん連れたたけさんの気持ちをおもんばかっての心遣いであった。

四人の子どもを連れたたけさんが故郷の藤根村に辿り着いたのは、昭和二一年一〇月一〇日である。たけさんは戦後、夫の実家の農業を手伝って子どもたちを育てあげた。

子どもたちは大きくなった時、たけさんに聞いた。

「母さん、捨てるとしたら誰とって、誰捨てた？」

たけさんは答えることはできなかった。歩くたび、眠るたび、子だくさんに歯ぎしりはしたが、どの子を捨てて、どの子を連れて帰ろう、という思考ができなかったからこそ四人一緒に連れ帰ってきたのだ。

夫の実家の仕事を手伝いながらの戦後の生活も、決して楽なものではなかった。そうした中でたけさんは中学を卒業する長女を進学させた。女子は義務教育だけでこと足れりと考えられていた時代だ。夫の実家の同じ年頃の娘も洋裁学校へ一年通わせただけだ。「人の世話になりながら……」といった義兄一家の鋭い目が痛いほど突き刺さってくる。長女は教師に相談して奨学金を受けて看護学校へ行った。次女も長女の力を借りて、また奨学金も受けて進学した。だが、息子二人は、

「とってもお姉ちゃんらのようなみじめなあり方では俺は行けねぇ」

と、高校へは行かなかった。たけさんはそれでよいと思った。男の子は土方《どかた》でも何でもして生きていけばいい。女の子は「一人で時間表見て、好きな所へ歩けるような人間」になってほしいと思った。

「娘を一年でも、二年でも勉強させたかったの。自分で人を頼らずにとっとと歩ける人間になら

なかったらウソだと思ったの。よく娘たちにいったものだよ。『こうしてやるのが羽だと思ってくれ』って。『どこさ行くったっておさえないから好きな所に飛んでけろ』って」

人の力を頼らずに自由に生きてほしい、たけさんが二人の娘にそう願ったのは、親族を離れて自力で子どもを育てあげ、自由に暮らすことができなかった自分の非力を戦後の生活の中でいやというほど噛みしめていた、そのためである。

満州移民その2
――見棄てられた〝花嫁〟たち　折居ミツさん、小原テルさん、高橋たけさん

一枚の写真

一枚の写真がある。

やや長めの横位置の写真だ。

周囲は黒い枠で縁取り、というより、黒い紙かなにかの上に写真が貼り付けられているようである。写真の下に、「這是我国婦女和女孩、被日軍輪姦没又遭殺害的情景」の白い文字。

真ん中からやや右寄りの下の部分は、煙か何かのためであろうか、ぼやけて見えない。左端手前に豊満な女の太股がなまなましい。白い下腹にくっきりと黒い陰毛。上着は手もろとも上にまくりあげられ、そのまま顔をかくし、ズボンは膝まで下げられている。それはもうすでに、死体であるが、この死体の黒い部分に、この女を犯した者の精液がまだ残っているかもしれない。

よく見ると、写真は、累々たる女たちの屍《しかばね》を写し出している。他の屍も同様、ズボンをずりおろされ、切り裂かれ、あるいは全裸にされている。どの屍体も、足を拡げたままであるのは、死姦されたためであろうか。強姦されながら殺されたのであろうか。輪姦され、殺害された後、写真を撮

るために彼女らが受けた凌辱《りょうじょく》の最終的な仕上げとして、足を拡げられたのであろうか。いや、輪姦の凄惨なショックが殺される間際、女たちに足をとじる意識さえも失わせてしまったのだろうか。

写真説明には、ただ、

「集団で輪姦された上、皆殺しにされた現場の写真」

と記されている。本多勝一著『中国の日本軍』(一九七二年創樹社刊)に掲載されている写真である。輪姦したのは日本の〝皇軍〟、皆殺しにされたのは中国の女性たちである。その他に「自分が強姦した女性を、記念に写真に撮った例」や「やはり、強姦記念に、自分自身も並んで記念撮影したもの」、「強姦の後、腹を裂いて内臓をえぐり出した例」などが載せられている。

満蒙開拓団の引揚げの記録を読みすすんでいくうち、そして、引揚げ者から話を聞くうち、かつて見て、衝撃を受けたこれらの写真が再び目の前に迫ってきた。

昭和二〇年八月一〇日、ソ連軍の満州侵攻と同時に北満の地を追われた開拓団の難民の群れはチチハル、ハルピン、新京、奉天などを目ざして南へ南へと下ったが、その途上、盗賊をはじめ、共産匪とよばれた抗日ゲリラ、その他さまざまな匪族に襲撃された。主要都市での収容所生活ではソ連兵の掠奪《りゃくだつ》や暴行に繰り返し遭遇《そうぐう》した。だが、ソ連侵攻後に満蒙開拓団難民が受けた掠奪や暴行や凌辱は、〝皇軍〟と呼ばれていた日本の軍隊が、それ以前に現地の中国人や朝鮮人に対して行なってきた蛮行でもあった。もちろん、だからといって、満蒙開拓団難民が体験した凄惨《せいさん》な事実が消えるわけではない。明治以降続けてきた帝国主義日本の中国侵略の歴史的なしっぺ返しを、満蒙開拓団難民は受けたのである。

見棄てられた人々

折居ミツさん（五〇歳）ははじめて会った時、

「今まで涙も出なかった。最近ようやく孫ができて、孫の守りをしはじめて気持ちがやわらいだせいか、ふと気がついてみると、涙が目尻にたまっていることがある。二人の子どもを殺してきたんだもの、涙も枯れてしまった」

と、突然語った。

「私たちはみんなが平和だっていえば、平和だって口をあわせるけど、頭の中はもう切り刻まれて、何年たっても死なないうちは平和でないんだね」

側にいた夫の折居次郎さんが

「引揚げのひどさなんていったたって、日本人があちこちやったことを仕返しされただけだっていっている人もおるしね。また、日本人ははじめてひどい目にあったからびっくりしただろうしね」

といえば、ミツさんは、

「びっくりするっていったって、外国に行ってるんだもの、他人の国に行ってるんだもの、生きてこれたのが不思議なんだね。そう考えなければだめだもの」

という。

折居さんは酪農の仕事を娘夫婦に任せ、牛の世話から解放された現在、仕事をしている頃と同じように朝早く起きて本を読んでいる。満州移民がどのように行なわれたか、自分たちの入植した免渡河が歴史的にどのような場所であったのか、確めたくなったからである。折居さんは、『その日、関東軍は――元関東軍参謀作戦班長の証言――』（草地貞吾《くさちていご》著・一九六七年）を持ってきて見せてくれた。そこには昭和一六年一二月、太平洋戦争開戦と同時に「対北方（対ソ）静謐確保が日本の国策の根本方針」として決定されていることが明らかにされている。そして太平洋方面の戦線が激しくなるにつれ、日本陸軍最強といわれていた関東軍は、「兵力転用企図秘匿要領」などによって南方に移される。関東軍の太平洋方面への兵力転用は、対ソ静謐確保の必要から極秘裡に行なわれ、欠員は開拓農民や満蒙開拓青少年義勇軍に次々に召集をかけ、補充したのである。〝最強〟の関東軍が太平洋方面へ移動した後、武器も充分でない、名のみの関東軍をハリコの虎のように配置しておくことが対北方静謐確保の実態だったのである。しかも、昭和二〇年初めには、ソ連侵攻を予想し、満州の大部分を放棄して京図線（新京～図們）、連京線（大連～新京）以東の要域に軍はたてこもり、持久戦に備えることが決定されている。ソ満国境地帯にいた折居さんらは、昭和二〇年初めには、もうすでに国家から見棄てられていた。

「過早に国境地帯はもちろんのこと、その他居留邦人を動かすようなことがあれば、これまで行なってきた一切の企図秘匿行為は水泡に帰してしまう」

と草地貞吾は記している。企図秘匿行為、つまり、関東軍が京図線、連京線以東に極秘裡に後退するために、百数十万の在満邦人をカカシのように立てておこうという作戦だったのである。

折居さんらの満州時代の話に入る前に、満州移民がどのように行なわれたかをごく簡単にふれておこう。

明治三八年（一九〇五）、日露戦争の結果、日本は関東州の租借権と南満州鉄道株式会社を取得し、中国東北地区（旧満州）への侵略の拠点を築いた。そして、昭和六年には満州事変をひき起こし、満州国に傀儡《かいらい》政権をおき、全面的な支配下におくことに成功する。

この頃、日本国内は、アメリカの金融恐慌に端を発した世界恐慌にまき込まれ、不景気のどん底にあった。特に農村は米価が大暴落し、さらに北海道および東北地方では、昭和六、七、九、一〇年と連続して凶作に見舞われ、壊滅的な打撃を受けていたのである。政府は恐慌対策として、経済更生計画を展開させていくが、その中で浮かびあがってきたのが満州移民である。

満州移民が急速に増加するのは、日中戦争が始まってからのことであるが、それ以前、昭和七年から一四年頃まで試験移民の時代があり、拓務省は第一次から四次までの武装移民団を送り込んだ。これらの武装移民はおおむね失敗に終わる。

満州事変以後、反満抗日運動が執拗に展開され、関東軍と満州国軍は共同でその弾圧工作にあたり、国民党系の張学良の旧部下が率いる、いわゆる「政治匪《せいじひ》」（「匪」とは悪者の意。ここでは「抗日ゲリラ」を指す）の力を弱めることには成功した。だが、満州に古くから絶えることのなかった「匪賊」、および、徐々に力を持ち始めていた「共匪」（共産党系抗日ゲリラ）には手をやき、関東軍が武力弾圧に成功したかに見えても、軍隊が一歩でもその場を離れれば、たちまち勢力を盛りかえす、といったいたちごっこを繰り返していたのである。初期の武装移民は、こうした状況の中にあって、軍隊にかわって長期駐屯し、治安維持にあたろうとしたものである。だが、移民用地として耕地をとりあげられた付近農民の抵抗が強く、それは「土竜山事件《どりゅうざんじけん》」として現われた。この事件は第一次移民団と第二次移民団の入植地から、さして遠くはない土竜山を本拠地として、最盛期には一万人もの農民が武装蜂起し、両移民団を駆逐しようとした事件である。土竜山事件の全貌は、当時、軍の厳重な報道管制が敷かれ、未だに不明であるが、この事件を契機として、武装移民は治安確立に役立つどころか、現地農民の民心をいたずらに刺激すると悪評され、関係者に大きな波紋を投げかけた。そして、第三次移民入植に関する関東軍司令部の通達では、「自他共ニ武装移民ノ観念ヲ一掃シ営農移民ノ主義ニ徹底スルコト」とされている。

満州拓殖株式会社（のち公社）が設立されたのは昭和一〇年である。続いて一一年には満鮮拓殖株式会社、財団法人満州移住協会が設立され、関東軍によって「二十ヵ年百万戸計画」がうち出される。これは、二〇年後の満州の人口を五〇〇〇万人と推定し、その一〇パーセントを日本人で占めようとしたものである。この計画によって、移民の形態が武装移民から営農移民となり、その目的が変わったかに見えるが、日中戦争の始まる一二年に開始された「二十ヵ年百万戸計画」による入植地は、その多くが反満抗日運動のさかんなゲリラ地区に選定されている。さらにそれより多いのは、ソ連国境地帯だ。『満州移民の村』（小林弘二著・筑摩書房刊一九七七年）では「移民ニ対シテ辺境地帯ノ防備ニツキ重大ナル価値ヲ期待シテイル」と、ある関東軍参謀の言葉を紹介している。
「其ノ直接的価値トシテハ、国境地帯及ビ同地帯軍事施設ノ防衛、交通路ノ確保、軍用食糧供給等ニ重大ナル意義ヲ有ツ」

満州移民は、当事者が知らない間に、ゲリラ地区の治安維持と、対ソ国防という軍事的な役割を担わされていたのである。当時の開拓団の入植地を書き込んだ地図を見れば、それは一目瞭然で、数の上でも、開拓民総数の約五割が北満国境付近、四割がゲリラ地区、残りの一割が交通の要路となっている主要都市付近に入植している。入植地の選定は極秘事項であったという。

満州移民の仕事は、たてまえとしては未墾地《みこんち》の開拓である。だが、それはあくまでもたてまえであった。土地買収は、はじめは、形式的には東亜勧業株式会社が行なったことになっているが、実際には関東軍が中国人や朝鮮人の既耕地を強制買収している。土竜山事件以後、関東軍の強制買収には抵抗が強くなり、満州拓殖株式会社が買収機関となった。後にこれは、満州国政府総務局へと変わる。

耕地の強制買収が、中国人農民よりは、より多く朝鮮人農民に対して行なわれた経過が前出の『満州移民の村』に詳述されている。明治四三年（一九一〇）の日韓併合以後、日本人地主によって土地を奪われた朝鮮人が大量に満州に流れ込み、中国人が見捨てて顧みなかった低湿地を開墾したが、再び日本人移民によってその土地を追われたのである。

土地を法外な安値で強制買収された中国人および朝鮮人農民は、その後に入ってきた日本人移民の使用人となって働くか、条件の極悪な未墾地で満州国の保護もなく苦闘するほか生きる手だてを失った。敗戦後に日本人移民が着るものもなく食糧もなく、零下三〇度から四〇度にも下がる満州の冬を過ごした同じ経験を、すでに、中国人農民、朝鮮人農民は、日本の中国侵略によって強いられていたのであった。

軍馬の飼育から野菜づくりへ

呼倫貝爾《ホロンバイル》開拓団はソ満国境、それも内蒙古に近い免渡河にあった。三〇戸足らずの自由開拓団で、当時としては先進的なトラクター、コンバイン等、大幅な機械導入を図っていた。鏡泊学園《きょうはくがくえん》出身者とハイラルに駐屯していた騎兵隊の除隊兵がその構成員であった。

鏡泊学園は、国士館大学の前身、国士館学校の理事長柴田徳次郎を中心に山田悌一、大林一之などが各方面に働きかけて設立した自給自足体制の学園である。鏡泊学園規定にはその目的が、

(第一条) 本学園は大亜細亜主義を抱懐する青年を陶冶鍛錬し満州建国の理想成就に献身すべき模範的人材を養成するを目的とす

と記されている。名誉総長には満州参議・陸軍中将筑紫熊七をたて、実際の学園経営には山田悌一、大林一之があたったが、学園を発足して一年後、山田悌一ほか指導員、学生、通訳、守備兵等

計一三名が匪襲に遭って死亡、その後も、匪襲やアミーバ赤痢の蔓延や食糧不足などで学園経営がゆきづまり、わずか二年で解散した。鏡泊学園解散後、呼倫貝爾開拓団に来たのは、指導員と学生四、五名であった。

ハイラル駐屯軍の除隊兵は七〇名ほどいたが、途中で次々に日本へ帰っている。

呼倫貝爾開拓団の住居は免渡河駅から歩けば一時間はかかる所にあったが、除隊兵らは自分たちの出身部隊の名をとって笠井村と呼んでいた。耕作地は、この笠井村からだいぶ離れた所にあったから、作業シーズンは、耕作地に小屋掛けをして男たちばかり寝泊まりして行なわれた。この辺は特殊地帯で蒙古の遊牧民を保護するために土地の私有を認められていなかったが、折居さんは「自分たちでほしい土地はいくらでも使えた」という。遊牧民の来ない興安嶺の山裾の広い土地があったのである。

土地が広大であったため機械農業が試されたのだが、機械購入資金として各組合員は約五〇〇〇円の借金を負った。当時の価値観では孫の代までかかっても返せないだろうといわれた額だった。初期の段階では関東軍は、戦争に勝てばソ連のコルホーズを占領して、その時には農業機械を操作できる技術者を送り込もうという計画を組合員らに伝えていたので、折居さんらもその腹づもりでいたという。ところが、次第にガソリンが不足するようになったため機械農業はゆきづまり、軍用馬や競馬用の馬の飼育に移行する。日本の馬政局がこの辺一帯を馬の産地にしようと指導したのである。蒙古馬と日本馬の一代雑種は高く売れた。特に競馬用の馬はとびきり高値で売れて、飼育した二歳馬、三歳馬がハルピン競馬や新京競馬で活躍した。さらに終戦近くになった頃、軍に野菜が不足して困るから野菜を作るように依頼される。この頃になると、折居さんは、「まさか、日本が敗けるとは思っていなかったけれど、ここには長くはおれないな」と感じていた。

初期の機械農業の頃には開拓団でつくる小麦や馬料《ばりょう》（馬のえさ）となる燕麦《えんばく》を軍に納める見返りとして、ガソリンや米や砂糖などが軍からきていたが、それらの物資が次第に不足するようになり、ついには途絶えがちになっていたからである。

満州へ渡る花嫁たち

ミツさんが満州へ渡ったのは昭和一六年一〇月である。折居さんが花嫁探しに故郷の岩手へ帰ってきた時、話がもちあがって一週間位で結婚して、折居さんに連れられて呼倫貝爾開拓団まで行ったのである。

ミツさんは、満州へ渡ることが夢だった。小学校の高等科の時、師範学校からきたばかりの男の先生が放課後に満州の本を読んでくれた。女学校へ上がる人もいたけれど、ミツさんはいけなかったから、百姓するなら満州へ行ってしたい、と思ったのである。当時、〝大陸花嫁〟を養成する女子拓務訓練所が日本国内にも満州にも設けられており、ミツさんは六原《ろくはら》農民道場に入った。六原道場は全寮制で、毎日の生活はすべて軍隊式に行なわれていた。

朝五時起床、太鼓の合図とともに弥栄《いやさか》神社に参拝し、八キロの道をかけ足する。学科は料理、裁縫、生花、茶道、ホームスパン（二六五～二六六頁参照）の作り方や加工場でのたくあんの作り方、こうじの作り方などまで習った。『満蒙開拓青少年義勇軍』（上笙一郎《かみしょういちろう》著・中央公論社刊一九七三年）によれば、「特に力を入れたのが『皇国臣民道』や『皇国農民道』などといった精神講座で」あった。「女子拓務訓練生信条」は「皇国臣民道」を端的に標語化したものである。

一、私ハ万世一系ノ皇室ヲイタダキ奉ル皇国日本ノ臣民デアリマス。

一、私ハ興亜ノ聖業ヲ遂行シツツアル大日本ノ女性デアリマス。

一、心身ノ修練ニ努メカナラズ天皇陛下ノ大御心ニ副イ奉リマス。

免渡河に着いてみると、まだ一〇月だというのに「ハラワタの凍るほど」寒かった。駅から一時間の道を折居さんについて歩いた。下駄履きの足は冷たくてカチカチになり、凍傷になりそうなほどだった。ようやく村に着いて、同郷の和賀郡から行っている高橋たけさんの家にとりあえず世話になった。たけさんが住んでいたのは赤レンガの立派な家だった。ミツさんも間もなく隣の同じような家に住むようになったが、それは白系ロシア人が建てたものだった。この付近には白系ロシア人の集落があって、ミツさんはたけさんに連れられて何度かロシア人の家に遊びに行った。ロシア人の主婦らはミツさんたちにおいしいスープをごちそうしてくれた。

ミツさんが行った頃には、現地の人々との関係はおだやかになっていたが、入植して月日の浅い昭和一二年頃は熊本出身のある組合長は満人（ミツさんらは当時の中国人をこう呼んでいる）の両手の指二本を縄で縛って吊して殺したことがあったという。ミツさんが「どうしてそんなことするんですか」とたずねると、そうしなければ自分たちの身が守れないからだ、と教えられた。

小原テルさんの場合

小原テルさんが渡満したのは昭和一二年二月、小学校四年生の三学期だった。

父、母、テルさん、それに妹、一番上の姉は六原道場に入り、たった一人日本に残った。父・小原久五郎は苦学で東京の国士館学校を卒業し、テルさんが小学校一年生の時に先に一人で渡満した。渡満後は前述した鏡泊学園で農業の指導にあたり、鏡泊学園がわずか二年で解散となった時、学生四、五名と共に免渡河に入植したのである。その際、鏡泊学園からトラクター一台をこの地に持ってきている。呼倫貝爾開拓組合でも指導的な立場にあり、テルさんの家には始終、人の出入りが絶えなかった。

テルさん一家が渡満した頃は、まだ開拓組合員らは、既婚者でも家族をよびよせる者はいなかった。独身者が多かったため、女は、母とテルさんと妹だけ、他に警護隊長の奥さんら二人がいたが、テルさんのお母さんは身分の違いを感じて、気易くつきあうことはしなかった。

その頃、組合員は共同生活をしており、家畜係、機械係、炊事係、事務、農作業などに分かれ、テルさんのお母さんは全員の炊事係を担当していた。

免渡河にはまだ学校がなかった。テルさんは小学校四年の三学期をとばし、五年の一学期からハイラルの小学校に通うことになる。ハイラルは免渡河から汽車で四時間はかかるところだ。学校へ通うためにはじめは母、妹と三人でハイラルにあった開拓組合の連絡事務所、南京虫がやたらに多かった長屋、知人の旅館など、転々としたが、お母さんが身籠ったため、テルさんは一人で旅館にあずけられた。

この時から小学校五年生だったテルさんは様々な大人の世界を垣間見ることになる。ハイラルには中国人、白系ロシア人、蒙古人それに日本人が住んでいた。ロシア人が住む駅の周辺は美しい町並であったが、一歩〝満人街〟に入るとごみごみとしていた。そして、山の中腹には日本軍の兵舎がズラリと建ち並び、軍隊の町を形成していた。

小学校は東本願寺の本堂を借りて教室にしていたが、後に赤レンガの立派な校舎が建った。テルさんがあずけられた旅館から学校までの道は四キロほどあり、途中、〝満人街〟、ロシア人街を通り抜けて行った。また、日本人の商店、カフェー、料理屋などが建ち並ぶ一角があり、登下校の際、そこを通る時、いつもいやな思いをさせられた。酒癖の悪い兵隊が馬車に乗り様々な難癖をつけ、馬夫が応じないと腰の剣を抜いて乱暴するといった具合で、日本の兵隊の中国人に対する横暴は日常茶飯のことであった。市内には憲兵が厳しく監視にあたっており、時々兵隊が直立不動の姿勢で注意を受けているのに出遇ったりすることもあった。また、満ピー、朝鮮ピー、それに日ピーと呼ばれた日本人の売春宿が別々にあって、そこでは兵隊がみだらに女たちに絡みつく。テルさんは、そうした道を目をつぶって走り抜けた。

学校には、軍人の子、会社員の子、商人の子らが通っていたが、送り迎えのないのはテルさんら二、三人だけだった。オートバイの横に座席のついた乗物で送り迎えされる軍人の子らは、テルさんが毎日見ていたいまわしい光景を見ることはなかったのである。

学校には、農民の子はテルさん一人で、大人の世界の階級制は子どもの世界にまで反映していた。軍人の子は、自分の両親がそうするように、周囲の子を、特に貧しい開拓農民の子を蔑《さげす》んでみていた。テルさんのあずけられた旅館は場所を移して料亭となり、週日は軍の会議に使われ、週末は兵隊のドンチャン騒ぎで、テルさんは落ち着く場所を失った。勉強よりも、女中さんたちの仕事を手伝う方がおもしろくなっていたが、主人に見つけられると叱られた。料亭の主人はテルさんへの悪影響を恐れたのである。その後、大人たちの話し合いの結果、今度は担任の先生の家にあずけられた。けれど、農家で育ったテルさんは、先生の家庭を窮屈に思い、開拓組合の漬物工場があったので、そこに住み込んだ。ちょっと年をとったおじさんが一人と若い男たち五、六人の中に入って、テルさんは炊事係をすることになった。思春期に入りかけようとしている少女にとって、知らない男たちの中で暮らすのは辛いことであった。ちょうどその頃、六原道場を卒業し、満州に来ていた姉が、ハイラル市内のホームスパン工場で働いていたので、休日になると喜びいさんで宿舎に遊びに行った。姉は内地から着てきたたった一枚の袷《あわせ》を、着替えがないために一晩のうちに単衣《ひとえ》に縫いかえて着るほど貧しく暮らしていた。下駄はチビてしまって、恥ずかしくて表通りは歩けないので裏通りばかり歩いている、と語った。二人は丘に登り、中国人の売る黒パンを買って砂糖をつけて青空の下で食べ、夕方になるまで過ごした。

テルさんが、どうしても汽車通学をさせてくれ、と両親に頼んだのは、初潮を体験してからである。そして、そのことを漬物工場の若い男たちに知られてしまってからである。テルさんは恥ずかしくて、風呂に入ることも、洗濯をすることもできなくなった。

そして、高等小学校一年の三学期から汽車通学をするようになるのである。

村から免渡河の駅まで歩いて一時間、免渡河からハイラルまで汽車で四時間、ハイラルの駅から学校までバスで三〇分。汽車は一日に二本しか通らず、その時間にあわせて朝三時には家を出、四時には汽車に乗る。まだ暗い道を行くと、遠くからかすかに汽車の明かりが見え、その明かりと競争で駅までかけて行くのだ。まだその時間には、乗客は眠っていて、客車のドアをいくらたたいても誰も開けてくれない。隣の駅まで三〇分間、デッキで寒風に吹き晒されて、ようやく降りる人があった時、客車の中に入るのだ。帰りは六時の汽車に乗って、免渡河に着くのが一〇時、誰も通らない真っ暗な道を帰ってくる。カートンカーというフェルトの長靴は、零下三〇度から四〇度という寒さの中で、雪を踏みしめるとキッチュカッチュ、キッチュカッチュと音がした。その音が何か恐いものが後をつけてくるような気がして心細くふるえながら帰って来た。一度オオカミに出会ったことがあるが、目があうと、オオカミも驚いて逃げていった。

免渡河に分校ができたのはテルさんが尋常小学校の高等科一年を終了してからだ。

最後の義務教育をテルさんは免渡河で受け、卒業すると、ハルピンに新しくできた義勇隊中央病院看護婦養成所に第一期生として入った。開拓組合の指導的立場にあった父が、姉にはホームスパンの織り方を覚えさせ、テルさんは看護婦にし、妹を学校の先生にして、開拓村にそれぞれ役立たせようと考えていたためである。

飢餓と受難の日々

昭和一八年秋、ミツさんは一度日本に帰ってきている。六年ぶりの帰郷であった。そして翌年三月、四歳の子と、七ヵ月のお腹を抱えて再び満州に行く。この時、満州へ入植するある開拓団と一緒であったが、開拓移民の送り出しは、実に終戦の間際まで続けられたのである。昭和二〇年の五月、六月に渡満した記録もみられ、この時期に渡満した者は王道楽土を築くどころか、ただ死ぬか、引揚げの辛酸な生活を体験するためだけに満州に渡っている。

一方、日本国内の労働力不足を補うため、朝鮮人や中国人が日本に強制連行された。特に朝鮮人が圧倒的に多く、その数は一五〇万人にのぼり、中国人は三万九〇〇〇人（一説には五万人）といわれている。日本の零細農家の次男三男を開拓という名目でソ満国境地帯およびゲリラ出没地帯に配備し、そこに住んでいた中国人、朝鮮人を追い払った。朝鮮や中国から強制連行した一五〇万人余という数は、皮肉にも終戦時における在満邦人の数と一致する。

折居さんが召集されたのは昭和二〇年七月三〇日である。もうこの頃には男たちはほとんど召集されて、村に残っていたのは女と子どもばかりであった。折居さんは開拓組合の会計をしていたから、召集日が二ヵ月前に知らされ、その間に様々な開拓組合の仕事を処理しておくように指示された。中国人を使って飼っていた馬は処分されることになった。この馬を売った金が引揚げ生活の中で役立つことになる。

「避難列車に乗れ」の命令がきたのは、八月一〇日である。

ミツさんはリュックに米、塩、おむつをつめ、夏の真っ最中であったがネンネコと毛布を持って出た。防空濠に入った時や、朝晩、満州は冷えるからである。チチハルに来るまでは炊き出しがあり、避難は一時的なものだと思っていた。免渡河には、もう帰れない、ということを知ったのはハルピンに着いてからだ。その日、終戦の知らせを聞いた。午前中は日本の兵隊が警備していたのに午後になったらガラッとソ連兵の警備に変わった。

免渡河を逃れてきた呼倫貝爾開拓組合員は六八名。ハルピンに入ると満拓公社に収容され、大きな部屋に、最初にリュックを置いたその場所が、そのまま寝起きする場所となった。寝起きする場所といっても、ただ、土間にアンペラ（むしろ）を敷いただけだ。満拓公社の中には避難民がびっしりとつめ込まれた。それから間もなくしてハルピン市内にいた日本の男たちはことごとくソ連兵に連れて行かれた。女子どもばかりになった満拓公社の避難民はそこで、満州の想像を絶する極寒の冬を越さなければならなかった。夫が召集されていく時には分からなかったが、難民生活の中で次第にお腹が大きくなってきた人が七、八人いた。馬を売った金は、均等に子どもにまで四百円ずつ分けられて、一人一人が肌身離さず持っていた。まとめて保管することは危険だったからである。食料は恒常的に不足し、その金も次第に残り少なくなっていった。妊婦は、広い部屋の一隅に、板で囲いしただけで子を産んだ。二人の例外を除いて、親も赤ん坊も生まれて間もなく生命尽きたのだが。

赤痢が流行した。次に発疹チフスが蔓延した。布団もない、薬もない収容所の中で栄養失調で抵抗力のなくなってしまった避難民は、毎日、毎日、次々に死ぬ。死人の衣服は、はぎとられ、リュックの中身は誰かに持ち去られ、霊柩車が来、死体が運ばれても涙を流す者はなかった。寒さのために凍ってコチコチになった真裸の死体がかけ声とともに投げあげられ、男の上に女がのり、女の上に男がのり、その間に子どもが挟まれて、ビシビシとつめ込まれていくのである。ミツさんは、真裸の女の陰毛の中に、小犬が三、四匹、あたたまろうとしているかのように身を寄せあっているのを見た。

子どもを二人続けて亡くしたのが昭和二〇年一二月である。長男が六日、次男が九日。

夕方から苦しみだし、とびあがって病む子を一晩中抱いて、夜が明けるのを待った。中国の町は周囲を塀で囲まれ、夜になると門は閉ざされる。薄明るくなった時、門番に頼んで門を開けてもらい、病院に連れて行くと、もうだめだ、といわれた。口は紫色になってグッタリしている子に、この子は父ちゃんのこと知っているのかと思って、「隆ちゃん、父ちゃんは?」と聞くと、「父ちゃんなんかいないよ、母ちゃんのバカ!」大きな声で叫んで、それが最期だった。長男隆一はその時四歳、急性肺炎であった。次男正二は、パタッと乳が止まって出なくなり、栄養失調で九ヵ月の小さな命を落とした。両腕に抱いて寝ていた二人の子を急に失ない、ミツさんは、胸が広いというか、身体が広いというか、眠られず、親を亡くした一〇歳になる女の子と抱きあって寝た。

その後間もなく発疹チフスにかかり、意識不明になった。何日眠ったのか、厚い馬肉を胸にあててくれた人がいて、それで熱がとれて、ミツさんは助かった。高熱にうなされ、意識不明になっていたことが、ミツさんに、子どもを失なった悲しみを忘れさせた。生死の狭間《はざま》をさまよい、気がついて起き上がれるようになると、むしょうに生命が愛《いと》おしくなった。ミツさんは一人でも生きよう、と思った。

昭和二一年三月、冬を越して生き残っていたのは三分の一であった。そして、春、ミツさんらは所持金を使い果たして、ハルピンの街角に立って日本酒を売った。

子どものないミツさんらが街へ出て行商をしている間、四人の子持ちの高橋たけさんは炊事係を担当していた。高粱《こうりゃん》にわずかな野菜を入れ、塩で味をつけただけの粥《かゆ》を炊く。たけさんは毎日、収容所の中で子どもが死んでいくのを見ていた。全身枯れてしまって手足の甲だけプクッとむくみでふくれるのが栄養失調死の徴候。大人より子どもが先に死んだ。親に先に死なれた子は、親と一緒に寝ていた床につくねんと一人座っていた。きょうだいがいるうちはまだよかった。姉ちゃんが死に、兄ちゃんが死に、その時にはもうすでに、一人残った子も、遊ぶ力はおろか、床に座っている力さえもなくなって、コロン、と寝てばかりいた。そして後を追うようにして死ぬのである。

たけさんの夫は心臓が悪かったため召集を免がれた。

「俺は身体が弱っているから内地の土は踏めないだろうが、せめて引揚げの知らせを聞いて死にたいな」

といっていたが、昭和二一年一月に死んだ。そして二月、七番目の子が生まれた。乳はぜんぜん出ず、高粱のお粥をしぼって与えた。夜泣く時は、土間にレンガのかけらを並べ、ふだん拾い貯めておいた紙クズで粥をあたためてやった。

子どもは五ヵ月生きた。栄養は不足していても、知恵だけはついて、親の顔を見て笑うようになって死んだ。

たけさんは七人の子のうち、最初の子をはしかで亡くし、一人は収容所に入って間もなく亡くし、そして収容所で生まれた子も亡くした。それでも四人の子を抱えて、引揚げ生活の中で何度、もう少し身軽であればな、と思ったかしれない。子を捨てれば、という考えが時々頭をかすめたにもかかわらず、ある中国人が長女を欲しがっているから売ったら、という話があった時には腹がたってしようがなかった。大きくなった子どもたちに、「もし捨てるんだったら、俺たちの誰を捨てた、母さん？」と聞かれるが、誰を捨てるか決めることができなかったから、連れて帰ってきたのである。

略奪され、強姦されて……

看護婦養成所を卒業したテルさんは、終戦の年、嫩江《ノンコウ》義勇隊訓練所にいた。

終戦を知ったのは八月一九日である。二、三日後にはソ連軍が嫩江の街に姿を現し、八月末から九月初めには、日本の兵隊も、義勇隊訓練生もソ連軍に連れて行かれた。テルさんは夜中、ザクザクザク、という足音を聞き、樹の影から見てみると、武器を押収された日本兵がわずかな必需品の入った雑嚢《ざつのう》を肩にかけ、竹の杖をついて、無言で歩いていくのが見えた。両側にはソ連兵がついている。テルさんは、「ああ、これは、どこかへ連れて行かれて銃殺されるんだな」と思った。どこの誰かはわからないが、白衣が見えたらしく竹の棒をテルさんに向かって振った。するとソ連兵がただちにその兵隊を銃でたたいた。

兵舎に収容されていた女たちは、日本の男たちがいなくなると陸軍官舎に押し込められた。テルさんは、市内の医者と産婆ら医療関係者が組織した病院に組み込まれた。病院といっても、収容所の一隅に場所をとったにすぎない。女子どもだけとなった官舎には、毎日のようにソ連兵が押し入った。物を略奪したり、女を強姦するためである。それは、夜となく、昼となく繰り返され、官舎からは女たちの悲鳴や子どもの泣く声が聞こえた。このような状態では、みんなが犠牲になってしまうからと、日本人会を組織し、市内にあった楼廓《ろうかく》の女性を頼んで、ソ連兵にあてることにした。テルさんはそうした女性たちの病気の手当てをした。ある日、通訳をしていた男が看護婦の部屋に逃げてきた。〝商売〟するといっても衝立《ついたて》一枚たてるだけで、その側にいて通訳をしていた。日本の娼婦とソ連兵の交わりが直に聞こえた。「商売とはいっても、あの女たちが苦しんでみじめな思いしているのに、日本人の俺はとってもあの場にはいられない」というのである。看護婦らは、

「みんなのためにやっているんだからもどってくれ」といっても、「今夜一晩だけかんべんしてくれ、明日は行くから」といってこたつにもぐり込んでしまった。そうした女たちの中にはソ連兵と一緒になって、日本へ帰って来なかった人もいる。

ある日、医師と一緒に往診に行く時、若い女性がソ連兵に強姦されるのを見てしまった。ソ連兵は女性を官舎の塀にぴっちりと押しつけて、自分の性器を出している。官舎の窓から見ていたお母さんが「助けてーっ」と叫んでいたが、誰もどうすることもできなかった。女性はズボンの前をバリッと裂かれた。とても美しい女性だった。ソ連兵に前から目星をつけられていたのである。女性はその後、自殺した。

嫩江《ノンコウ》からチチハルに南下したのは翌年三月である。大車《ダーチョ》二一台を中国人の車屋に頼み、前車と後車に廓《くるわ》で働いていた女性たちを頼んで乗せた。匪襲に出遇った時の用心のためである。酷寒の零下三五度の寒波を受けながら、眠ると凍傷になるからおたがいにゆすりあったり、大車から降りてかけ足したりしながら南下行を続けた。そしてもう少しでチチハルという時、道の両側から手に手に刃物を持った匪賊が、勢いよくあがってきて、物を略奪しようとしたが、何もないのを見てとると、女を出せという。テルさんは、「あの人たちに私たちは助けられたんだもの、ああいう人たちにこそ恩給あげればいいと思う。軍人は給料をもらい、任務でいったけれど、ああいう女たちをいつも踏みにじってきているんだもの」という。テルさんは日本へ帰ってきてからしばらくの間、ソ連兵か匪賊に辱《はずかし》めを受けた身体ではないかという疑惑に満ちた視線を投げられるのが、いたたまれないほど悔しかった。

ソ連の満州侵攻の際、いち早く逃げ出したのは、上層部にいた軍人であり、その家族であったことは周知の通りである。いや、それ以前に、前述したように、京図線、連京線以東に主要な兵力は移動していたのである。

いよいよ大陸を引揚げるという時、テルさんは教師ら三人と、日本人会にいた孤児二四人の世話をしながら帰ってきている。四歳から一八歳まで、王道楽土を夢みて渡り、果せずに世を去った開拓農民の子どもたちである。

大日本帝国は中国人、朝鮮人に多大な犠牲を強い、満州にどのような王道楽土を築こうとしたのか。そして、満州の〝皇民〟を見棄てた〝皇軍〟は何を守るための軍隊であったのか。

戦後の開拓政策が、なお棄民政策であり続けたのは、今日、開拓村が三〇年もたたないうちに過疎村に変わってしまっていることを見れば明らかである。

註＝「満州移民その1・その2」では、中国大陸における地名は当時用いられていた地名で表記しました。

女たちの現実《いま》——子を連れてホステス稼業を生きる女たち

ホステス募集！「託児所付2DK即時入居可」

サクラさん。二九歳。小学校二年生の男の子と五歳になる女の子の母親。そして、キャバレー「ハリウッド」赤羽店のナンバー1である。サクラさんなのか、桜さんなのか、さくらさんなのか、胸につけたネーム・バッジを見落とし、また聞きもらしてしまったので、ここではサクラさんと呼ばせてもらおう。

サクラさんといえば確か「フーテンの寅さん」の倍賞千恵子演ずる妹が思い起こされる。それはともかく、サクラ、というのはその花のようにいい名前だ。指名を多くとりたいホステスにとって、客に覚えやすいいい名前を持つことは幸運なことだ。

いい名前だからナンバー1になったのか、ナンバー1になりそうだからこの名前がつけられたのか。いずれにしてもナンバー1にふさわしい名前だ。そして、はじめてあった夜、故意か偶然か、桜色のきれいなドレスをつけていた。

女のするホステスという稼業がなぜか気になり始めたのは、もう七、八年も前のことだ。大阪の千日デパートビルという雑居ビルが火事になり（一九七二年）、その雑居ビルの最上階近くにあったキャバレーの焼け跡を撮った写真がアサヒグラフに見開き大で載っていた。猛煙を逃れて窓際に殺到したのであろうホステスが、太股もあらわに上体を小さな窓に突っ込んだまま三、四人が折り重なるようにして息絶えている姿や、窓の所まで辿りつけずにホールに転がっている死体を写している写真であった。焼死というよりは火事の時に発生する有毒ガスによる窒息死で、どの死体も少しも焼けこげもせずに、妙に生まなましかった。当時のマスコミは雑居ビルの防災に対する注意を喚起していたが、雑居ビルの防災もさることながら、私はホステスが太股もあらわに命つきているその映像が眼底にこびりついて離れなかった。その無残な姿と同時にその死んだホステスの多くが子の母親だった、という写真説明にいっそう心をしめつけられた。

マスメディアに〝ママさんホステス〟という言葉が登場したのは、あの火事以来だったろう。ホステスの中に想像以上に子を持つ母親が多いことが世間に知られたのは、あの火事がきっかけになっている。折しも高度経済成長の最頂点、GNP世界第三位とか二位とかいう数字に浮き足だっていたご時世で、キャバレーはホステスさえいれば客が入ると競争でホステス募集に狂奔《きょうほん》していたようだった。そのホステス募集のひとつの妙案が託児所付きの寮だった。他のマスコミと同様、千日デパートビル火災の写真を見て以来、ママさんホステスの存在が気になっていた私はさっそく五反田の「ハワイ」というキャバレーに出かけてみた。けたたましい騒音の中で、超ミニのママさんホステスが密着サービスをするその光景に、まだ初《うぶ》だった私は一瞬たじろぎもしたが、翌日、ママさんホステスの話を聞きにそのキャバレーの寮を訪ねた。

「託児所付2DK即時入居可」。住む家もなく、金もない、手に職もない子連れの女性にとって、この募集広告は魅力的な殺し文句に思えたに違いない。五反田の寮は一棟のマンションを借り切って、一階の一室を託児所にしており、各階の部屋には一室に二、三人のホステスと、その子どもたちが共同生活をしていた。「託児所付2DK即時入居可」の宣伝文句にいつわりはないが、但し、2DKに必ずしも一所帯というわけではなく、二、三所帯が一緒に、2DKに合計五~七人が済んでいた。ホステス親子で過密したその寮には、悲しみもいっぱいにつまっていて、親子が背負ったものの重さに押しひしがれて、私はとりあえず、その取材を終えたのだった。

住む家もなく、金もなく、職もない状態、それは多くの女にとって遠い関わりのないことだろうか。共働きをしている夫婦はともかく、生活の経済的な側面を夫に頼って暮らしている子どものいる女性たちにとって、夫にもしものことがあったら、あるいは、それ以上夫婦生活を続けられなくなってしまったら、余程の財産のある者でない限り、金もなく、職もない状態に陥《おちい》るわけだ。持ち家であれば別だが、金がなくなれば住む家もなくなり、職がなければ金もなくなる。「託児所付2DK即時入居可」の宣伝文句にある日突然すがりつきたくなる、そんなことが、平穏な日々を送る女性たちに訪れないとはいいきれない。女性が子どもを抱えて働こうとする時、現在の日本の社会の有様が、いかに不備であるかはここでは問うまい。

『新しいパパ買って――ホステスを生きる一六〇人の母と子の記録―』(真善美研究所編)という本がある。この中には文字通りホステスを生きる女たちの必死な想いが綴り込まれているのだが、母親である女性たちがこの世界に飛び込む、その時の、まだ慣れずに痛ましいほどに泣き暮らす日々を語っている部分を少し引用してみよう。

「キャバレーで働く以前の私生活の様子のことなど、本当なら人前に明かすべきことではないと思いますが、あえてここにペンを取ってみることにします」と冒頭に書き始めているのは宇都宮市のさつきさんだ。「第一に始めたのは、四十八年の一月の頃からの、内職としての子供のエプロン仕上げ一枚四〇円~五〇円ぐらいの仕事。その後、その年の七月から、クロレラヤクルト配達。朝の三時起き、約二時間半。その間子供達を家に寝かせたまま出かけて行く。約半年間続けてみましたが、私の留守に眼を覚まし、家に帰って来ると子供の泣き声。そんな毎日でしたので、子供たちがかわいそうになり、やめてしまいました……」とキャバレーに入る前の状態を記している。子どものエプロンを仕上げている頃は「一六日にもやはり仕事が仕上がらず、お米を買うだけの持ち合わせがなく、その日の昼食用に食パン一個買い入れ、夕食はなし。一七日の日曜日には、一日中何も食べずに過ごし、一〇時頃床に入り休む……」といった日々。さつきさんは子どもたちにお腹いっぱい食べさせてやりたいとホステスになった。

ここに登場する一六〇人のホステスの多くが、離婚の結果、この世界に入っている。

「今の私には再婚する気は全然ありません。昔の苦い過去を思い出したくないのです。結婚・出産・自殺未遂・離婚……こんなに多くのことを、私は、たった三年間で、味わってしまったのですから」と書いた東京の亜矢さんの体験は、亜矢さんだけの体験ではなく、多くのホステスの共通の体験だった。結婚前に多少、職業についた経験はあってもそれはいわば結婚資金を貯める花嫁修業的なそれで、世間一般が若い女の労働力を〝腰掛け的〟と揶揄《やゆ》するその程度のものでしかなかった。そうした女性たちがはじめてホステスになってぶつかる衝撃は大きい。

「一番の思い出は、何といっても、入店してすぐに子供のお乳をはなし、その夜から店で客にお乳をさわられただけで、お乳が張ってきて、トイレにかけこんでは痛さをこらえながらしぼったことです」（福ちゃん・東京）

「入社一日目、ミニのドレスを着せられてお客さんが来るのを待つ間、課長さんに化粧をしていただき、ツケマツゲをつけていただき、目が落ちそうでした。そして、三〇分と時間が過ぎるうちに、無性に家が恋しくなって、淋しさと恥ずかしさのうちに、大の大人がシクシク泣き出してしまったことがつい昨日のことのように思い出されます。

最初の頃、お客さんに手を握られたら洗面所へ行って石けんをつけて一生懸命手を洗ったりしたこともたびたびでした。胸にタバコの火を入れられ、ヤケドをして泣いたこともありました」（忍・高知）

はじめて入店してから一週間が勝負どころ。一日で辞める者もある。二、三日でこなくなる者もある。なんとか一、二週間続けば、この世界にも次第に慣れて、からみつく酔客のくどきをどうにかこうにかかわせるようにもなっていく。

ホステス稼業はボロイ商売？

さて、サクラさんに話をもどそう。

店では落ちついて話は聞けないので昼間会おうと申し出ると、サクラさんは約束の日、ジーンズにポロシャツといった軽快な姿で喫茶店にあらわれた。卵型の可憐な顔をショート・カットのカールした髪で包み、化粧をサッパリと落としてさわやかな印象だ。といってもサクラさんは店にいる時も濃い化粧はせずに、着るものが変わっただけで店にいる時のサクラさんと印象はさして変わらない。

サクラさんがこの世界に入ったのも離婚がきっかけだった。サクラさんが高校生、相手の人が大学生だった時に知り合って、一八歳の時に、まだ若いからと反対する周囲を押し切って上京して結婚した。二〇歳の時に長男が生まれ、東京での生活は思わしくなく、故郷の宮崎に帰って夫が建設業を始めると、その仕事が順調に伸びて、だがそれがサクラさんにとってはかえって災いした。若くして金が自由に使えるようになった夫はいわゆる女遊びを始めたのだ。夫の男親も女性関係にだらしがないといわれていたような人で、それも結婚する時反対された理由だったのだが、夫もやはり、そんな気質を継いでいたのだろうか。サクラさんは耐えられなかった。自分から籍を抜いた。籍を抜くまでは迷いに迷った。が、籍を抜いたらスッキリした。二人の子どもを連れて、約半年間、実家へ帰っていたが、周囲のいたわるような気の遣いようがかえって辛く、もう、ここを出ても大丈夫だな、という感じもあって、再び上京した。その時、水商売以外の仕事は眼中になかった。二人の子どもを育てるには他の仕事では生活していけない。それが決定的なことだった。「生活していけなかったら二号さんでも、なんでもやろう」と思って東京へ出てきた。必死の覚悟できた。けれど働いてみたら働けた。他人の囲われ者にならなくても生きていけそうだった。店に入った頃は無遅刻、無欠勤、けれど、はじめの頃は気ばかり焦って、硬くなって、要領がつかめず、毎晩家へ帰ると泣いてばかりいた。「なぜ、こんなことをしなければならないんだろう」そう考えると自分がみじめに思えてしようがなかった。

が、サクラさんはこの世界では幸運な方だった。入店して二ヵ月目でナンバー3の成績をあげた。サクラさんがたいした経験もなく客の目を惹きつけたのは、おそらくはその容貌だろう。美人である。しかも嫌味のない美人である。その容貌に加えてサッパリした性格がこの世界にあう。多くのホステスが指名を多くとるためずいぶん客に気を遣っているが、「私はあまり努力していないみたい」と自分ではいう。が、客に気を遣っていることが他人の目にわかるような、そういう気の遣い方では、きっと客にとっては快いものではないのだろう。話の節々で、決して他人の悪口をいわずに、他人の立場に立ってものごとを考える。そんな姿勢がうかがわれて、それが結局、サクラさんの得になっているのだな、と感じさせられる。

「みんながよくしてくれたもの。最初、女の子が場内で呼んでくれてそれで指名が増えたし、従業員も親切にしてくれた。『ホステスの心得』とか『おしゃれ会話』なんていう本を買ってきてくれて、この本読んだら、なんて貸してくれた。そういうことも役立っているみたい」

この仕事をうまくやっていくためには、仲間のホステスにかわいがられることが大切なことだ。

売れっ子のホステスは一度に何組もの客から指名されることがある。そんな時には他のホステスがそのホステスに呼ばれて客の相手をすることになっている。それを場内指名という。場内指名されれば、その客と一緒にきた別の客が、次にくる時には自分を指名してくれることもあるわけだ。だから場内指名は、本指名を増やすチャンスでもある。サクラさんは、入った時から先輩のホステスが場内指名でよく呼んでくれた。そしてナンバー1となったいま、一人あるいは一組の客に長時間ついているわけにはいかないから、仲間のホステスに替わってもらう。そんな場合、客の好みによって、会話を楽しみに来ている客、ダンスの好きな客、時には触り魔等、その客にあうホステスにきてもらう。店内をみまわし、その時あいている子、しかも、売れない子ではなく適当に売れている子を瞬間的に把握して自分の客につけるという采配をふるうわけだ。この采配をうまくふるうこともよい成績を保つひとつの条件になろうし、それには、仲間のホステスに気持ちよく自分を指名してきてくれた客についてもらわなければならない。仲間のホステスに好感を持たれること、それが客に好感を持たれることと同じくらい必要なことになってくる。

ホステスという稼業は人間が人間を相手にする、側《はた》から見るよりは気を遣う、難しい仕事だ。が、労働量に対する報酬という面ではどうだろうか。サクラさんをはじめ、ハリウッドで出遇った何人かのホステスは、「他の仕事ではこんなに稼げないんじゃない?」といった。「一言でいえばボロイ商売?」とたずねると、「まあ、そうかもしれないわね」という答えが返ってきた。それでは本当にホステスという稼業は、ボロイ商売だろうか?

ドンチャン騒ぎの大戦争

一一年勤めた会社を辞めてフリーになり、少し時間的に余裕ができた時、私は東京都下のFという町のHというキャバレーのホステスたちに綴《つづ》り方サークルをつくらないか、と呼びかけてみたことがある。その呼びかけには、たった二人しか応じてこなくて、サークルという意味では見事失敗したのだが、二人のうちの一人、マリーさんとは数ヵ月にわたって対話をもった。対話といってもただのおしゃべりではなく、一応、最初の呼びかけ通り、綴り方サークルのつもりであった。二人ではサークルと呼ぶにはあまりにもおこがましいので、私は秘かに「マリーさんとの対話」とその約束の曜日の日を呼んで通ったものだ。マリーさんがその呼びかけに応じたのは、客に出す手紙文を上手に書けるようになりたいということで、マリーさんは私を〝先生〟にたてまつりあげたのだが、私は客の心を惹きつける手紙文の書き方なるものを教えようもなく、ただ、文章を書き慣れれば、ホステスであるマリーさんは客をつる手紙文も書けるようになるだろうと、その時どきにテーマを設けて、文章を書く経験を積み重ねることにした。何時間もかかって四苦八苦して書いてくるというマリーさんの文章ははじめから私の心を強く惹きつけて、「マリーさんとの対話」を一冊の本にまとめあげたい想いにかられたのだが、その過程でマリーさんから聞いた折々の話からは、決してホステスという稼業が〝ボロイ商売〟には思えなかった。

マリーさんはある日、少年チャンピオンに連載されているまんがが、「レース鳩０７７７」の感想文を書きたいといった。レースに優勝することだけを目的に生かされている鳩0777にホステスであるマリーさんたちの境遇がよく似ているというのだ。方眼紙に記される売上高を一ミリでも高く引きあげるために、日々競争させられる。サクラさんの勤めているハリウッドは、懲罰制はなく、基本給となる保証額も一度あげられた額は下げられないという、長期間にわたって働いた方がよい条件になるシステムであるのに比べ、マリーさんのところでは、いや多くのキャバレーが同伴日に客を連れていかなかったり、指名指定日に指名してくれる客が来なかったりすると、収入からある一定の額が差し引かれるという懲罰制度があり、売上高をあげるため、より必死な競争が展開されている。そうした中で女性たちがせめぎあう戦争のような毎日がホステスの日常だとマリーさんはいっていた。

前出の『新しいパパ買って……』には仕事の始まりの時に化粧するホステスのこんな気持ちを綴り込んだ文章が載っている。

「出勤三〇分前です。鏡に向かって営業用の顔をつくっています。鏡の中の私を見る時、この時が本当に私自身いろいろと考え反省する時です。お店で店長や課長からいろいろとアドバイスを受ければ、ああそうかなと思います。でもそれは半ば機械的な受け答えでもあります。……中略……店長の話、大変良い話です。でも何か心にひっかかるところがあるのです。会社の都合だけで話しているように考えてしまう時があるのです。

鏡の中の私は、泣いています。もう三日も指名がありません。まあまあお店のいうとおり働いてきました。でも、今、また休んだり遅刻したりの日々です。課長はいいます。あざみさんがやる気になればかせげるのです、と。でもやる気とは何なのでしょうか。『やる気』とは……」(あざみ・東京)

また、悲しみをこんなふうに道化て笑い飛ばしているホステスもいる。

「……その証拠にお化粧が楽しい。このあまりよくない顔を、というより滅多にない立派なブス顔に、どんな絵を施そうかと、しばし鏡とにらめっこ。数分後絵はでき上がり、いそいそと展覧会場へ。我輩はその会場に入るなり包装紙に包まれた一商品と化す。と同時に様々の美しく描かれた絵を収めた展覧会場は一瞬にして戦場となる。さあ出陣だ。お客様とのドンチャン騒ぎの大戦争、この戦争が好きか嫌いかわからぬが戦わねばならぬのが今の我輩の現状だ。無遅刻、無欠勤を唯一の武器として、にこやかに参加する」(若葉・東京)

いったん店に入ると、トイレだけが逃げ場だと、そして鏡がなぐさめてくれると『新しいパパ買って……』の中の多くのホステスが語っている。

〝ドンチャン騒ぎの大戦争〟の戦果を示す売上げグラフは、ただ単にその高さによって自分の収入が決定するという金銭だけの問題でなく、ホステスにとってグラフに記されたその成績が、女としての魅力、女としての全存在を裁定されているような、そんな気持ちにどうしても貶《おとし》められてしまうという。

いや、そのグラフを見なくても、幾日も指名客がなかったり、自分の指名客が他のホステスに指名替えしていたりすると、自分の収入が減るという打算以上に、まるで恋人に去られた時のような悲哀、嫉妬、くやしさといった淋しい感情に見舞われがちだ。客として遊びに来る男たちが金を払って求める疑似恋愛を疑似恋愛として割り切ることができずにマイナスの感情だけが疑似ではなくなってしまう。そんなどこまでも純な女の部分が毎日、スタートラインに立たされるのだ。

そんな競争の日々のホステスの間で心を開いてつきあえる仲間、あるいは友だちはできにくく、だから、孤独にレースを続ける女たちが、マイナスの感情だけを鼓舞される疑似恋愛ではなく、本当に惚れられる、心を許せる、支えになってくれる男が欲しいと思うのは自然のなりゆきなのだ。そして、悲しいことには、そんな女の心のすきにつけ入る男がいて、女の稼ぎをしぼりあげる。いや最初はそんなつもりではなく、ナイーブな気持ちを通わせあった男と女の間柄であっても、毎日、汗水たらして働く男の収入の、軽く二、三倍、あるいはそれ以上の収入を女があげてきたら、働くことがバカバカしくなってしまう、という男の感情の動きも自然なりゆきだ。が、孤独な魂を抱えて肩を寄せあった一組のカップルにとっては悲しい落とし穴だ。男はヒモの安楽な生活に慣れ、女はこの世界から脱け出せなくなる。

「僕カギっ子だから大丈夫」

サクラさんは、「再婚はしたくない」ときっぱりという。そんなかたくなな気持ちのサクラさんを周囲の人たちは変わり者と思っているかもしれない。だが、いまのところは、ゴルフの好きな人にはゴルフの話を、絵の上手な人には絵の話を、音楽に精通した人には音楽の話をしてもらう、そんな客たちの秀《ひい》でた部分だけを受けとめて、それが結構楽しいという。大勢の客の中には、様々な長所を持った人がいるから、その長所だけ部分的に惚れていれば、特定の男がいない淋しさもまぎれてしまうという。ホステスになって二年、この世界で生きるいろんな知恵を身につけたけれど、それでも時に家に帰って泣いてしまう。すると子どもが顔を覗きこんでどうしたんだろうという表情で一緒になって涙ぐんでいる。子どもは時に自棄《やけ》な感情のブレーキともなってくれるが、子どもがいるからこそ抱え込んでしまっているどうにもしようのない淋しさには、なかなか慣れることができない。「オイオイ泣いてしまったり、どうしても一人でいたくなくて、夜中にあちこち電話して、翌日、みんなに文句いわれることありますよ」とサクラさんはいった。

東京へ出てきて、最初間借りした所では、キャバレーに勤めるということがわかると家主に、その日に出て行ってくれといわれた。ホステスは男出入りが多く、何かとやっかいだと思われたのに違いない。どうにか家主に頼み込んでそこに住み始めたのだが、仕事に出た留守、子どもが押入れから飛び降りたり、はねたりしてうるさくて仕方がないと苦情が出た。風呂もなかったから、四時から銭湯に行き、子どもたちに食事の仕度をしてやると六時の始業時間に間に合わせるのがやっとだった。いまはマンションに住んで、四月から下の女の子を幼稚園に通わせるため、宮崎の実家にあずけた。下の子を田舎にあずけたのは東京の幼稚園に通わせれば毎日、送り迎えしなければならず、睡眠不足で身体をこわしてしまいそうだったからだ。兄妹揃っている時は、喧嘩をしながらでも一緒に騒いでいたのに、小学校二年の上の子は、サクラさんが仕事に出ると一人で閉め切ったマンションで待っている。六時前に夕食をすませてしまうから、八時頃にはまたお腹をすかすだろうと、何かつくっておいてレンジで温めればよいだけにして、火の気は一切ないようにして出てくる。ただ、ガスが気がかりで、「あ、ガスの元栓しめてきたかな」と時々心配になる。子どもは「僕カギっ子だから大丈夫」と子どもなりに母親が仕事をしていることをわきまえた素振りをしている。だが、サクラさんが仕事に出た後の一人で過ごす長い時間、退屈している様子だ。ベランダ越しの隣のマンションに、同じような境遇の同級生がいて、それがずいぶんなぐさめになっている。その同級生のお母さんは昼間勤めていて、その子は昼間カギっ子だ。

ともあれ、どうにか二人の子どもは育てていけそうだ。が、サクラさんが、ひとつだけ気がかりなことは、もしいま自分が病気になったら子どもたちはどうなるのだろう、ということだ。子どものためにだけ生きる女にはなりたくないが、子どもたちがまだ幼い、いまはともかく倒れるわけにはいかない。

ハリウッドで働くホステスの平均年齢は二九歳数ヵ月である。最年長者は四〇歳を超えている。入店した頃は、サクラさんの母親みたいな年齢のホステスが何人もいたが、そうした人は次第に少なくなり、平均年齢も下がってきているということだ。この仕事が好きで、ホステスになった者も中にはいるかもしれないが、それはごくまれで、多くの女たちがなんらかの事情があってこの世界に飛び込んできている。離婚した者、夫に蒸発された者、事業に失敗した夫の借金を抱え込んでしまった者、病気の夫の治療費を稼ぎ出さなければならない者ｅｔｃ……。そして、確たる数字をつかむことはとうてい不可能だが、半数以上（いや三分の二以上かもしれない）が子連れの女たちである。人生のどこかで傷を負った子連れの女たちがドンチャン騒ぎの大戦争をくり拡げる、それが都会の歓楽街の一角の日々の光景だ。

「身を売るって、何？」

「麻薬中毒を治すにはどうしたらいいんですか」

と、ある日、突然マリーさんにたずねられたことがある。「どうして？」と聞くと、「自分の力で治せないから一緒に治してくれ」とお客さんに頼まれたのだという。麻薬患者は女に惚れればその女のために中毒を治さなければならないと思うようになれるだろうからその女になってくれ、と虫のよい、だが切実な願いをマリーさんに投げつけたのだという。いや、それは麻薬患者からマリーさんへの愛の告白だったのだろう。マリーさんは、その客に惚れていたわけではないのに、真剣になって麻薬中毒を治してあげようとする底抜けに人のよいホステスだった。マリーさん自身、小さな時から患っている持病があって、病にとりつかれた者の苦痛をよく知っていたからだったかもしれない。

マリーさんは他の仕事よりは肉体的に楽な、そして治療費も稼ぎ出せる、また、昼間病院に通うこともできる等の理由でホステスを続けていた。が、先日、「結婚しました。で、ホステスを辞めました。子どもも生まれます」と電話があった。

そのマリーさんから、こんな話も聞いたことがある。

「私たち身体張って仕事しているんですよ」

〝身体を張る〟というのは、この場合、〝身体を売る〟ということではない。〝命がけ〟ということだ。つまり、疑似的なものであれ、〝恋の夢〟を求めて遊びに来る客の要求をはぐらかしながら金をまきあげる過程で、それが命がけになることがあるのだという。例えば、〝同伴指定日〟などのように、店の中だけではなく、勤務時間以外にも客とつきあわなければならないことがあるが、そんな時、車の中などに二人きりになった時、客の無理な要求をうまくかわしきれずに怒らせてしまうこともある。大勢の客の中には短気な者もあり、すぐに暴力をふるう者もいる。荒《すさ》んだ心のウサを晴らしに来る客もいる。客の身元を知ってつきあうわけでないから、殺されても誰にもわからないかもしれない。そんな生命の危険を感じることがあるというのだ。

生命の危険を感じる、それほどのことはそうしばしばあるわけではないだろうが、いわれてみれば、ホステス殺害の三面記事は、他の職種に比べれば頻度としては多い。また、〝身体を張る〟ことが〝身体を売る〟ことでもある噂を取材中、時々耳にした。

キャバレーには大雑把に分ければ二種類あるそうだ。会話やダンスや雰囲気で楽しませる店と、ピンク・サロンと呼ばれるホステスが密着サービスで迫るタイプだ。サクラさんの勤めているハリウッドは前者に属するが、マリーさんが勤めていたのはどちらかといえばややピンク・サロンに近い。ハリウッドのホステスに聞いた話の印象ではホステス稼業は世間でいう通り、〝ボロイ商売〟に思えもしたが、マリーさんが話してくれた女たちの仕事は決して〝ボロイ商売〟ではなかった。では、普通のキャバレーはホステスにとって〝ボロイ商売〟で、ピンク・サロンのホステスにとってはそうではないのだろうか。一般的に考えれば普通のキャバレーの方がピンク・サロンよりは楽な仕事に思える。だが、それはハリウッドへは取材という名目でいったためにうわべだけの話しか聞けなかったのに対してマリーさんとは綴り方サークルという別な対話の仕方をして、それでより真実味のある差し迫った話を聞いている、その違いであったかもしれない。

ある若いホステスは「ピンクの方が簡単よ、触らせておけばいいんだから。オーソ（普通のキャバレーをこう呼ぶらしい）のほうがかえって陰険。ピンクは店の中だけで終わるけど、オーソはそうはいかないもんね」といっていた。そのホステスによれば、ピンク・サロンよりは普通のキャバレーの方が、かえって身体を張らなければならない確率が高くなるというのだが、その真偽のほどはわからない。それでは、酌をして、会話やダンスだけの相手をすることと、身体を触らせることと、身体を売ることとと、その間には境界線があるのだろうか。

もうずいぶん古い映画だが、ゴダールの『女と男のいる舗道』（一九六二年）の中で、アンナ・カリーナが扮した娼婦アンナは、「身を売るって、何？」と問いかけていた。

子を連れて旅に出よう
――激しい労働の中で子を産み育てた女たちと私の子連れ取材考

卵膜のはじける鈍い音

「どんずら、って音がしたったっけや」

奥羽山脈と北上山脈に挟まれた和賀町の藤根という村で、年老いた農婦は確かそういっていた。八〇歳をもう、とうに過ぎた藤枝ナヲさんのその言葉を、産後のまどろみの中で私は何度も反芻《はんすう》した。ナヲさんは、すでに陣痛は始まっていたのに、赤ん坊の肌着であったか、あるいは升《ます》の袋のようなものを仕上げてしまおうと、夜遅くまで縫っていて、卵膜のはじける音を聞いたというのである。その音は隣の部屋に寝ていた夫の耳までとどいたとナヲさんはいっていた。

どん。

それは鈍い音だった。それを機に陣痛は急に激しさを増し、昼食に出されたトーストをひとくち含んだまま、それを飲みくだすことさえできず、波状的に襲ってくる激痛に私は身をこごめた。だいぶの年輪を顔に刻んだ助産婦さんに導かれて分娩室に入ったのは、それから間もなくのことだ。

広く、薄暗い部屋に分娩台が二台。廊下ですれ違った時などには白衣を着ていたにしても、病院の賄い婦か何か、もっと気の楽な職種ででもあるかのように見えた助産婦さんの、大きなマスクの奥の鋭敏な眼光に触れた時、意識の薄れそうな昂ぶりの中で、この人の指示に従えばいいのだと安堵したものだ。

「はい、今度来たら上手にいきんで」

陣痛の極みの間隙に助産婦さんが指示した。綱板を挟んだように股間が張りつめていた。

「女の子だ」

若い看護婦のかすれるような声を聞いたのは、張り裂《こわ》けそうな腰の緊迫感が退くのと同時であった。いや、痛みは退いていただろうに私は身体中を硬ばらせ、医師に指摘されてようやく力を抜いたのである。陣痛の余韻の中で初めて見《まみ》えた子は、雲脂《ふけ》のようなものを額いっぱいにつけて、青い顔をしていた。それから四八時間後の授乳まで病院の規定で新生児室に入れられた子と隔離されている間、私は子の存在を実感できず、ただひたすら、破水してから生まれるまでの三〇分ばかりの感触を何度も何度も嚙みしめた。

ナヲさんがいっていたように、私の場合も確かに、どん、と破水する音が聞こえた。

昭和初期における子産み

一二回懐妊し、最初はひとの手を借りたものの、次の子から五人までは生まれ出た子の臍の緒を自ら結び、が、その後、四度ばかり流産を繰り返し、最後の二人は大事をとって産婆さんに来てもらって産んだ、という体験をナヲさんから聞いたのは、もう、五、六年も前（一九七〇年代半ば頃）のことである。

ナヲさんが子を産む頃には、学校を出、近代産婆学に基づく助産の方法を見につけた産婆は和賀には一人、それまで、経験を積んで産婆になったいわゆるとりあげ婆さんに助けられて子を産んでいた和賀の女たちもようやく免状を持った産婆を頼むようになっていた。一人で子を産んだのは、正規の産婆ではなくとも、人の手を借りれば米や麦、あるいは豆類など多少とも礼をしなければならない、そのわずかなものさえ惜しまれる程に貧しく暮らしていたからだとナヲさんはいっていたが、そうした貧しい暮らしぶりより何より、私は、自分で子を産むという強靱な身心に驚嘆したものである。と同時に、本来、女にはそうした力が備わっていることを教えられた想いがした。

前著『つい昨日の女たち』（冬樹社刊）ではナヲさんの子にまつわる話を冒頭に収めている。その中で私は、病院に入院し、専門家にゆだねて子を産む現代の風習を、「スーパー・マーケットでラップされたレタスか何かを買ってくるように病院で子を産む」といったような言葉で揶揄《やゆ》した。そして自らの手で子を産む、あるいは女同士の助け合いのもとで子を産むという、原初の力を現代の女たちが失いつつあることを指摘した。

滑稽なことに当時、話を聞いただけで、ナヲさんの力が自分にのり移ったかのような錯覚に陥っていて、間もなく受胎した時、身体の中の自然に任せていれば子は生まれるのだと思い込んでいた。

が、自分が〝現代の女〟の例外であろうはずがなかった。身籠った感触も朧《おぼろ》なうちに私の身体の中でその子は死んだ。

実はナヲさんに子を産む体験だけを聞いていたわけではない。藁の上に生まれ出た子を側におきながら、自らの手で臍の緒を結んだその結び方とともに、月満たずに生まれ落ちて、セルロイドの人形のような手を「ワチャワチャ」と動かして死んだ四ヵ月の胎児の記憶をもナヲさんは語っていたのである。私は自分の書いたものにしたたかに打ちのめされた。ナヲさんの子産みは、四回もの胎児の死を賭けたものであった。自らの手で子を産むといういわば正の側面ばかりに気をとられ、ナヲさんの心の痛みに想いをいたすことはできずにいた。

女たちがどのように子を産み、育てたのか、もっともっと耳を傾けなければ、と思ったのはナヲさんに出遇ってからのことである。

思い起こせば、ナヲさんに子産みの体験を聞く前は、子産みの逆の側面、つまり殺児の慣習にばかり妙に気を奪われていた。女たちと子との関わりよりは、産んだ子を育てることができない世の中の在り様が気にかかっていた。その端緒となったのは松永伍一著の『日本の子守り唄』（紀伊國屋書店刊）である。同著によれば、間引きの風習をうたった子守り唄がかつてあったという。生まれたばかりの子を自らの手で殺さなければならない風土は、また、娘を子守りや女工として奉公に出し、あるいは芸妓や娼妓として売らなければならない風土でもあったことが子守り唄を通して指摘されている。殺児と娘売りという二つの歴史の残酷に、子を産むという体験を重ね始める年の頃、私は戦慄した。そしておそるおそる松永氏のいう間引きの子守り唄をなぞり始めたのである。といっても、子守り唄そのものよりも私には、それをうたった女たちの日々の営みに想いが馳せられた。その過程でナヲさんにも出遇ったのである。

ナヲさんは自分の村ではそんなことはなかったが、奥羽山脈の向こうの村の殺児の噂を聞いたという。が、奥羽山脈の向こうの村が何という村なのか、また、その噂の虚実も定かではない。それよりも、ナヲさんの記憶に残るのは、昭和一〇年頃から流産したり、死産であったりすると、「殺したんでねか」と、巡査が厳しく取調べに来るようになったことだ。それは、日本が中国大陸への侵略を開始する年代に一致している。明治憲法に定められた堕胎罪の取締りが厳しくなったのは、「生めよ、殖やせよ」のスローガンが声高に叫ばれた、つまりは軍国主義が台頭していく時期と軌を一にしていた。貧しい暮らしの中で女たちが産み、育てた息子たちは天皇の赤子として戦場へ狩り出された。ナヲさんは息子が他の子を傷つけることを怖れて、幼い頃から、自分は打たれてもいいが、決して他人を打ってはいけない、といい聞かせて育てたのだが、その四人の子らも戦場へ行き、一人はとうとう帰っては来なかった。ナヲさんが息子の死を知らされたのは戦争が終わってからのことである。戦時中は戦死者の霊は丁重に迎えられていたが、敗戦となって米軍占領下におかれてからは、何か恥ずかしいことでもしたかのように肩身の狭い思いで、骨さえも届かず、ただの板きれの、息子の死んだ印をナヲさんは役場で受けとってきた。

堕胎を禁じ、女たちの子産みを誇大に奨励した時代は皮肉にも大量殺人の時代であったのである。

かつての殺児の風習と現代の母性破壊

コインロッカー・ベイビーや、ビニール袋に入れられた嬰児の屍体などのニュースが新聞等に取沙汰され始めたのは、確か私が古い時代の殺児の風習に気をとられ始めたのと前後している。といっても、現代の殺児の風潮を歴史を溯《さかのぼ》って考察する、といった思考をその時とっていたわけではない。前出の『日本の子守り唄』の中の子殺しをうたった子守り唄があまりにも強烈に脳裡に焼きついてしまったからである。

ねんねこどっちゃん
亀の子どっちゃん
わしゃ七面鳥
かかほし　かかほし　おかかほし
おかかをもらって何にする
昼はままたき　洗濯に
夜はぽちゃぽちゃ抱えて寝て
抱えて寝たけりゃ子ができる
女のお子ならおっちゃぶせ

男のお子ならとりあげろ
とりあげ婆さん名はなんだ
八幡太郎とつけました
（傍点筆者）

その子守り唄がどのようにうたわれたものか、子守りが身を粉にして働く母親以上に、爺婆、姉や兄、そして年季奉公に出された少女たちによってなされたことを思えば、子守り唄は、また、童《わらべ》唄《うた》であったともいえる。自然の摂理によって授かった子を、生まれると同時に殺さなければならないという境涯を呪って大人がその唄をうたう時、子どもたちは、大人たちのそうした行為を直接目にすることはなかったにしても、その感触を日々の暮らしの中で身にしみて、一緒に遊ぶこともなく逝った嬰児の魂を悼み、そして．大人たちの世界への風刺をこめて、カラリとした歌詞のその唄をうたったのではなかったか。

考えてみれば、子殺しの事実を子守り唄にうたうというかつての人々の諧謔《かいぎゃく》を現代人も持つなら、ビニール袋入りの嬰児やコインロッカー・ベイビーをうたった子守り唄が生まれよう。

さきにあげた『つい昨日の女たち』の中の専門家にゆだねて子を産む現代の習慣を揶揄した部分に関して、東京都内の教師だという女性から、現代の女たちも死にもの狂いで子を産んでいるのだ、との批判を受けたことがある。教師たちの間では学校での激務のため、流産する例や異常分娩の例が非常に多いというのである。私のいいたかった真意からは、多少論点がずれていたにしても、その指摘に私は後々までも気をとられていた。

私のかつての職場では流産や異常分娩さえも起こりはしなかった。子を産むことは私たちの意識からはずれており、たとえ数少ない既婚者の中に妊娠する人が出てきても、その職場に身を置きながら子を産み、育てることは考えられもせず、間もなく職を辞していたのである。もちろん、重労働で身心ともに消耗が激しいという外的な要因にもよるのだが、それ以上に私たちの母性そのものが破壊されていたように思う。

その職場で、私は報道的なグラフ誌に約五年、女性向けの雑誌の編集にも約五年たずさわっていた。その作業がいかに残酷なゲームであったかを知ったのは、会社という組織を離れてから、そして、なおいっそう子を孕《はら》んでからである（商業資本の中で行なわれたその本づくりは賃労働には違いないが、本来の労働が他者の生を支えることによって自らの生も支え、労働を通して他者とつながるのだとするなら、そうした実感からははるかに遠く、だが、妙に興味深く、熱中させられたその作業は、やはりゲームであったのであろう）。殊に女性向けの雑誌では、着ることや食べることや住まうことの夢を仕組み、〝愛〟や〝優しさ〟や、はたまた性の喜びを四色オフセットや一色グラビアで紙の上に固定する。固定すればするほどそれらは実態から離れ、夢を仕組むというゲームに熱中するうち忘れていたものは、人々を、そして実人生を慈しむ感性であった。殺伐としたあの肉体で、子は産めるはずもない。

母親になることの自覚が希薄だったとはいえ、胎内の子の死は鋭く私の胸を突き刺した。子を産むことが必然となったのは確かに、その胎児の死が悲しいきっかけとなっている。

そして、産もうという意志を支えてくれたのはナヲさんのような各地の老女たちであった。しばらく時を経て、再び胎内で小さな生命が息づき始めた時、私は身体の深奥の壊れそうな神秘をニワトリが卵を温めるように抱きしめた。

働く母のもとでの私の幼時の記憶

もう、かれこれ一〇年程も前、自分で撮った写真の中に忘れがたい二枚がある。

一枚は、海女の家族三人の写真である。梅雨空が暗くたれこめた海で父親が操る小舟に二歳位の女の子がチョコンと乗っており、海女はちょうど息つぎに舟べりに手をかけたところだ。もう一枚は、信州の姥捨に遺老伝説をたずねた折、小雪の舞う中を思いもかけず祭りが行なわれていて、神社の境内に張り出された露店の中に綿入れを着た赤い頬の四、五歳位の幼女が一人ポツンと坐っている写真である。

露店の中の幼女の写真に哀惜を感じるのは、やはり同じように両親が営む露店に連れて行かれた幼い頃の自分を見るような想いがするからだろうし、海女の家族の写真も、親の労働の質が異なるが、私の幼い頃と同じような体験を海女の子がしているという思い込みからに他ならない。

敗戦直後、若かった私の両親は、古着を売ったり、おでんの屋台を引いたり、小さな鉄工場をしたり、衣料や雑貨品を売る露店を出したりなどして、がむしゃらに一家が生きていける方策を探していた。私の記憶が鮮明になるのは、父が旋盤をまわしてつくる機械の部品を、母が自転車の荷台に積んで依頼先に運んでいた頃からであり、とりわけ、衣料や雑貨品の露店を出すようになってからのことだ。売りものであるキャラコのパンツやズロースや前掛けや足袋や石けん等を陳列する台は、商店街の大通りに面したドブ川の上にしつらえられていたから、ドブ川から吹きあげてくる風を避けたつもりで母は、妹と私の二人を、商店の壁と壁がせめぎ合う、ようやく人一人が通れる隙間に、商品が入っていた箱を潰したボール紙を敷いただけで置いていた。その決して陽が射すことのない隙間が、両親が働く間の私たち姉妹の遊び場だった。

仕事に連れてはいかれずに、留守居をしていたこともしばしばある。そんな時には両親は早く帰るつもりで家を出たのだろうが、日が暮れても父も母も帰って来ず、薄暗くなっていく部屋が私は心細くて、みかん箱を台にして電灯をつけようと試みるのだが、手が届かず、仕方なく、露店で売る仏壇用の細いろうそくを見つけ出して、みかん箱の上で点《とも》すうち、五歳の時に疫痢で他界した妹と二人、眠ってしまったこともあった。

いま思い返してみると母ばかりでなく父方の祖母も母方の祖母も、祖父たちが農業に従事する間、小商いを営んでいたし、叔母たちもそれぞれに仕事を持っていた。

母や祖母や叔母たち、私の身のまわりの女たちは誰もが働いていて、そうしなければ生活が成り立たなかったから、労働は女にとってもごくあたり前の営為だと、身に染みついていた。

子を産むということ

多くの女たちが子を産み、育て、生活を引き受け始めるのに、私は二〇代半ばから後半にかけて、例えば住宅地の静かな路上を腹をせり出してゆっくりと歩く妊婦や、また、団地の広場とか公園等で女たちの群れが子どもたちを遊ばせているけだるい風景を白々とした想いで見ていたのは、いわゆる〝生活〟の中に自分の身を滑り込ますことを怖れていたからかもしれない。いや、子を産むため、あるいは子を育てるために労働から離れ、けだるそうに時を過ごす女たちの像は、私の想い描く〝生活〟からは遠かった。私の中で〝生活〟は、露店に連れて行かれた時の、ボール紙を透してメリヤスの股引きもはかない尻に感じた、決して陽の射すことのない商店の壁と壁がせめぎ合う隙間の、湿った冷たい瓦礫の感触につながっている。

私が、家族を形成し、ともに暮らすという営みの中に身を置くことができずにいたのは、実は、幼い頃の切なさをもう一度繰り返す勇気を持てずにいたからではなかったか。

村々に老女たちをたずね始めた時、私は、私の出身階級と同じ世界に生きる人々に出遇っていった。いや、都会のごく一部の女たちを除けば、家事労働以外の労働についたことのない女たちに出遇う方がむしろ難かしかったのだ。

明治の初期、人口の八割は農民であった。地主階級以外、農家の女たちは誰もが身を粉にして働いており、時代が下がって工業化社会に移行してからも農民の末裔《まつえい》である女たちは、何らかの形で労働に従事している。村々で私は、老女たちが「うちは爺ちゃんと、あきれるまで働いた」とか「小さい時から難儀して、農業ばっかりしてこの年になりました」と自らの身を犒《ねぎら》うように語るのをしばしば耳にした。身をさいなむほどの激しい労働の中で女たちは子を産み、育て、そして自らも生きた。子を産み、育てることと労働が不可分であった。そうした女たちの人生に触れるうち、子を産むという自然から自分が遠いところで生きていることを、何か大事なものを欠落させていることを思い知らされたのである。

小さな生命の息づきが体内から伝わってきていた頃、ナヲさんや海女や多くの老女たちがそうしていたように、子を連れて仕事をしようと私は思った。子連れの取材も可能なように思えていた。だが、よく考えてみれば、ナヲさんが田畑へ子を連れて行ったようには、海女の夫婦が舟に子を乗せて海に出たようには、あるいはまた、両親が私を連れて行商や露店に出たようには、現在の高度に合理化された産業機構とそれをとりまく社会では、女が子を連れて働くことを決して許しはしないだろう。何よりも、かつての私の職場がそうであったし、多くの働く女たちが、必ずしもそれを望んではいないだろうに、子を他の保育者にあずけざるを得ずにいる。もちろん、母親だけが子の保育者であることがよいとはいえはしまいが、子の存在を拒否する場は、人間が存在すること自体が難しい場でもある。私のかつての職場では、母性が際限なく殺《そ》がれていったのだが、母性を殺ぐ職場は男たちにとっても苛酷な労働の場であった。

私はやはり、子を連れて取材の旅に出ようと思う。その可能な方策を見つけようと思う。子は、私が幼い頃体験した切なさとは質の違った試練に晒《さら》されるかもしれない。その試練が決して小さくないものであることが予感されるが、だからといって、私たちが生きる地平を伐り開く営為を怠るわけにはいくまい。

はじめての授乳のために、子が生まれて二日の後、新生児室の向かいの部屋へ行くと、白いネルの肌着に、やはりネルの紅い小花模様の布を保温のために腰に巻いた一〇人あまりの子らが、車のついた細長いベッドに一様に並べられて運ばれてきた。小春日和の暖かい日射しの中で、私は二八八〇グラムのかいかそけさを抱き、まだ、空気に触れることさえ慣れない風の小さな口に向かってぎこちなく乳首をふくませた。

三日目、四日目とそれを繰り返すうち、ふと気がついてみると、その部屋では新しい母たち誰もが懸命に子に向かっていた。親の職業も、出身階級も、家庭環境もそこでは関わりなく、名前さえもまだ持ってはいない子らは無垢であった。

子らの生命が、決して侵すことは許されない、かけがえのないものであることを腕の中の小さな息づきが、胸が痛くなるほどに教えてくれた。

川田文子（かわた　ふみこ）
1943年生まれ。群馬県桐生市で育つ。早稲田大学文学部卒業後、出版社勤務を経て文筆業に。著書に『赤瓦の家——朝鮮から来た従軍慰安婦』（1987年筑摩書房、2020年新版・高文研）、『イアンフとよばれた戦場の少女』（高文研）、『「慰安婦」問題が問うてきたこと』（岩波ブックレット・共著）、『ハルモニの唄——在日女性の戦中・戦後』（岩波書店）など多数。
本書発行直後の2023年4月、永眠（79歳）。

女たちが語る歴史
上＝北海道・東北・上信越他篇
——農漁村女性の記録

発行日　2023年3月10日　第1刷
　　　　2023年9月20日　第2刷
著者　川田文子
装幀　高麗隆彦
発行者　谷口和憲
発行所　「戦争と性」編集室
〒197-0802　東京都あきる野市草花3012-20
TEL・FAX 042-559-6941
http://sensotosei.world.coocan.jp/
E-Mail : sensotosei@nifty.com
印刷・製本　モリモト印刷

ISBN 978-4-902432-27-5　　　Printed in Japan

戦争と性

34号

特集　性暴力のない社会へ――「自分ごと」として考える

A5判　一八八頁　本体一二〇〇円

性暴力をなくすにはどうすればよいのか？　性暴力被害当事者、法律家、研究者、教員、市民活動家など、様々な立場からの提言と、「自分ごと」として考える三七名の読者からの投稿も含めた、「希望」に向けたメッセージ。

被害者が望む法改正とは　山本 潤／広河隆一氏の性暴力事件に向き合う――男が自らを変えるために　金子雅臣／性暴力被害を受け止めることのできる社会へ　金富子／不同意性交が性暴力犯罪にならないのはなぜ　角田由紀子／他

33号

特集　象徴天皇制について考える――タブーなき議論に向けて

A5判　二三八頁　本体一二〇〇円

憲法で天皇の地位が「総意に基づく」とある以上、その総意をつくっていくのは主権者一人一人。そのためには少数意見を排除することなく、自由な議論が必要とされている。「タブー視しない」「知る」「考える」「語り合う」ための手がかりを提示。

憲法の視点で天皇制の監視を　横田耕一／日本軍「慰安婦」制度と天皇制　鈴木裕子／天皇の「平和主義」が日本の歴史認識を歪める　井上 森／天皇に人権を――天皇制の終わり方　上杉 聰／退位する明仁天皇への公開書簡　久野成章　田中利幸／他

「戦争と性」編集室発行

アルゼンチン 正義を求める闘いとその記録

――性暴力を人道に対する犯罪として裁く！

アクティブ・ミュージアム「女たちの戦争と平和資料館」（ｗａｍ）編

国家による過去の犯罪、人権侵害をどう裁くのか。アルゼンチンから、性暴力サバイバー、人権団体代表など、三人を日本に招いて、二〇一八年一〇月、上智大学で開かれた国際シンポジウムの記録。

Ａ５判　八六頁　本体七〇〇円

天皇のはなしをしましょう

――「あたりまえ」だとおもっていることは、ほんとうにあたりまえなのかしら？

彦坂　諦

生涯をかけて「戦争と人間」を追究してきた著者が問いかける、「日本国民の総意」への疑義。「日本に天皇制って必要だよね」と思う、その「あたりまえ」をひっくりかえす！

四六判　一九六頁　本体一五〇〇円